やわらかアカデミズム
〈わかる〉シリーズ

新版
よくわかる
地域福祉

上野谷加代子/松端克文/永田 祐
[編著]

ミネルヴァ書房

もくじ

■新版　よくわかる地域福祉

Ⅰ　地域福祉とは

1　地域福祉という考え方　2
2　地域福祉推進における2つの機能と専門性　6
3　地域福祉の改革　8
4　○○市（地域組織化の事例）　10
5　○宮市社協「青葉園」（福祉組織化の事例）　12
6　○○市社協「ふれあい鹿塩の家」（コミュニティケアの事例）　14
7　○長市「まちの保健室」（予防的福祉の事例）　16

Ⅱ　地域福祉の理念と概念

1　地域福祉の理念　18
2　地域福祉の理論　20
3　地域福祉の構成要素　24
4　○的包摂　26
5　○ンタリズム　28
6　○力・パートナーシップ　30
7　○パワメント　32
8　○ドボカシー　34
9　○自立生活支援　36

Ⅲ　地域福祉の発展

1　イギリスにおける地域福祉の発展　38
2　アメリカにおける地域福祉の発展　40
3　北欧における地域福祉の発展　42
4　戦前の日本の地域福祉の展開　44
5　戦後の日本の地域福祉の展開　46
6　90年代以降の日本の地域福祉の展開　48

Ⅳ　地域福祉の政策展開

1　地域福祉の政策展開・地域共生社会づくり　50
2　地域福祉と包括的な支援体制　54
3　地域特性に応じた地域福祉の展開　56
4　地域福祉と生活困窮者自立支援　60
5　地域福祉と地域生活移行　62
6　地域福祉と共生型サービス　64
7　地域福祉と居住支援　66
8　地域福祉と権利擁護　68

はじめに　■新版

　前著となる『よくわかる地域福祉』の初版を出版したのが2004年ですので，今年でもう15年になります。この間，その時々の制度改正や新たな動向をふまえて第5版まで改訂を重ねてきました。しかし，地域包括ケアシステムの取り組みや社会福祉法人改革，地域共生社会の実現に向けた社会福祉法の改正など大きな法制度改革が行われており，地域においても子どもの居場所づくりなどの新たな活動も生まれています。そこでこの度，前著のエッセンスを残しつつも，こうした動向もふまえ，地域福祉を学び，実践する人のための入門書として全面改訂し，みなさまのお手元にお届けいたします。

　「Ⅰ　地域福祉とは」において，地域福祉の基本的な考え方・捉え方を具体的な実践例もふまえておさえています。続いて「Ⅱ　地域福祉の理念と概念」では，地域福祉の理論を整理したうえで，重要となる理念について解説しています。「Ⅲ　地域福祉の発展」では，イギリス，アメリカ，北欧，そして日本の地域福祉の歴史について概説しています。この3つの章を通じて，地域福祉の理論や歴史などについて学ぶことができます。次いで「Ⅳ　地域福祉の政策展開」では，地域福祉に関する主要な政策について取り上げています。「Ⅴ　地域福祉の推進方法」では，地域福祉を推進していくための方法について，実践のプロセスをふまえながら整理しています。ⅥとⅦでは地域福祉推進の主体について，人と組織・団体に分けて紹介しています。これらの章では，地域福祉を推進していく方法について実践的に学ぶことができます。「Ⅷ　子どもと地域福祉」と「Ⅸ　災害と地域福祉」では，今日の地域福祉を実践していく上で重要なテーマとなっている子どもと災害という観点から論じています。「Ⅹ　地域福祉計画とその実際」では，地域福祉計画の考え方や内容，取り組みの方法について，具体的な事例を交えて説明し，「Ⅺ　地域福祉と評価方法」では，評価の実際について整理しています。

　本書では，日本の社会福祉において，これまで以上に大きな位置を占めるようになっている地域福祉について，理論・政策・実践というそれぞれの観点をふまえながら「わかりやすく」解説しています。社会福祉を学ぶ学生のみならず行政の地域福祉の担当者，社会福祉協議会や地域包括支援センターなど地域をフィールドとして実践している専門職，そして地域福祉の活動をしていたり，これからしてみようと思っている市民の方々にも，ぜひ手に取っていただければと思います。みなさまの学びと実践が少しでも豊かになることを祈念します

2019年1月

編者一同

V　地域福祉の推進方法

1. 地域福祉の方法……………70
2. ニーズキャッチ……………74
3. アセスメント・プランニング……76
4. ソーシャルサポートネットワーク……78
5. 組織化……………80
6. 組織間連携と協働……………82
7. 多職種連携とネットワーキング……84
8. ソーシャルアクション……………86
9. 方法としての福祉教育……………88

VI　地域福祉の推進主体①　地域福祉を推進する人々

1. 地域福祉の主体・担い手……………90
2. 専門職と地域福祉……………92
3. コミュニティワーカー……………94
4. コミュニティソーシャルワーカー（CSW）……………96
5. ボランティアコーディネーター……………98
6. 地域住民とボランティア……………100
7. 民生委員・児童委員……………102

VII　地域福祉の推進主体②　地域福祉を推進する団体／組織

1. 社会福祉協議会……………104
2. 地域福祉推進基礎組織（自治会・町内会）……………108
3. 社会福祉施設……………112
4. ボランティア・NPO……………114
5. 当事者組織・セルフヘルプグループ……………116
6. 社会的企業……………118
7. 共同募金会……………120
8. 生活協同組合・農業協同組合……………122

VIII　子どもと地域福祉

1. 子育て支援と地域福祉……………124
2. 社会的養護と子どもたち……………126
3. 子どもの居場所……………128
4. 貧困と子ども……………130
5. スクールソーシャルワーカーと子ども……………132

IX　災害と地域福祉

1. 災害ソーシャルワークとは……………134
2. 災害支援のプロセスと支援方法……………136
3. ボランティアの参加と災害支援……………138
4. 災害時における医療ソーシャルワーク……………140

X 地域福祉計画とその実際

1 地域福祉計画とは……………*142*

2 地域福祉計画の策定手法と
そのプロセス………………*146*

3 地域福祉計画の策定主体と役割
………………………………*148*

4 地域福祉計画の内容…………*150*

5 地域福祉計画の実際① 都道府県
………………………………*152*

6 地域福祉計画の実際② 政令指定都市
………………………………*154*

7 地域福祉計画の実際③ 市町村…*156*

XI 地域福祉と評価手法

1 地域福祉と評価………………*158*

2 活動（プログラム）評価………*160*

3 地域福祉計画の評価…………*162*

4 地域福祉の評価手法…………*164*

さくいん　*167*

やわらかアカデミズム・〈わかる〉シリーズ

新版
よくわかる
地域福祉

Ⅰ 地域福祉とは

地域福祉という考え方

 生活を振り返る——あなたは，助け上手？ 助けられ上手？

　社会福祉問題は特殊な人々に生ずる特別な問題ではありません。私たちが日常生活を送るうえで誰もが抱えうる問題です。私たちは，生まれてから死を迎えるまでの生涯を通して，多かれ少なかれ，必要に応じて他者の助けを得て問題を解決しながら生きています。その助けが法律などによって制度化されたフォーマルなサービスである場合，あるいは家族，友人，近隣住民などによるインフォーマルな支援である場合，また，市場で購入するサービスである場合などさまざまですが，私たちは問題を自分以外の人からの援助や支援を得て解決しながら生活を継続しているのです。もちろん生涯を通して，助けられる場面が多い状態と，助ける場面が多い状態とがあります。年齢，心身の状態，経済，家族構成・関係，住居や地域環境などが影響しますし，生きている時代の社会状況によっても左右されます。

　自分や家族の生活を振り返りますと，地域社会のなかで助けられたり助けたりしてきた経験に思いをはせることができるでしょう。しかし，多忙を極め，他者との関係が希薄な現代人は，自分たちの生活が〈助けられたり・助けたりする〉地域福祉活動によって支えられていることに気づかないのです。地域福祉を学ぶ皆さんは，まず，生活をしていくうえで助けられたり助けたりした経験があるか，振り返ってみてください。じつは，地域福祉という考え方は，私たちの暮らしを人間らしく豊かにしていくために，人間が態度としてつくり出した「助ける」，「助けられる」という行為を，「助けあう」という相互の関係にまで高め合うしくみとして人間の生活史のなかでつくり出されたものです。

　地域福祉は多義的で新しい考え方であり，十分に理解されているとはいえません。地域福祉をここでは，「地域社会のなかで，家族，近隣の人々，知人，友人などとの社会関係を保ち，みずからの能力を最大限発揮し，誰もが自分らしく，誇りをもって，家族およびまちの一員として，普通の生活（くらし）を送ることができるような状態をつくっていくこと」と定義しておきましょう。

 地域福祉登場の背景

　地域福祉の考え方は，欧米のノーマライゼーション，コミュニティケアや公民権運動などの思想の影響を受け発達してきましたが，日本独自の理念として

1960年代後半ごろから、理論として整理されてきました。地域福祉の源流は大正7（1918）年の大阪での「方面委員制度」やセツルメント活動などにみられ、実践としては各地で種々の活動が展開されています。しかし、地域福祉を今日的に理解するためには、実践としての地域福祉、理論としての地域福祉、制度政策としての地域福祉、の3側面を統合的にとらえる必要があります。もちろん、この3側面は相互に影響を与えつつ、その時代や状況に応じてさまざまな形で現れています。とりわけ地域共生社会づくり等の政策動向が地域福祉の考え方や実践にどう影響をおよぼすのかを学ぶことは地域福祉を正しくとらえる手助けとなります。

▶1　⇨Ⅱ-2 参照。
▶2　⇨Ⅲ-4 参照。

③ 戦後の社会福祉の展開と地域福祉

　戦後日本の社会福祉は、1970年頃までは、経済的貧困に対する金銭的給付が中心であり、福祉事務所における生活保護制度中心の時代でした。1970年から1990年頃までは、社会福祉施設整備の時代といえます。すなわち、所得保障と施設における入所型・集団対応型サービスを基本として発展してきました。しかし、子育て問題としての保育（所）問題や高齢社会における介護問題が顕在化されるようになり、社会福祉が特別な人のための特別な援助体系ではなく、一般の住民に対する普遍的サービスであるという時代になりました。

　一方、1980年代以降、入所型施設から退所し、地域での生活を確立しようとする「障害者」自身の運動が起こったり、その運動に支えられた実際の自立生活が全国各地で始まりました。高齢者の分野でも、虚弱高齢者や認知症高齢者の生活問題がクローズアップされるなかで、小地域社会福祉協議会活動としての見守りや配食サービス、またボランティア、生協会員、農協会員、「介護者家族の会」会員などが個別に支援の輪を広めてきました。介護支援やミニデイサービスの展開です。いずれも、住み慣れた、友人たちのいる地域生活エリアで暮らしたいという願いを受け止めての実験的な地域ケアでした。部分的試みといえども、全国的に展開されるこのようなボランティア・市民による実践は、従来のサービス提供システムを変えざるをえない状況を生み出してきました。

　もちろん、先駆的実践だけで政策の大きな流れは変わりません。むしろ財政的問題や、中央政府と地方自治体との関係の改変などが大きく影響しました。施設入所中心型福祉から在宅型福祉への移行は、1990年の社会福祉関係8法の改正以降、老人保健福祉計画策定義務化、93年からの入所措置等の市町村への権限委譲、「地域への配慮」（当時の社会福祉事業法第3条の2）のもとで地域を基盤とした福祉サービスを提供するよう方向づけられたといえます。その他、地域保健法、ハートビル法、交通バリアフリー法など、関連法や施策の改革、充実も大きく影響を与えました。

　そして、2000年の「社会福祉事業法」の「社会福祉法」への改称・改正によ

▶3　⇨Ⅲ-5 参照。

▶4　⇨Ⅲ-6 参照。

▶5　⇨Ⅲ-6 参照。

り,「地域福祉」が法的にも位置づけられました。さらに,介護保険制度改正による地域包括支援センター事業の開始（2006年）,2011年の改正介護保険関連法（2012年施行）では,医療,介護,予防,住まい,生活支援サービスが包括的に提供される「地域包括ケア」の実現を目指しました。このような地域包括ケアの流れは国の「地域共生社会づくり」政策により,さらに促進され2018年の社会福祉法一部改正により,新・地域福祉の時代を迎えました。

❹ 地域自立生活と地域福祉

　私たちが,地域社会で生活を営み継続するということは,日常生活の基本動作である起床,着脱,排泄,食事,入浴などが滞りなく実施され,そして会話や趣味などの活動,家族や友人,近隣との交流,安全・安心の確保など,愛情や生きがいに関する要求が満たされている状態を指します。このような状態が24時間365日,そして生まれてから命の終末を迎えるまで,可能な限り住み慣れた地域社会で継続することが理想です。しかし,そのような生活を継続することは容易ではありません。誰しも一生の間には病気になったり,事故に遭遇したり,災害にみまわれたり,家族関係の不和や子育てで悩んだりします。とりわけ障害者や高齢者の生活を考えると,地域生活を自立的に送ることが不自由であったり,不便を感じることが多くなっています。このような状態になっても,誰か（どこか）の支援や援助を利用しながら自立的な生活を送ることは可能です。

　その際,地域福祉という新しい社会福祉の包括的なサービスと支援の体系──①日常生活を支援する在宅福祉サービスの整備,②在宅生活を可能ならしめる都市環境の整備や住宅,移送サービスの整備,③近隣住民の参加・参画による福祉コミュニティづくり,④予防的福祉,環境改善などの資源開発の構築が必要です。

　一般的に,地域とは,生活基盤や交通手段が同じという生活圏域を示す場合や,生活上の共同性・同一性という感情で結ばれている地域性がありますが,地域福祉でいうところの「地域」とは,それに加え,むしろ住民の主体力,自治能力を要件として,新しい価値・質の地域社会＝互いの人権を尊重し,共感しあい問題解決力のある生活圏域の創造を意味します。ですから地域福祉の「人間観」は,住民を地域社会の主人公ととらえ,彼／彼女らが生活者として,みずからの自立と生活の質を維持し,地域社会の福祉を高め合うために,社会関係をもち合う存在の主体ととらえます。地域福祉は,どこで,誰と,どのように暮らしていこうとするのかという生活の場である空間と,そこで織り成す生活模様に関心をもちます。高齢であろうと,心身が不自由な状態になろうと,住民が彼ら固有の生活の立場を自発的・協働的・計画的に主張し貫くために,お互いの生活権を尊重しながら,地域社会における自立生活を阻む諸問題の解

決に向けて力を発揮していくことに実践的主題をおいています。ゆえに，解決していこうとする主体の参加と協働が不可欠になります。

5 地域福祉の実現に向けて

　地域福祉の目的は，「社会福祉法」で述べられているように，個人の尊厳を旨とし，福祉サービスの利用者がその有する能力を発揮し自立した日常生活を営むことができるように支援するものです。そのために利用者の意思を充分尊重して，福祉サービスと保健医療サービスとを有機的に連携させ，創意工夫して総合的にサービスを提供すること，また，福祉サービスを必要とする者があらゆる活動に参加し，地域住民の一員として生活できるよう，ソーシャルサポートネットワークをつくります。そこでは地域における自立生活支援とそれを支える福祉コミュニティづくりが車の両輪として展開されることが求められており，その実践方法としてコミュニティソーシャルワークの考え方が重要となります。

▷6　⇨Ⅴ-4 参照。
▷7　⇨Ⅱ-9 参照。
▷8　⇨Ⅵ-4 参照。

　これからの社会福祉は，個別支援と地域支援を一体的に展開するためのコミュニティソーシャルワークとコミュニティワークを用い，市町村ごとに，計画的に推進することが求められています。地域福祉計画および地域福祉活動計画に，人的配置とともにその展開を適切に位置づけることが重要です。また，社会福祉法人施設や社会福祉協議会，共同募金運動への参加などは，大きく期待されています。

▷9　⇨Ⅹ-1 参照。
▷10　⇨Ⅹ-2 参照。

　地域福祉活動は生活課題を抱える人々が地域社会から排除されることなく，家族，地域社会の尊厳ある一員として認められるように，福祉コミュニティづくりを進めていくために，住民と行政が新たなパートナーシップのもとに，展開されるものです。地域福祉は形成概念であるといわれます。このことは，「実践と政策と理論」としての地域福祉は，一人ひとりの住民と専門職の内発性の発揮と協働実践によって発展していくものだということです。

　とりわけ，地域福祉の実現，すなわち地域共生社会づくりのためには，新たな福祉人材の養成と確保が重要な課題となります。さらに狭義の社会福祉から広義の社会福祉──介護，保育，住まい，就労，家計，環境，孤立等に及ぶ暮らしにかかわる事柄──への接近を身近な生活圏域において図ることが求められています。

　なお，今日ではこうした地域福祉が具体的な政策として展開されています。地域共生社会の実現に向けた社会福祉法の2018年と2020年の2度にわたる改正では，「世帯」単位で「地域生活課題」を抱えている住民を「把握」し，「支援関係機関」が連携して課題解決を図ることなどが明記されています。これからはよりいっそう柔軟な発想で，理念と実践，政策の相互作用という観点から地域福祉をとらえることが求められます。

（上野谷加代子）

▷11　⇨Ⅰ-3，Ⅳ-1，Ⅳ-2 参照。

Ⅰ 地域福祉とは

2 地域福祉推進における2つの機能と専門性

1 地域福祉推進の2つの機能

地域福祉のとらえ方については今日においても多様ですが、ここでは右田紀久恵により構築されてきた自治型地域福祉の理論の枠組みをふまえて、次のようにとらえておくことにします。

> 地域福祉とは、困難な状況に置かれている地域住民の生活上の課題の解決に向けて支援を展開することに加えて、「あらたな質の地域を形成していく内発性」（＝住民の主体性）を基本要件として、地域を舞台に（＝地域性）、そこで暮らす住民自身が私的な利害を超えて共同して公共的な課題に取り組むことで（＝共同性～公共性）、より暮らしていきやすい地域社会にしていくこと、あるいはそのような地域に生活の舞台としての地域そのものを変えていくこと（改革性）をいう。

このようにとらえると地域福祉の推進方法を2つの機能に分けることができます。1つは地域のなかで生活課題・福祉ニーズを抱える住民の支援をするという機能であり、必要に応じて「地域」を巻き込みながらニーズの充足あるいは生活課題の解決を図るという相談支援をベースにした「個別支援」系の側面です。もう1つはさまざまな住民が暮らす「地域」を、地域の住民が「地域のこと」に主体的に関われるよう支援していくことを通じて、より暮らしていきやすい地域に変えていくという機能であり、「地域支援」系の側面です。

前者の側面を住民の「くらしをまもる」機能として、後者の側面を住民間の「つながりをつくる」機能とし、そこに関わる専門職を「くらしをまもる専門性」と「つながりをつくる専門性」として整理すると図Ⅰ-1のようになります。

▷1 ⇒Ⅱ-3参照。

▷2 松端克文（2018）『地域の見方を変えると福祉実践が変わる』ミネルヴァ書房，19-20。なお、右田の理論については右田紀久恵編著（1993）『自治型地域福祉の展開』ミネルヴァ書房，および右田紀久恵『自治型地域福祉の理論』(2005)ミネルヴァ書房，参照のこと。

▷3 社会福祉協議会の業務でいえば、「くらしをまもる」機能としては、日常生活自立支援事業や生活福祉資金の貸付に関する相談支援業務に従事する専門職はこうした機能を有しているといえる。一方、「つながりをつくる」機能としては、各地区の担当をしている福祉活動専門員やボランティアセンターのボランティアコーディネーターなどがこうした機能を有しているといえる。

▷4 組織化活動として代表的なものは、①同じ地域に暮らす住民の組織化を図る地域組織化、②ボランティア活動をしている市民の組織化を図るボランティアの組織化、③同じ課題を抱えている当事者としての組織化を図る当事者組織化などがある。また、地域組織化と福祉組織化の違いについては、Ⅱ-4、Ⅶ-6参照。

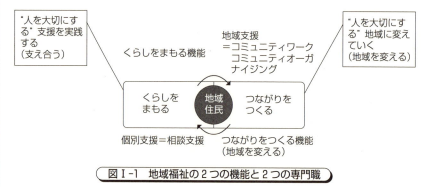

図Ⅰ-1 地域福祉の2つの機能と2つの専門職

出所：松端克文（2018）『地域の見方を変えると福祉実践が変わる』ミネルヴァ書房，22。

表 I-1 コレクティブ・アプローチの展開プロセス例

①住民が集い学び合えるような参加の舞台（場・機会）を構想し，さまざまな取り組みにおいて住民参加を演出する。
②そうした参加を通じて福祉の問題や課題への住民自身の「気づき」を促す。
③その際，住民がお互いに「共感」し合えるような体験を大切にする。
④そして，住民からそうした問題や課題を何とかしなければならないという「やる気」を引き出す。
⑤確認された課題に対して，住民と一緒にいろいろな解決策を検討する。
⑥参加者の「やる気」を課題解決に向けての具体的な活動につなげていくこと（想いをかたちにすること）ができるよう支援する。
⑦一定の活動が実践され，展開されていくと，それをいかに拡げていけるのかということ（活動を拡げること）に留意する。
⑧年度末など一定の段階で活動を振り返り，参加者自身が自らの変化・成長を確かめながら次の活動へと展開していく。

出所：筆者作成。

2 「くらしをまもる」機能と「つながりをつくる」機能

　福祉サービスの利用者ではなく，地域の住民の「くらしをまもる」という観点からすれば，社会福祉のすべての領域に地域福祉の側面があるといえます。地域包括支援センターはいうにおよばず，各種の相談支援機関や通所系や訪問系などの福祉サービス事業所もそうした機能を有しています。それだけにそうした社会福祉関係機関・団体は，地域の住民の「くらしをまもる」ことができているのかという観点から，自らの専門性を問い直すとともに，その向上を図っていく必要があります。

　「つながりをつくる」機能とは，さまざまな組織化活動や専門職・機関のネットワーク化などを通して，地域住民や関係者，組織間のつながりをより確かなものにすること，地域の課題を集約することでその課題に対応すべく新たな福祉活動を創出したり，社協や行政の施策として新たに事業化・制度化していくこと（開発機能），地域社会を変革していくこと（アクション機能）も含むもので，その要諦は「私の問題」を「私たちの課題」へと変換することで，新たな実践へと導いていくコレクティブ・アプローチにあるといえます（表 I-1）。

3 地域福祉推進の2つの機能の総合化

　地域福祉の推進方法を機能として分けているので，実際には両機能は混在しているものといえます。ソーシャルワークでは，こうした2つの側面の総合化が長らく課題とされてきました。1人の専門職がこうした2つの機能を総合的に実践するのか（実践的統合派），大別すると2つの機能に分けることのできる機能をそれぞれの機能を有する専門職（もしくは所属する組織・機関）が連携を図ることで，これらの機能を総合的に実践していくのか（機能分化派），これからの地域福祉に関わる福祉専門職の実践上の課題であるとともに，地域福祉推進のしくみづくりの課題であるともいえます。

（松端克文）

▷5　ソーシャル・アクションという用語には，もっと壮大な改革の意味が込められているのかもしれないが，ここではたとえばボランティア活動を通じて，いままで出会うはずのなかった人たちが出会い，関係することのなかった組織と組織との関係が生まれることで，住民にも活動者にも，そして地域にもそれまでとは異なる「変化」が生じているような場合の活動をソーシャル・アクション，もしくは「変革」という文脈でとらえておくことにする。それは地域性（ローカリティ）を重視するのであれば「コミュニティ・アクション」ともいえる。そして，こうした活動には，「つながりをつくる専門職」の存在が要となる。
⇨ V-8 参照。

▷6　たとえば，ジョンソン，L.C.・ヤンカ，S.J.／山辺朗子・岩間伸之訳（2004）『ジェネラリスト・ソーシャルワーク』ミネルヴァ書房，参照のこと。

▷7　これはたとえば，個別相談を通じて，「くらしをまもる」機能を担う地域包括支援センターと地域組織化やボランティア活動支援を通じて「つながりをつくる」機能を担っている社会福祉協議会とが連携することで，2つの機能を総合化するような実践のスタイルをいう。

▷8　今日では地域共生社会の実現に向け，社会福祉法の改正を通じて，政策的に包括的支援体制づくりが進められている。
⇨ I-3, IV-1, IV-2 参照。

I 地域福祉とは

3 地域福祉の改革

1 地域福祉の主流化

　2000年の社会福祉基礎構造改革によって、社会福祉の基本法である社会福祉事業法が改正されて**社会福祉法**が成立し、サービス供給のしくみが行政処分に基づく措置制度から契約制度へと移行しました。この改革のもう一つの大きな柱は、社会福祉法が、地域福祉の推進を目標に掲げたことにあります。同年に地方分権一括法も施行されたことで、日本の社会福祉は、基礎自治体である市町村を中心に住民を含めた多様な主体が参画して推進していく体制へと転換しました。社会福祉法は、第1条で地域福祉の推進を法の目的として位置づけるとともに、第4条では地域住民や社会福祉関係者が、協力して地域福祉の推進に努めなければならないと定め、地域福祉を多様な関係者で推進していくことを明記しました。また、地域福祉の推進を図ることを目的とする団体として、社会福祉協議会を位置づけ（第109条）、共同募金も地域福祉を推進するために配分されることになりました（第112条）。さらに、市町村は地域福祉を推進するために地域福祉計画を、都道府県はそれを支援する地域福祉支援計画を策定することが規定されました（第107条，第108条）。以上のように、これまで社会福祉の法制度のなかには存在していなかった地域福祉という用語がはじめて法律で明記され、縦割りではなく、横断的な地域福祉の考え方が重視されるようになった状況は、地域福祉の主流化と呼ばれました。

2 深刻化する社会的排除

　社会福祉法ではじめて地域福祉の推進が法制度のなかに位置づけられましたが、2000年以降も、法や制度は分野ごとに推進され、行政の組織もそれに基づいて縦割りに組織されてきたため、横断的な福祉の推進は、実際にはなかなか進みませんでした。一方、この間の日本社会は、家族の規模が縮小し、職住分離がますます進み、グローバル化によって雇用環境が大きく変化するなかで、家族に頼れない人が増加し、地域社会のつながりは希薄化していきました。その結果、家族、地域、企業といった中間集団とうまくつながれずに、複数の不利が重なることで社会の周縁に追い込まれてしまう社会的排除の問題が顕在化するようになってきました。たとえば、**8050世帯**や**ダブルケア**といわれるような状況など、一つの世帯のなかで複数の問題が折り重なって、生活に困窮した

▷1　**社会福祉法**
社会福祉法は、社会福祉を目的とする事業の全分野における共通的基本事項を定める法律である。つまり、高齢、児童、障害といった各分野に共通する目的、理念、原則や共通する事項が定められている。社会福祉法の第1条は、福祉サービスの利用者の利益の保護、地域福祉の推進、社会福祉事業の公明かつ適正な実施の確保、社会福祉を目的とする事業の健全な発達を全分野における共通の目的として定めている。

▷2　武川正吾（2006）『地域福祉の主流化　福祉国家と市民社会Ⅲ』法律文化社，2。

▷3　⇨Ⅱ-6 参照。

▷4　⇨Ⅱ-6 参照。

り，またそれが容易に予見されるような世帯の問題が増加しているのです。

③ 地域福祉の政策化

　こうしたことを受けて，改めて分野横断的な福祉の推進と，住民によるつながりの再構築を軸とした地域福祉の政策化が進められるようになっています。厚生労働省は，生活困窮者自立支援制度によって先鞭をつけた対象を限定しない包括的な相談支援と地域の支え合いが協働して新しい包括的支援体制を創り出していくというビジョンを発表し，これが「ニッポン一億総活躍プラン」に地域共生社会の実現として位置づけられます。2016年10月にはその具体的な推進方策を検討するために，厚生労働省に「地域における住民主体の課題解決力強化・相談支援体制の在り方に関する検討会」（地域力強化検討会）が設置され，その検討をふまえて2017年5月に地域包括ケアシステム強化法が成立し，2018年4月から改正された社会福祉法が施行されました。

　改正された社会福祉法は，地域住民等が，①本人のみならずその者が属する世帯全体に着目し，②介護，保健医療に限らない地域生活課題を把握するとともに，③地域生活課題の解決に資する支援を行う関係機関と連携し，課題の解決を図るよう特に留意する旨を定めて，地域福祉の推進理念を明確にするとともに（第4条第2項の新設），国や地方公共団体が地域福祉の推進のために必要な各般の措置を講ずるよう努めなければならないと定め，地域福祉を推進するうえでの公的責任を明確にしています（第6条第2項の新設）。

　また，複合化・複雑化した課題を抱える個人や世帯に対して，福祉の各分野の相談支援を行う事業者が，自ら解決することが困難な課題を発見した場合には，適切な関係機関につなぐことを努力義務化するとともに（第106条の2），第106条の3では，**包括的な支援体制**を整備していくことを市町村の努力義務としました。

　さらに，市町村・都道府県地域福祉計画（第107条，第108条）では，任意とされていた地域福祉計画が努力義務化され，「地域における高齢者の福祉，障害者の福祉，児童の福祉その他の福祉に関し，共通して取り組むべき事項」を記載する上位計画として位置づけられるとともに，第106条の3で規定された包括的な支援体制の整備も地域福祉計画の記載事項とされました。

　以上のように，社会福祉法ではじめて社会福祉の法制度に登場した地域福祉は，2018年の社会福祉法改正で，国や地方公共団体の役割が明確化され，各分野の総合化と包括的な支援体制を地域福祉計画の策定を通じて構築していくことが推進されてきました。さらに，2020年に改正された社会福祉法では，包括的な支援体制を整備するための事業として，新たに重層的支援体制整備事業が法制化され（2021年4月施行），地域福祉の政策化がいっそう強化されるようになっています。

（永田　祐）

▷5　厚生労働省・新たな福祉サービスのシステム等のあり方検討プロジェクトチーム（2015）「誰もが支え合う地域の構築に向けた福祉サービスの実現――新たな時代に対応した福祉の提供ビジョン」。

▷6　「ニッポン一億総活躍プラン」では，「子供・高齢者・障害者など全ての人々が地域，暮らし，生きがいを共に創り，高め合うことができる『地域共生社会』を実現する」とし，そのために「支え手側と受け手側に分かれるのではなく，地域のあらゆる住民が役割を持ち，支え合いながら，自分らしく活躍できる地域コミュニティを育成し，福祉などの地域の公的サービスと協働して助け合いながら暮らすことのできる仕組みを構築する」としている（「ニッポン一億総活躍プラン」16）。

▷7　包括的な支援体制
①「住民に身近な圏域」において，地域住民等の活動を支援する環境の整備，②「住民に身近な圏域」において，地域生活課題に関する相談を包括的に受け止める体制の整備，③多機関の協働による市町村における包括的な相談支援体制の構築を内容とする体制のこと。
⇨Ⅳ-1，Ⅳ-2参照。

▷8　⇨Ⅹ-1参照。

▷9　⇨Ⅳ-1参照。

I 地域福祉とは

 ## 松江市（地域組織化の事例）

福祉コミュニティをより活発なものにするためには，住民自身が自分のこととして，地域活動に参加・参画することが重要です。そのためには，仕掛けやしくみを有効に機能させる具体的な手法を確立する必要があります。

1 公民館を拠点とした地域福祉活動のメリット

松江市の最も重要なしくみは，小学校区ごとに設置されている**公民館**[1]が，地域福祉・防災・子育て・健康づくりなどの事業をすすめる核として機能している点です。

公民館には，町内会自治会・子ども会・老人クラブ・消防分団・体育協会などの事務局が集中し，公民館長他3名～4名の職員体制で，安全・安心の地域づくりを推進しています。特に，**地区社会福祉協議会**[2]の事務局体制は，公民館長が事務局長等を兼務し職員が一丸となって地域福祉活動を支えるという体制であり，公民館の社会教育や生涯学習という「学び」の機能と地域福祉活動等の「実践」を一体的に取り組む手法を重視しています。松江市の公民館は，昭和50年代から社会教育と地域福祉の領域の融合によって，住民参加を加速させてきたといえます。

また，昭和40年代に公設公営の公民館から**公設自主運営方式**[3]に転換した歴史がありますが，地域住民主体の運営方式によって，地域づくりや住民参加の意識醸成が高まるとともに，地域性を大切にした各公民館の独自の活動も生まれるなど，「自分たちの地域は，自分たちで創り守っていく」という意識につながっています。

2 住民行動計画を積み上げた松江市地域福祉計画・地域福祉活動計画

地域の活発な動きには，松江市行政と市社協の押しつけにならない関わり方があり，行政サイドの新たな事業の提案なども地域関係者の合意形成を最優先に考えています。この方法で全市の公民館区に広がったのが，**福祉推進員**[4]の配置やなごやか寄り合い事業[5]の取り組み，行政サイド提案型の補助事業などです。

各地区のこのような動きは，地域福祉活動に関係する公民館職員の増員や公民館区ごとの地域分析に波及し，いよいよ「自分たちの地域は，自分たちで創る」という機運が高まりました。

そして2001（平成13）年度からは，各公民館区ごとの**地区地域福祉活動計画**[6]

▷1 公民館
公民館は，市町村その他一定区域内の住民のために，実際生活に即する教育，学術及び文化に関する各種の事業を行い，もって住民の教養の向上，健康の増進，情操の純化を図り，生活文化の振興，社会福祉の増進に寄与することを目的とする（社会教育法第20条）。

▷2 地区社会福祉協議会
小学校区のエリアに，地域住民による地域福祉活動を目的として，地域住民自身が設立した任意の福祉団体。

▷3 公設自主運営方式
基本的な考え方は，「行政が設置し，地域住民が自主的に運営する」。現在，指定管理者制度が導入され，地域の社会教育・地域福祉・学校教育・自治会等の関係者で構成する「地区公民館運営協議会」に運営面は委託されている。

▷4 福祉推進員
前身である「福祉協力員」制度は，1988年に一部の地域から始まり，現在では「福祉推進員」に名称変更し，市内全域約1,600人の方々に市社協会長から委嘱状が手渡されている。地域での見守りや地区社協活動への協力などが目的となっている。任期は2年。

[K小学校校庭の芝生植栽事業の様子]

づくりが地域福祉計画(行政計画)策定の前にスタートしましたが,前述のようなな背景があったからこそ全市的な動きになりました。また,住民参加・参画の力を大きく広げる手法として,地区地域福祉活動計画を上位計画に反映させる方式をとっています。この方式にこだわっているのは,ボトムアップ方式が住民主体の地域福祉活動を活かし,発展させ,持続させる原動力になり得ると考えているからです。

③ 地域づくりを束ねる人材

　松江市の地域づくりの要になるものは,いくつかあげることができますが,そのなかで最も重要なのが,誰が公民館長を務めるかではないかと思います。地域づくりの志が高く,社会教育や地域福祉の知識も豊富で,そして何よりも地域住民からの信頼も厚い人物ということになります。

　ここで,紹介するK公民館のT館長は,K小学校長を最後に定年退職し,引き続き公民館長に就任して今年で15年目となります。T館長が手掛ける事業は,高齢者や子ども,障害者等への支援だけでなく,あまり公民館に関わりのない若者たちを地域活動に取り込んで,地域課題の学びを通して担い手養成におよんでいる点など,K地区の将来を見据えた取り組みになっています。

　また,子どもを中心に地域住民が世代を超えてつながる事業も多く,小学校校庭の芝生植栽事業には予想をはるかに超える約1,500人の住民が参加するなど,長年培ってきた住民参加の地域づくりが成果を上げています。そして新たに,K小学校の協力により,夏休み期間中に準要保護世帯等への食糧支援を,JA・生協・労福協など地区外の協力も得て実施し,地域のなかで孤立しがちな親子へのつながりづくりも始まっています。

　「公民館の地域づくりは夢を描くロマンでもある」と述べるT館長のように,松江市の各公民館長には,高い志を掲げ,住民参加のまちづくりがさらに推進するよう,時には調整役として,時には旗振り役として,時には強力な力を発揮するリーダーとしての資質が求められています。

(須田敬一)

▶5　地区社協や自治会等が主体的に開催する高齢者サロンで,「介護予防」と「まちづくり」を柱としている。現在,421会場(584自治会)で取り組まれている。

▶6　**地区地域福祉活動計画**
地域住民の目線で地域資源の状況や地域課題を把握し,住民でできる地域福祉活動を計画化する住民行動計画。松江市では,小学校区単位に策定委員会が組織される。

▶7　松江市の南部丘陵地に位置する人口約1万3,000人,6,200世帯の地域にある公民館。戦前は陸軍の駐屯地であったが,交通の便がよく戦後急激に住宅地化した。

Ⅰ　地域福祉とは

5 西宮市社協「青葉園」（福祉組織化の事例）

1 地域組織化と福祉組織化

　岡村重夫[1]は，地域組織化活動により目指される「新しいコミュニティ」は，「自由な個我を前提とし，またひとびとの関心の多様性をみとめながらも，コミュニティ成員のあいだには共感と共属の感情にもとづく自然的な相互的援助や連帯性がみとめられるのである」としています。その場合，「地域社会というものを自分たちがつくり上げるものとして，これに主体的にとりくみ，自らを組織化させる方向でとらえ得ているか（地域主体的態度）」ということが問われるとされています。このように地域福祉では，地域の住民間のつながりを再構築し，地域の共同性を高めていくことを目指しています。

　これに対し，福祉組織化活動は地域コミュニティの形成が図られても「特殊サービスとしての具体的な援助を期待しうるものではない」ので，「これらの生活上の不利条件をもち，日常生活上の困難を現に持ち，または持つおそれのある個人や家族，さらにはこれらのひとびとの利益に同調し，代弁する個人や機関・団体が，共通の福祉関心を中心として特別なコミュニティ集団を形成する必要性を認めること」ができるとし，そうしたコミュニティを「福祉コミュティ」としています[2]。つまり，地域住民間のつながりが強くなり，地域の共同性が高まっても，そのことが困難な状況に置かれている住民の生活課題に改善につながるとは必ずしもいえないので，当該住民を中心として，支援者や他の住民などによる「福祉コミュティ」づくりの必要性が生じてくるのです。

2 西宮市社会福祉協議会における地域組織化活動

　兵庫県西宮市社会福祉協議会（以下，西宮市社協）では，人口約49万人の同市において，1984年に第1期の地域福祉推進計画を策定した際に地区担当制を導入し，市内を9つの支部に分けて，概ね小学校区で組織されている33の地区に地区社会福祉協議会（以下，地区社協とする）を組織しました[3]。また，1987年に最初の地区ボランティアセンターが鳴尾支部に設置され，その後の阪神淡路大震災を契機として，現在では32地区にボランティアセンターが設置されており，活発に活動しています。

　第8期まで策定を重ねてきた地域福祉推進計画は，市の地域福祉計画や各地区社協による地区福祉計画と相互に関連づけられているとともに，地域の声を

▷1　**岡村重夫**(1906-2001)　1956年に『社会福祉学総論』（柴田書店），1970年に『地域福祉研究』（柴田書店），1974年に『地域福祉論』（光生館），1983年に『社会福祉原論』（全国社会福祉協議会）を著すなど，日本の社会福祉の理論や地域福祉論を構築してきた第一人者。

▷2　岡村重夫（1974）『地域福祉論』光生館，65-71参照のこと。

▷3　以下については，西宮市社会福祉協議会「西宮市における共生のまちづくりの実践（地域福祉優秀実践賞受賞団体報告）」日本地域福祉学会『地域福祉実践研究』第8号を参照のこと。

ボトムアップで反映するかたちで、今日まで計画づくりが進められています。このように西宮市社協では、計画づくりや各地区社協の組織化を基点にして活動を展開しています。

❸ 福祉組織化としての青葉園の実践

西宮市社協では、1981年に重症心身障害のある人たちの通所の活動拠点として「青葉園」を法外施設として、独自に設置しています。翌年にまとめられた「青葉園基本理念」において、「青葉園のとりくみは、生産性・効果や、単なる身辺自立のみを追求する活動とは根本的に異なり、通所者や職員・親など園にかかわるすべての人たちが一体となって共に考え、悩み、理解し合い、そして主体的に生き合う暮らしを創造していくことを基本目標にしている」とし、「いわば青葉園は、一般の人にとっても、一人ひとりが人間のあるべき姿を問い続け、失いかけている生活拠点を取り戻し、より豊かな暮らしを作り上げていくための公共的・社会的資源である」としています。

まさに福祉組織化としての青葉園の設置を通して、そこでの活動への地域住民の参加によって「障害福祉と共生」をテーマとしたまちづくりを実践しているといえます。とりわけユニークな取り組みは、青葉園に通所する個々の重症心身障害のある人の「一人ひとりがその人らしく共に生きる支援」を全市的に拡げていくことを目指して、本人中心の個別支援計画である「個人総合計画」を通じて、社協が受託している**障害者の基幹型相談支援センター**とも連携して、計画相談におけるサービス等利用計画を改革的に検討し、西宮市独自の「地域自立生活支援」のしくみをつくっている点です。障害当事者の主体的な活動を通じたエンパワメントが、地域住民の主体化（エンパワメント）、さらには地域のエンパワメントにもつながっています。それを図示すると図Ⅰ-2のようになります。福祉組織化を通じて、個々の障害当事者を中心にした地域づくりの好例だといえます。

（松端克文）

▶4　障害者の基幹型相談支援センター
障害者総合支援法第77条の2第2項に「市町村は、基幹相談支援センターを設置することができる」と規定されている。基幹相談支援センターは、地域の相談支援の拠点として、総合的な相談業務（身体障害・知的障害・精神障害）及び成年後見制度利用支援事業を実施し、①総合相談・専門相談、②地域の相談支援体制の強化の取組、③地域移行・地域定着、④権利擁護・虐待防止といった業務を地域の実情に応じて行うこととされている。

▶5　⇨Ⅱ-9 参照。
なお、北野誠一（2015）『ケアからエンパワーメントへ──人を支援することは意思決定を支援すること』ミネルヴァ書房、では、青葉園の実践が随所に取り上げられ論考されている。

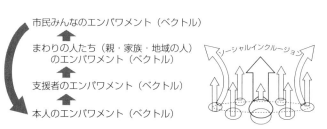

本人中心で（本人の希望に基づいて）支援展開することによるエンパワメントの連鎖（地域社会再生への希望）

図Ⅰ-2　エンパワメントの連鎖

出所：西宮市社会福祉協議会（2017）「西宮市における共生のまちづくりの実践（地域福祉優秀実践賞受賞団体報告）」日本地域福祉学会『地域福祉実践研究』第8号、97。

Ⅰ 地域福祉とは

6 宝塚市社協「ふれあい鹿塩(かしお)の家」（コミュニティケアの事例）

地域福祉の重要な構成要素に**コミュニティケア**があります。住みなれた地域で、これまでの関係性を維持し自分らしく最後まで暮らすために、日常生活圏ごとに行政や事業者、地域住民が協働して、必要な支援（社会サービス）を包括的に提供するしくみです。

みんなが集う地域の居場所

宝塚市社会福祉協議会（以下、市社協）では、民家を活用した小規模の通所介護事業を核に、地域の共同性を基盤にしたケア（地域共同ケア）を地域住民とともに実践してきました。それが2005年から実施している仁川小学校区内の鹿塩（かしお）地区にある「ふれあい鹿塩の家」（以下、鹿塩の家）です。生活全体をみるケアを通じて、利用者がサービスの「対象者」ではなく、生活の「主体者」として暮らすことを支援するとともに、それらのケアを住民と協働して行うことで、地域の福祉力を高める地域福祉実践につなげてきました。

現在では、介護保険の**地域密着型通所介護**（デイサービス）として365日サービスを提供し、1日当たり平均7人が利用しています。利用者の9割以上は認知症があり、比較的重度の人も多くなっています。来所方法や時間などは利用者個々のニーズに合わせて柔軟に対応し、半数ぐらいは徒歩でやって来ます。1日の過ごし方も、ボランティアや職員と昼食づくりをする人や地域の人たちと趣味活動を楽しむ人などさまざまです。本人ができること、やりたいことに着目し、落ち着いて過ごせる居場所となるように心がけています。

大切なことは、デイサービス利用者以外の人も、気軽に昼食を食べに来たり一緒に話したりするなど、地域住民にとって「誰もが立ち寄れる居場所」「地域の中の縁側のような存在」となるよう運営していることです。民生児童委員や近隣住民から気になる人の情報や相談があり、見守りや立寄り利用（制度外利用）につながるケースがあります。このようにさまざまな人が出入りしつながることで、早期発見早期対応が可能になり、利用者の関係性も広がります。

2009年には、後述する住民を中心とした運営委員会の話し合いから、電球の取り替えや粗大ゴミ捨ての支援などの生活支援を行う助けあいの会が発足しました（現在、休止中）。また、開設当初から地域の子育て支援の場として、お母さん同士が子どもを預かり合う**相互保育**「バンビハウス」が、鹿塩の家の2階を使って実施されています。現在では、放課後対応や学習支援にも活動が広が

▷1 コミュニティケア
イギリスでは、1991年コミュニティケア白書において、「高齢や精神疾患、心身障害などによって問題を抱えた人が、自宅もしくは地域の中の家庭的な環境の中で、できる限り自立した生活ができるよう、必要なサービスや援助をすることである」と定義された。今日の日本では、住み慣れた地域での生活の継続のために、地域包括ケアの取り組みが進められている。その中で重要なことは、多様な専門的な支援を日常生活圏域で包括的に提供することに加え、これまでの関係性を保ち生活の質を担保するという意味から、当事者・住民の参加と協働を包含したものとしていくことである。

▷2 地域密着型通所介護
利用定員18人以下の小規模なデイサービスで、2016年4月より介護保険制度の地域密着型サービスに位置づけられた。通常の通所介護と同様、食事や入浴、レクリエーションや機能訓練などのサービスが提供される。地域に開かれたサービスにするために、地域住民等を入れた運営推進会議の開催が義務づけられているが、形式的なものになりがちで、住民と運営について実質的な協議をして事業に反映している事例は多くない。

り，利用希望者が増えて隣家（元利用者宅）を借りて対応しています。ここで育った子どもたちが，放課後に鹿塩の家に立ち寄り，高齢者に声をかける風景が見られるようになりました。

② 生活の流れを断ち切らないケア

　住み慣れた地域のなかで，身近な馴染みの関係を維持して生活の一部としてケアを受けることができる場を目指す鹿塩の家では，生活の流れを切らない連続的なケアが特徴です。利用者にとって，日中の自由でゆったりした時間を過ごす居場所であるだけでなく，自宅に帰った後についても注意を払い，サービスとサービスの切れ目をつくらない支援となるよう心がけています。たとえば，20分足らずの朝の来所前の訪問時に，冷蔵庫の中身の確認をすることで，その日の夕食から翌日の朝食までの食材購入の必要性の判断につながります。日中の鹿塩の家での様子を含め，非定型の生活が連続していくように，鹿塩の家の職員や近隣住民が協働してサービスの狭間をつなぐ支援を行うことで，利用者は顔なじみの関係のなかで安心した生活を続けることができます。

③ 住民と専門職との協働の場づくり

　鹿塩の家のもう一つの特徴は，住民と専門職が協働して地域のケア拠点を運営していることです。開設に先立って，地域の自治会，民生児童委員，老人クラブ，ボランティア等による運営委員会が組織され，私達の施設という意識で，鹿塩の家の職員や地区担当者とともに事業のあり方や運営を考えてきました。運営委員会は月1回開催され，当初は行事の企画や地域への広報等が主な議題でしたが，すぐに利用者のサービス内容や利用方法の検討，自宅での生活の支援まで内容が広がりました。そして，時間の経過とともに，地域の生活課題の検討や近隣の気になる人への対応等，地域全体の課題に対する幅広い検討が行われています。現在では，運営委員会の事業として季節の行事やいきいきふれあいサロン（ひまわりサロン）に取り組むだけでなく，制度外の助け合い活動や相談を専門職につなぐこと，地域の行事と鹿塩の家をつなぐなど地域と専門職の調整役を担っています。

　開設当初は，住民側の認知症や介護に対する理解の不足もあって，専門職任せだった利用者との関わりも，実際の利用者との関わりや各種の勉強会，職員との情報交換を重ねて，今では地域ぐるみで自然な対応や受け入れができるようになっています。以前であれば施設入所せざるを得なかったひとり暮らしの認知症高齢者や高齢者夫婦，中間独居等の在宅生活が支えられるようになっています。まさに地域共同ケアの拠点鹿塩の家ができたことで，地域で暮らし続けることを支えることができる地域に変わってきたといえます。（佐藤寿一）

▷3　相互保育
公共施設等を使って，お互いの子どもを預かり合う保育で，全国的に広がっている。育児についての情報交換やつながりづくりなど，親子ともに利点のある活動である。鹿塩の家の「バンビハウス」の活動は，乳幼児の預かり合いから，子どもの成長に合わせて園児の退園後の居場所，小中学生の学習支援へと展開してきた。

▷4　地区担当者
宝塚市社協では，市内7つの地区（サービスブロック，人口3万人程度）ごとに社協地区センターを開設し，それぞれに地区担当者（コミュニティワーカー）を配置，20の概ね小学校区単位のまちづくり協議会や200以上ある自治会の地域福祉活動への取り組みを支援している。運営委員会の組織化や活動支援は，鹿塩の家の職員とともに地域活動支援を専門にしている地区担当者が関わって進めてきた。

参考文献
藤井博志監修・宝塚市社協編（2018）『改訂版 市民がつくる地域福祉のすすめ方』全国コミュニティライフサポートセンター。
　宝塚市社協による住民主体の地域福祉実践の過程を詳述したもので，鹿塩の家の実践も第4章で詳細に取り上げられている。

I 地域福祉とは

7 名張市「まちの保健室」（予防的福祉の事例）

地域福祉といえば，地域で住民や当事者を中心とした組織をつくったり（地域組織化活動），様々なサービスや支援を地域を基盤として提供していくこと（コミュニティケア）をイメージする人が多いかもしれません。しかし，そもそも問題が起こらないようにすること，起こったとしても早期に対応したり，深刻化しないような取り組みや基盤づくりをしていくこと，すなわち予防的福祉も地域福祉の大切な柱の一つです。

1 「まちの保健室」とは　敷居の低い相談窓口

三重県名張市は，2005年に策定した地域福祉計画のなかで，身近な地域の中で気軽に相談できる場所として，市独自の取り組みである「まちの保健室」の設置を決めました。まちの保健室は，順次開設され，現在では15地区（おおむね小学校区）の市民センターもしくは隣接した場所に設置され，介護福祉士や看護師，社会福祉士といった専門職が嘱託職員として2名〜3名配置されています。具体的な業務は，①健康・福祉の総合相談，②見守り・支援ネットワークづくり，③健康づくり・介護予防，④チャイルドパートナーとしての子育て支援であり，あらゆる世代を対象にした初期相談，地域包括支援センターのブランチとして介護保険の代行申請や認定調査，民生委員や主任児童委員と協力した主として制度につながるまでの見守り支援，高齢者や子育てサロンの支援，健康づくりや介護予防教室の支援を行っています。

2 まちの保健室の活動の実際　地域のネットワークのパイプ役

まちの保健室は，市民センターなど住民に身近なところにあるため，市民が気軽に相談できる場ですが，相談にやってくるのは困っている人ばかりではありません。たとえば，民生委員は，気になるケースやひとりでは訪問しづらいケースがあれば，まちの保健室に相談し，協力して支援を行っています。まちの保健室と民生委員だけでは解決が難しいケースがあれば，関係機関とのパイプ役となり，より専門的な支援へとつなぐこともできます。このように，身近な地域に専門職がいることで，住民は安心して活動に取り組むことができ，課題の早期発見にもつながっていきます。また，相談といってもただ座って相談を待っているわけではありません。子育てや高齢者サロン，健康教室など，地域住民が行う活動にも定期的に参加し，介護予防の体操を広めたり，悪徳商法

▷1　名張市は，三重県南西部に位置する人口約7万8,000万人，面積129.76 km^2，高齢化率31.1％の自治体である（2018年4月現在）。大阪方面への通勤圏として昭和40年代後半から大規模な宅地開発が行われ，人口が急増したが，2000年を境に人口は減少に転じ，今後は宅地開発に伴って移住してきた人々の高齢化が一気に進むことが予想されている。

▷2　名張市ではフィンランドの子育て支援「ネウボラ」（相談する場という意味）を参考に，保健師とまちの保健室を軸とした妊娠・出産・育児の切れ目ない相談・支援（名張版ネウボラ）に力を入れている。具体的には，出産を終えて退院した後の不安を抱きやすい時期に保健師や助産師が全戸に電話をかける「生後二週間目　全戸電話相談」を実施し，体調不良や不安がある場合には保健師や助産師が戸別訪問を行うなど，2名の「スーパーバイザー」（助産師）と市の保健師（母子保健コーディネーター）が専門的な支援を行っている。チャイルドパートナーであるまちの保健室は，「敷居の低い」身近な窓口として，子育て世代や地域の支援者である民生委員，主任児童委員の相談にのり，必要な場合は専門職につなぐ役割を担う。

に対する注意喚起などもしています。もちろん，住民が行う活動に参加するのは，広報のためだけではありません。こうした場に参加することで様々な地域住民と元気なうちから関わることができるという点が重要です。元気なうちから顔見知りになっておけば，何か困ったときにすぐにまちの保健室のことが頭に浮かび，相談してもらうことができるからです。また，自分の周りに困っている人がいるときにも，その人をまちの保健室につなぐことができるようになります。さらに，主任児童委員による「こんにちは赤ちゃん訪問」(乳児家庭全戸訪問)から明らかになった「子どもを連れていく場所がない」という声を受けて，各地区では子育てサロンの取り組みが盛んになっています。そうした住民の主体的な活動を支えていくこともまちの保健室の重要な役割です。行政機関でありながら，身近な地域にあって住民の声に柔軟に対応しながら協働する，行政と地域の「のりしろ」のような役割がまちの保健室の特徴といえます。

③ 予防的福祉という視点からみたまちの保健室

まちの保健室の機能を予防という観点からみると，まず，できるだけ問題が発生しないようにする一次予防の観点があります。まちの保健室は，住民の地域活動を身近なところで支援し，住民が多様な役割を持って活動できる場をつくると同時に，健康づくり教室等を通じて直接的な介護予防活動を行っています。次に，問題が発生したとしてもできるだけ早期に発見することで適切な支援につなぐ二次予防の観点があります。まちの保健室は，地域活動をしている住民や民生委員も気軽に相談できる場なので，活動の中で気になる住民を発見した場合は，すぐにまちの保健室に伝え，早期に対応することが可能になっています。すでに述べたように，子育てサロンや高齢者サロンのような場に出向くことで顔見知りになり，早期に相談してもらえるような関係をつくっておくことも早期の発見・対応につながっています。介護保険法上の**地域包括支援センター**もこうした役割が期待されていますが，まちの保健室は，①高齢者に限定されない総合相談窓口であり，②一般に地域包括支援センターが設置される日常生活圏域（中学校区）よりも狭い範囲（小学校区）に設置されているという特徴があります。最後に，仮に何らかの困難を抱えていたとしても，それが重度化したり，より困難にならないようにするという三次予防の観点があります。まちの保健室は，対象を限定していないので，制度のはざまに陥っている人や世帯であっても，緩やかに寄り添いながら支援していくことが可能です。また，要介護認定を受けた高齢者の場合，介護保険サービスに加えて，まちの保健室による見守りを継続することで，その人の社会関係の維持や変化の察知が可能になります。

このように，身近な圏域で住民の課題を受け止め，ともに活動できる専門職を配置することは，地域福祉の構成要件の一つである予防的福祉の推進に大きな効果があると考えられるのです。

（永田　祐）

▷3　地域包括支援センター
地域包括支援センターは，2006年に改正・施行された介護保険法で「地域住民の心身の健康の保持及び生活の安定のために必要な援助を行うことにより，その保健医療の向上及び福祉の増進を包括的に支援することを目的とする施設」（介護保険法第115条46）として創設された。センターは，日常生活圏域（中学校区）に設置されることになっており，社会福祉士，保健師，主任介護支援専門員の3職種が配置され，地域支援事業のうち，包括的支援事業（介護予防ケアマネジメント事業，総合相談支援事業，権利擁護事業，包括的・継続的ケアマネジメント事業）等を担う。

(参考文献)
永田祐『住民と創る地域包括ケアシステム――名張式自治とケアをつなぐ総合相談の展開』（2014）ミネルヴァ書房。

Ⅱ 地域福祉の理念と概念

 地域福祉の理念

1 住民主体で進める福祉コミュニティづくり

地域福祉の概念の中核には「住民主体」の理念があります[1]。生活していくうえで困難な状況に置かれている人は、福祉サービスを前提とすると「福祉サービスを必要とする人[2]」もしくは「サービス利用者」という位置づけになり、ソーシャルワークでは「クライエント」になります。

しかし、地域福祉では、サービスを利用している場合でも、またボランティアとして活動している場合でも、その当事者を「地域住民」と捉えます。そして既存の制度やサービスの客体としての利用者やクライエントではなく、地域で生活している主体者としての地域住民が、生活を営むうえで生じてくる諸々の困難な状況を地域生活上の課題と捉えて、積極的に参加することでその緩和・解決を自治的に図っていくことを重視します。たとえば、地域福祉を推進する役割を担う社会福祉協議会の活動について、1962（昭和37）年に全国社会福祉協議会により示された「社会福祉協議会基本要項」では、「住民主体の原則」を1つの柱としていました[3]。また、地域福祉は、住民の生活を支える活動を地域づくりに関連づけて進めるところに特徴があります。その場合、地域のつながりを再生していくような意味での地域コミュニティづくりに加えて、生活していくうえで困難な状況に置かれていて、具体的な支援を必要とする当事者を中心として、そこにそうした住民に同調したり利益を代弁する住民が加わり（アドボカシー）、さらには各種の専門機関や団体、専門職などで構成される「福祉コミュニティ[4]」づくりが求められます。こうしたコミュニティづくりに住民主体で取り組むことを重視しています。

2 地域組織化・ネットワーク・協働（パートナーシップ）

地域福祉では、地域の共同性を取り戻していくために地域住民の組織化や、ボランティア活動をしている住民や団体の組織化（ボランティア組織化）、さらには困難な状況に置かれている当事者の組織化など、いわゆる組織化（Community Organizing）に取り組むところに実践上の特徴があります。

また、個々の住民や、そうした組織や団体や行政も含めた機関、あるいは各種の専門職が、個々バラバラに実践するのではなく、一定の地域社会のなかでネットワークを形成し、分野横断的に協力して取り組むことを重視します。今

---

[1] 牧里毎治は著書のなかで（牧里毎治（1995）「地域福祉の理念と概念」牧里毎治他編『これからの社会福祉⑥地域福祉』有斐閣）、地域福祉の概念のエッセンスとして、①「住民参加」の理念、②「ネットワーク」の理念、③「生活の共同化」の理念の3つをあげている。以下、本文ではこの枠組みを参考にしながら整理する。

[2] 2017年に改正された社会福祉法では、「福祉サービスを必要とする地域住民及びその世帯」と規定している（第4条第2項）。詳しくは⇨Ⅱ-2参照。

[3] 全国社会福祉協議会では、1962年に「社会福祉協議会基本要項」を定め、1992年に改訂し、「新・社会福祉協議会基本要項」を示している。

[4] 福祉コミュニティ
岡村重夫が提示したものである。詳しくは、岡村重夫『地域福祉論』（光生館、1974［新装版2009年］）を参照のこと。
なお、岡村は「福祉コミュニティ」は、当事者を中心とした「共同討議の場」であり、「地域における社会福祉サービスの欠陥を指摘」したり、「専門分化した制度の改善の必要を指摘したり、要求する場」でもあり、「公共機関が実施し

日では，多職種連携や多業種連携の必要性が強調されていますが，地域福祉はもともとこうした理念を大切にしてきました。

そして立場の異なる住民や団体，機関，専門職等が共通の目標に向かって，具体的な活動を展開していく「**協働**(パートナーシップ)」による実践を重視します。地域福祉では多様なアクターの参加・参画（住民参加，ボランタリズム）と協働のあり方が，その内実を規定しているともいえます。

3 「支援」，「支え合い」そして「共生」へ

地域福祉の歴史としてあげられるCOS（慈善組織協会）の活動やセツルメント運動，あるいは今日の民生委員活動の前身である方面委員活動などは，住民の生活課題を解決していくために，その住民を支援したり，その住民が居住している地域に働きかけて環境を改善していくような実践です。こうした実践では，活動する側が一方的に助けたり，支援するというよりは，「助け合う」とか「支え合う」，あるいは貧困問題に象徴されるような社会の矛盾に「共に立ち向かう」というように，双方向的な関係が重視されてきました。

かつての障害のある子どもを持つ親たちが中心になって展開した障害者の共同作業所づくり，全国的に進められてきた高齢者のふれあい・いきいきサロンづくりや子育てサロンづくり，あるいは今日の子ども食堂づくりの活動などは，地域社会において，専門職も含めさまざまな住民による「支え合い」の活動であり，生活を「共同化」していく取り組みでもあるし，さらには自らの地域を自らの手でよくしていこうとする「自治」的な取り組みであるともいえます。

貧困や介護などの理由により困難な状況に置かれてる住民とそうではない住民，そうした住民を支援しようとする側と支援される側，上記のサロン活動をしていたり，参加している住民とそうでない住民というように，地域のなかには常にいろいろな分断線があり，排除が起こります。それだけに「共にある」ということ，すなわち「共生」を大切にする姿勢が重要となります。上記のサロン活動などは，今日では「全世代・多機能」型の居場所づくりに展開したり，あるいは新たにつくりだすことが求められるようになっています。人権を尊重しノーマライゼーションや社会的包摂（インクルージョン）の理念を実現していくためには，常に自覚的・反省的に自らの実践を振り返れるように，住民が集い，交流し，話し合い，学び合うような活動が大切になります。

地域共生社会についても，住民が生活の主体者として，地域におけるさまざまな生活上の困難を，個々人が各自の責任だと捉えてしまいがちな「生きづらさ」としてではなく，共同的・協働的な取り組みにより，「共（とも）」に解決を目指し，共にエンパワメントしていく課題としてとらえ直すことが大切になります。完璧な共生社会は存在しません。だからこそ地域において絶えず更新しつづけることが求められます。

（松端克文）

ない福祉サービスを一時的にこれに代わって実施する」といった機能があげており，「福祉コミュニティ」は一般コミュニティを構成するものではあるが，「社会生活上の不利条件をもつ者が，地域社会において少数者であるために無視されるような社会状況においては，自分の生活を守るために団結し，かれらの利益を代弁するものと協力して，生活者としての自己を貫徹するための機構として」も不可欠なものであるとしている（岡村，同前書，70-71）。

▷5 協働
通常，「きょうどう」には，共同，協同，協働の3つの熟語が用いられる。「共同」の場合は，地域共同体とか運命共同体といった用いられ方をする。「協同」は，生活協同組合や農業協同組合のように一定のメンバーシップのある概念として用いられる。そして「協働」の場合は，住民と行政との協働というように，立場の異なる人や団体が共通の目標に向かって協力して具体的な活動を展開するといった意味で用いられる。

▷6 上野谷加代子他編（2014）『「対話と学び合い」の地域福祉のすすめ』CLC，参照。

▷7 ⇨Ⅳ-1参照。

▷8 現在「地域共生社会の実現」を掲げて，包括的な支援体制づくりが進められている。
⇨Ⅰ-3，Ⅳ-1，Ⅳ-2参照。

Ⅱ 地域福祉の理念と概念

地域福祉の理論

1 社会福祉法における地域福祉に関する規定

　社会福祉基礎構造改革の議論を経て，2000年に改正された社会福祉法では，「地域における社会福祉」のことを地域福祉と規定して（第1条），その推進を図ることが明記され（第4条），法律においてはじめて「地域福祉」という用語が用いられました。

　2017年の法改正（2018年4月施行）では，地域住民，社会福祉を目的とする事業を経営する者および社会福祉に関する活動を行う者のことを「地域住民等」として（第4条），困難な状況に置かれている住民だけでなく，その世帯にまで視野を広げていること，住まいや就労，教育などもふまえて「地域生活課題」として捉えていること，そしてそうした課題を（本人の申請に基づくだけでなく）地域で「把握」する必要性が明記されていることなど，これまでの地域福祉の理論的，実践的な成果を取り込むような内容になっています（第4条第2項）。

　ここでは，このように規定される地域福祉についての理論の整理をします。

2 地域福祉理論の登場

　地域福祉の概念は多様ですが，一定の地域社会（通常，市町村域かそれより狭いエリア）における社会福祉に関するさまざまな実践や自治体政策も含めた取り組みを地域福祉としてとらえることでは共通しています。

　戦前では，地域における「講」や「結い」などの相互扶助や方面委員制度のもとでの方面委員活動，あるいはセツルメント活動などが地域福祉の源流とされています。戦後では，1950年代から地域福祉という用語が使われていますが，最初に「地域福祉」という用語が刊行物で用いられたのは1963年の日本生命済生会発行の『季刊地域福祉』でした。また，全国社会福祉協議会（全社協）は1962年に社会福祉協議会の活動の方向を示した「社会福祉協議会基本要項」を定めています。地域福祉という用語は用いられていませんが，社協の担うべき機能としてコミュニティオーガニゼーションの方法をふまえながら「住民主体の原則」のもと，地域住民の協働促進や関係機関・団体・施設との連絡・調整，組織活動などの必要性が示され，内容的には地域福祉の概念と重なります。

　その後，研究者による地域福祉理論に関する書籍としては，岡村重夫が1970年に『地域福祉研究』（柴田書店，1970年），1974年に『地域福祉論』（光生館）を

▷1　社会福祉法では「福祉サービスを必要とする地域住民」となっているが，サービスの利用の必要性からとらえるのではなく，「困難な状況に置かれている」という個々の住民の側から困難な状況をとらえると意味から，ここではこの表現を用いる。

▷2　⇒Ⅲ-4参照。

▷3　この『要項』では社協の性格として，「社会福祉協議会は一定の地域社会において，住民が主体となり，社会福祉，保健衛生その他生活の改善向上に関連のある公私関係者の参加，協力を得て，地域の実情に応じ，住民の福祉を増進することを目的とする民間の自主的な組織である」とされている。

　なお，この要項は1992年に改訂され，『新・社会福祉協議会基本要項』が定められている。そこでは，社協の活動原則として，①住民ニーズ基本の原則，②住民活動主体の原則，③民間性の原則，④公私協働の原則，⑤専門性の原則の5つが示されている。

▷4　地域福祉は直訳するとcommunity welfareとなるが，その概念は欧米では通じにくい。また，community careでは内容が限定されてしまう。したがって，内容的にはcommunity-

著しています。また，1973年には住谷馨・右田紀久惠編『現代の地域福祉』も著されており，この頃に地域福祉という概念が研究対象となり，理論化が図られはじめたといえます。この時期は，高度経済成長期における過疎・過密問題などによる地域社会の変貌が社会問題とされはじめ，また高齢化率が7％を突破し，いわゆる「高齢化社会」へと移行していく時期であり，社会福祉施設のみならず在宅福祉サービスの拡充が課題となり，コミュニティへの関心が高まった時期でした。

なお，欧米諸国にはわが国でいう地域福祉の考え方や体系に直接的にあてはまるような概念はないとされています。

3 地域福祉理論の類型化

牧里毎治は地域福祉理論について，各論者によって対立している論点に着目し，地域福祉の概念を「構造的概念」と「機能的概念」とに分類しました。構造的概念は，資本主義社会において構造的に産出される社会問題・生活問題に対する政府・自治体の政策的対応に重点を置き，貧困問題を核として生活問題を捉え，住民運動が政策におよぼす影響を重視し，サービス利用に伴う受益者負担には消極的であることなどを指摘しています。この概念は，政策・制度のあり様を強調した「政策制度論的アプローチ」（右田紀久惠，井岡勉）と住民などによる運動の要素を強調した「運動論的アプローチ」（真田是）とに分けられています。

一方，機能的概念は，地域福祉を一定の地域社会において，国民諸階層に広がる介護などの社会的ニーズを，政策・制度だけではなく，公私の複合的な主体で構成されるサービス供給システムによっていかにして充足していくのかという枠組みでとらえるものです。サービスの担い手としての住民参加が重視され，利用者負担には寛容であるといった特徴があります。この概念は，住民や地域社会の主体的な問題解決機能を重視した「主体論的アプローチ」（岡村重夫）と在宅福祉サービスを中心にサービス供給資源を重視した「資源論的アプローチ」（三浦文夫，永田幹夫）とに分けられています。

また，岡本榮一は図Ⅱ-1のようにより多角的に代表的な地域福祉理論を，タテ軸に「場＝展開ステージの軸」として「A福祉コミュニティづくりや予防等に関する領域」～「Cコミュニティケアに関する領域」を，ヨコ軸に「主体＝推進支援軸」として「B政策・制度に関する領域」～「D住民参加・主体形成に関する領域」を設定して分類しています。そして①「政策・制度志向の地域福祉論」（右田紀久惠，井岡勉，真田是），②「在宅福祉志向の地域福祉論」（永田幹夫，三浦文夫），③「住民の主体形成と参加志向の地域福祉論」（大橋謙策，渡辺洋一），そして④「福祉コミュニティ・地域主体志向の地域福祉論」（岡村重夫，阿部志郎）という4つに分けて示しました。

---

based social services and practice といった表現になる。地域福祉学会による地域福祉の英文表記は，community development と，なっている。

▶5 牧里毎治（1986）「地域福祉の概念構成」高田真治ほか編『地域福祉講座①』；牧里毎治（1984）「地域福祉の2つのアプローチ」阿部志郎ほか『地域福祉教室』有斐閣，を参照のこと。なお，牧里はその後，「自治型地域福祉」と「在宅福祉型地域福祉」という分類も示している（牧里毎治（1999）「地域福祉」一番ヶ瀬康子他編『講座戦後社会福祉の総括と21世紀への展望Ⅰ──総括と展望』ドメス出版）。

▶6 岡本榮一（2002）「場──主体の地域福祉論」『地域福祉研究』日本生命済生会，No. 30；岡本榮一（2003）「地域福祉の考え方の発展」福祉士養成講座編集委員会編集『新版社会福祉士養成講座⑦　地域福祉論（第2版）』中央法規出版，を参照のこと。

▶7 右田紀久惠による地域福祉の定義。「地域福祉とは，包括的には，生活権と生活圏を基盤とする一定の地域社会において，経済社会条件に規定されて，地域住民が担わされて来た生活問題を，生活原則・権利原則・住民主体原則に立脚して，軽減・除去し，または発生を予防し，労働者・地域住民の主体的生活全般にかかわる水準を保障し，より高めるための社会的施策と方法の総体であって，具体的には労働者・地域住民の生活保障と，個としての社会的自己実現を目的とする公私の制度・サービス体系と，地域福祉計画・地

▶8 永田幹夫による地域福祉の定義。「地域福祉とは，社会福祉サービスを必要とする個人・家族の自立を地域社会の場において図ることを目的とし，それを可能とする地域社会の統合化および生活基盤形成に必要な生活・居住条件整備のための環境改善サービスの開発，対人的福祉サービス体系の創設，改善，動員，運用，およびこれらの実現のためにすすめる組織化活動の総体をいう」として，その構成要素として「①在宅福祉サービス（予防的サービス，専門的ケア，在宅ケア，福祉増進サービスを含む対人福祉サービス），②環境改善サービス（物的・制度的施策を含む生活・居住条件の改善整備），③組織活動（地域組織化およびサービスの組織化，管理の統合的運営によるコミュニティワークの方法技術）」をあげている（永田幹夫（1993）『改訂 地域福祉論』全国社会福祉協議会，45）。

▶9 大橋謙策による地域福祉の定義。「地域福祉とは，自立生活が困難な個人や家族が，地域において自立生活できるようネットワークをつくり，必要なサービスを総合的に供給することであり，そのために必要な物理的，精神的環境醸成を図るため，社会資源の活用，社会福祉制度の確立，福祉教育の展開を総合的に行う活動」であるとして，「地域福祉という新しい社会福祉サービスシステムの成立」のためには「①在宅福祉サービスの整備，②在宅生活を可能ならしめる住宅の整備と移送サービスの整

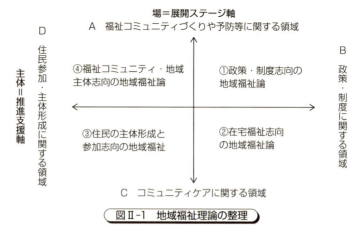

図Ⅱ-1 地域福祉理論の整理

出所：岡本榮一（2002）「場─主体の地域福祉論」『地域福祉研究』日本生命済生会，No.30, 11の図を簡略化して筆者作成．

こうした枠組みに従えば，地域福祉理論には岡村重夫のような地域社会そのものが主体として，生活課題の解決機能や課題発生の予防的機能などを担えるようコミュニティづくりを重視するタイプ（④），永田幹夫のように福祉サービスを必要とする地域住民の生活課題を「ニーズ」として把握し，それを充足するサービス供給システムという観点から捉えるタイプ（②），右田紀久恵のように地域住民の抱える生活問題をサービス対象化した「ニーズ」として捉えるのではなく，経済社会的条件に規定される生活問題として，住民の権利性を明確にし，国や自治体の生活保障に関する政策的対応を重視するタイプ（①），そして大橋謙策のように住民が地域の生活課題に気づき，お互いに支え合いながら生活課題の解決に取り組み，計画策定過程に参加したりできる住民の主体形成と福祉教育のあり方を重視するようなタイプ（③）というように4つに分けることができます。

❹ 地域福祉の意味論の変遷

では次に，少し視点を変えて，「地域福祉」という概念が時代ごとにどのような社会的文脈において用いられてきたのかということを意味論的に整理してみます。図Ⅱ-2のように，大きくは「生活問題の解決に向けた地域の『自治』化」の流れ（舞台としての地域そのものへの働きかけ）と，「ニーズを抱えた個人への対応（個別化）」の流れ（地域を舞台とした支援の展開）とに分かれます。

まず，1970年代では，高度経済成長を背景として，〈コミュニティの崩壊／住民主体のコミュニティ形成〉という区別に基づく意味論のなかで岡村重夫や右田紀久恵に代表される地域福祉論が登場しました。そこでは住民主体や地域組織化が重視され，新しいコミュニティの形成が重要な課題とされました。牧里毎治や岡本榮一の整理では岡村と右田は対立する立場に分類されますが，意味論的にはともに同じ課題をめぐって地域福祉を論じていたといえます。

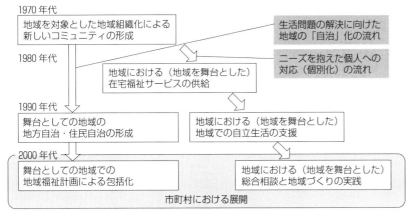

図Ⅱ-2 地域福祉の意味論の変遷

出所：松端克文（2018）『地域の見方を変えると福祉実践が変わる』ミネルヴァ書房，237。

次に1980年代では，高齢化社会の進展を背景として，在宅福祉サービスの拡充が課題となります。永田幹夫にみられるように「地域における（地域を舞台とした）在宅福祉サービスの供給」に関心が集まります。この時期の地域福祉論は，岡村・右田と対比すると，〈住民主体のコミュニティ形成／増大する高齢者の介護ニーズへの在宅福祉サービスの提供〉という区別のなかで展開することになります。

1990年代では，大橋謙策に代表されるように個々の住民の「地域における（地域を舞台とした）地域での自立生活の支援」が地域福祉の課題となります。永田との対比でいえば，〈市町村域でのニーズへのサービス供給／自立困難な個人や家族に対する地域自立生活の支援〉という区別になりますが，この時期から個別支援というミクロレベルの実践からメゾ・マクロへの展開（地域づくり）を視野に入れることが地域福祉として論じられるようになります。これは大橋のコミュニティソーシャルワークの理論とも重なります。

しかしこの時期に右田は自治型地域福祉論を提示します。大橋との対比でいえば，〈地域を舞台とした"個人の地域自立生活支援"／舞台としての地域そのものの"自治"の形成〉という区別になります。地域社会そのものの自治の必要性を強調する観点は，1970年代の地域福祉論への原点回帰であるともいえます。

こうした地域福祉論の2つの潮流は，2000年代以降，「総合相談・地域づくり」と「地域福祉計画」が重要な課題となり，市町村においてどのように展開していくのかが問われることになります。今日の包括的支援体制の構築に向けた取り組みも，こうした文脈でとらえることができます。

以上のように地域福祉には，地域を舞台として生活していくうえで困難な状況に置かれている住民を支援していくという側面と，生活の舞台としての地域そのものを自治的に変革していくという側面があります。ここではこうした観点から各論者の主張を理解しやすくするために整理しましたが，相互に重なっているところもあるので注意する必要があります。

（松端克文）

備，③近隣住民の参加による福祉コミュニティの構築，④都市環境の整備」などを推進することが必要であるとしている（大橋謙策（1995）『地域福祉論』放送大学教育振興会，28頁）。

▷10 岡村重夫による地域福祉の定義。岡村は地域福祉の定義づけは行っていないが，その概念を構成する要素として，「①最も直接的具体的援助活動としてのコミュニティ・ケア，②コミュニティ・ケアを可能とするための前提条件づくりとしての一般地域組織化活動と地域福祉組織化活動（前者は新しい地域社会構造としてのコミュニティづくりであり，後者はそれを基盤とする福祉活動の組織化である），③予防的社会福祉」の三者によって構成されるとしている（岡村重夫（1974）『地域福祉論』光生館，62）。

▷11 右田紀久惠編著（1993）『自治型地域福祉の展開』法律文化社，を参照。

▷12 ⇨Ⅱ-9参照。ここには「地域」を所与の前提として捉え，そこで支援のあり方を課題とするのか（たとえば個人を支援するための地域づくりなのか），「地域」それ自体を対象と捉えて，市町村＝基礎自治体の自治のありようが地域福祉の内実を規定し，地域づくりを住民主体や住民自治と関連づけて捉えるのかという違いがあります。

▷13 ⇨Ⅳ-2参照。

▷14 ⇨Ⅱ-3参照。

Ⅱ　地域福祉の理念と概念

 地域福祉の構成要素

Ⅱ-2で確認したように、岡本榮一によれば地域福祉理論は4つのタイプに分けることができます。また地域福祉に関する意味論の観点からすれば、自治の形成に象徴される舞台としての地域社会そのものへと働きかける側面と、地域を舞台として困難な状況に置かれた住民をどのように支援していくのかという側面とがあります。ここではそうした枠組みをふまえつつ地域福祉の構成要素について、4つの観点から捉えてみることにします。

困難な状況に置かれている住民の支援

　地域福祉では、全国一律に制度やサービスを検討するのではなく、住民が居住し、生活する一定の地域（＝エリア）のなかで、困難な状況に置かれている住民の支援のあり方を検討します。永田幹夫は地域福祉の目的を「社会福祉サービスを必要とする個人・家族の自立を地域社会の場において図ること」としており、地域で自立した生活を営むことを支援する各種の在宅福祉サービスの提供や住民参加型の福祉活動を地域福祉の中核的な構成要素としてあげています。また、大橋謙策はサービス供給というメゾ・マクロレベルのみならず、コミュニティソーシャルワークによる個人や家族の地域自立生活の支援という観点から地域福祉を論じています。

　このように地域福祉では、住民が生活を営む地域を舞台として、困難な状況に置かれている住民の生活を支援すること（福祉ニーズを充足すること、生活課題を解決すること）、換言すればそのような住民をエンパワメントしていくことを中核的な要素としています。2017年に改正された社会福祉法では、「福祉サービスを必要とする地域住民及びその世帯」に対して支援することの必要性が規定されていますが、地域福祉論ではすでに1980年代にこうしたことが主張されていました。

2　コミュニティづくり・福祉コミュニティづくり

　岡村重夫は、在宅福祉サービスなどを含むコミュニティケアを可能とするための前提条件づくりとして、「一般地域組織化活動と地域福祉組織化活動（前者は新しい地域社会構造としてのコミュニティづくりであり、後者はそれを基盤とする困難な状況に置かれた当事者である住民を中核とする組織化である）」が必要であると論じています。地域組織化活動はコミュニティ成員である地域住民間に

▷1　⇨Ⅱ-2参照。

▷2　⇨Ⅱ-2参照。

▷3　具体的には、地域包括支援センターや各種の相談支援事業による相談支援や、介護保険法や障害者総合支援法などで制度化されている各種のサービス、住民による参加型の活動として展開されている食事サービス、移送サービス、独居高齢者世帯の見守り活動などの活動がある。

▷4　大橋謙策（2001）「新しい社会福祉サービスのシステムとしての地域福祉」福祉士養成講座編集委員会編『地域福祉論』中央法規出版。

▷5　Ⅰ-5において、地域組織化、福祉組織化、福祉コミュニティなどについて詳述しているので、参照のこと。

「共感と共属の感情にもとづく自然的な相互的援助や連帯性がみとめられる」ようなコミュニティの形成を目指すとされていますが，福祉組織化活動は「福祉コミュニティ」の形成を目指す活動であるとされています。

生活していく上では多様な困難があり，他者との関係におけるさまざまな軋轢や葛藤，さらには排除があります。地域福祉は住民誰もが状況次第でこうした状況に置かれるということをふまえ，住民参加による双方向的で，互酬的な活動を通じて，共に生きる地域（地域共生社会）づくりを進める実践でもあります。地域福祉には，地域をエンパワメントしていくという要素があります。

❸ 地域福祉推進のしくみづくり

住民が地域社会での豊かな生活を実現するためには，住民参加による福祉活動が活発であることや，福祉サービスを充実させること，あるいはソーシャルワーク実践などが必要ですが，そのためには活動や実践を有効に機能させていくためのしくみづくりが不可欠です。たとえば，「家庭や学校以外に子どもが安心して過ごせる居場所が必要である」という課題は，自治体の福祉部局だけで対応できるわけではありません。また，高齢者や障害者の社会参加や就労，住まい，移動の保障といった多くの課題が地域にはあります。こうした住民の生活上の多様な課題を解決していくためには，それらに関連する制度・政策を自治体において福祉の観点から総合化・包括化して対応していくことが求められます。しかし，地域ごとに人口動態や産業状況，地域特性などが異なるために，全国一律に進めることは困難です。今日求められている包括的な支援体制づくりや多職種連携・協働も含め，地域福祉計画では，地域の特性をふまえた地域ごとでの工夫が求められます。地域福祉には自治体ごとに独自の制度化も含め，それを推進するためのしくみをつくるという要素があります。

❹ 地域そのものの変革（住民の主体形成と自治の構築）

地域福祉は，住民参加を抜きにしては成り立たない概念です。大橋謙策は①地域福祉計画策定の主体，②地域福祉の実践主体，③社会福祉サービスの利用主体，④社会保険制度の契約主体としての住民の主体形成とそのための福祉教育の重要性を指摘しています。また右田紀久恵は，「自治はつねに内発性をベースにした個人の自治を基礎にして，そのうえに集団の自治，地域共同社会の自治を重層的に積みあげた」ものであるとし，地域福祉はこうした住民自治と不可分であり，自治を基底にして「あらたな公共」を構築することが必要だとしています。地域福祉には，こうした住民の主体形成と自治の観点から舞台としての地域そのものを変革していくという要素があります。①と③は地域を舞台として住民の生活をいかに支援を展開するのかという側面であり，②と④には生活の舞台としての地域そのものの変革を志向する側面があります。　（松端克文）

▷6　⇨X-1参照。

▷7　大橋謙策（1995）『地域福祉論』放送大学教育振興会，72-82参照。

▷8　右田は次のようにいっている。「公共性とは人間の『生』の営みにおける共同性を原点とし，その共同関係を普遍化したものに他ならないのであって"ともに生きる"原理そのものである」。またそれは，「私的利害を住民が主体的に調整していく構造」であるとして，「地域福祉実践は共同社会形成への論理＝あらたな公共の概念の構築とその展開を左右するもの」であるとしている（右田紀久恵（1993）「分権化時代と地域福祉」『自治型地域福祉の展開』法律文化社）。

▷9　2020年の社会福祉法の改正において重層的支援体制整備事業が新設されたが，そこで求められている①相談支援と②参加支援は地域を舞台として住民の生活を支援するという文脈でとらえることができる。また③地域づくりに向けた支援については，それを「支援の舞台としての地域」づくりなのか，「生活の舞台としての地域」そのものの変革を自治的に志向するものかということで，取り組みの方が異なってくるといえる。
⇨Ⅳ-1参照。

II 地域福祉の理念と概念

社会的包摂

▷ 1　古川孝順編（2012）『生活支援の社会福祉学』有斐閣，1-16。

▷ 2　**中間的就労**
ひきこもりや障害等により一般的な就労が困難な人に対し，勤務時間，業務内容，賃金等の条件を軽減・緩和し，社会参加の第一歩とすることをめざした労働の形態。生活困窮者自立支援法の「生活困窮者就労訓練事業」（第10条）においては，「雇用による就業を継続して行うことが困難な生活困窮者」に対して就労の機会提供，必要な知識・能力向上のための訓練等を行うことが規定されている。厚生労働省は，同法の「就労訓練事業（いわゆる中間的就労）」を「支援付きの就業の機会の提供などを行う」ことと定義した。

▷ 3　**ノーマライゼーション**
障害のある人や高齢者も同じ社会の一員として，諸権利を行使しながら当たり前の暮らしができることが「ノーマル」（普通）であるとする考え方で，そのような社会のあり方を提唱するものでもある。1959年，デンマークのバンク－ミケルセンが知的障害者に通常の生活ができるようにと提起したことに端を発して世界に広がり，施設中心の福祉から在宅中心への転換を促すうえでも理論的な基盤となっている。

近年，高齢化や貧困問題の増幅に伴い，社会からの孤立や社会的排除（ソーシャル・エクスクルージョン）が深刻化しています。社会的包摂（ソーシャル・インクルージョン）はそれを克服しようとする考え方で，あらゆる人が社会の構成員として存在を認められ，つながりや支え合いのなかで社会参加や就労，教育等の権利を行使できるよう道筋を確保することをめざすものです。

1 政策としての社会的包摂

イギリスやフランスでは，社会的包摂は移民・難民やホームレス，薬物中毒者等の問題や社会的不適応等に対し，雇用や居住等の包括政策として発展させてきました。EUでも加盟国の共通目標にしています。日本でも2000年，厚生省（当時）が「社会的な援護を要する人々に対する社会福祉のあり方に関する検討会報告書」において新たな福祉課題として社会的包摂を取り上げました。

古川孝順は社会的包摂を「既存の社会政策のもつ構造や機能を見直し，さまざまな社会問題，なかでも生活障害をかかえている人びとを地域社会の一員としてうけいれる」ことだとし，そのための「包摂的社会政策」が必要だと論じています。その対象は社会的にバルネラブル（脆弱）な人々，たとえばいじめを受けた人，ひきこもり，ニート，フリーター，ワーキングプア，配偶者からの暴力を受けた人，孤立した高齢者や障害者，外国人労働者，資格外滞在外国人，災害被災者等多岐にわたります。従来からの問題に加え，これらの人々がもつ新しい問題に地域で対応することが社会福祉に求められています。

2 社会的包摂に向けた実践

そのように多様かつ個別的な生活問題が地域で起きていることに対し，コミュニティソーシャルワーカー等が当事者を支援し，また地域社会に働きかけて社会的包摂の実現をめざしています。たとえば，ごみ屋敷で暮らす人々やひきこもりの人々が社会とのつながりを取り戻す支援，発達障害や精神障害をもつ人々の居場所づくりや**中間的就労**の機会提供，家庭の経済事情を抱えた子どもたちへの学習支援や子ども食堂の立ち上げ・運営支援等が行われています。

このような実践においては，当事者自身に対するエンパワメント等の個別的な援助と併せて，地域社会の多様な人々や企業・団体等から理解と協力を得ながら，拠点や活動等の資源開発や施策化・事業化への働きかけが不可欠です。

これらは共に支え合う価値の醸成，つまり**ノーマライゼーション**をめざした地域づくりそのものともいえます。

3 社会的排除の構成要素

今日，社会的排除が浮上した背景には，グローバリゼーションやポスト工業化がもたらす不平等な権力構造があります。この変化のなかで個人や世帯に複数の問題が同時に起きたり，既存の制度がカバーしない問題が発生するため，福祉国家が機能しにくくなり，結果として「制度からの排除」が生まれています。バーカードらは「消費・生産・政治的参加・社会的相互作用」から排除が構成されると論じ，EUは「経済・教育・雇用・医療・住宅・社会参加」から構成されるとしています。総じて，社会的排除は政治的・経済的・社会（文化）的な側面から構成される（反対に，道筋をつけるのが包摂）と整理できます。

経済効率を過度に優先する社会では，社会保障における所得再分配を縮小しようとする傾向があります。これについての指摘がフレイザーとホネットによる「再配分」と「承認」に関する対論です。フレイザーは，移民等の民族的マイノリティや性的マイノリティへの排除，男女間の不公平等は相手を認めないこと（非承認）の結果と考えます。反対にマイノリティ独自の文化や価値観，生活様式等に**マジョリティ**が敬意をもち，対等な関係を築くことを承認ととらえます。フレイザーは承認と再配分は両立可能だと考えますが，ホネットは新自由主義的な経済を追求するほど再配分を縮小する原理がはたらき，**マイノリティ**への承認が犠牲になると論じています。ホネットが指摘する問題は，国家レベルから地域レベルまでにおよぶ排除の問題としてとらえられます。

一方，結束の強い地域にも排除は存在します。地縁による住民同士の結びつきが強い地域ほど，地域コミュニティ（町内会・自治会等の住民組織）との一体感や同質性といった原理が働き，それが過剰になる時，上のような現代的な問題をもつ人々を異質だとしてコミュニティに受け入れないという結果を招きやすいのです。

4 社会的包摂の広がりに向けて

日本では長年，包摂的な政策はDV（配偶者等からの暴力）やホームレス等，分野別に発展してきたといえます。しかし近年，地域共生社会づくりの政策が推進され，より包括的・分野横断的な支援体制の構築が進んでもいます。

他方，政策・制度がどれだけ充実しても，そこから漏れ落ちる人は必ずいます。バルネラブルな人々の事情を鑑みず，権力の偏りをそのままにした「上からの包摂」も実際には多いため，注意を払う必要があります。　（加山　弾）

▷4　岩田正美（2008）『社会的排除――参加の欠如・不確かな帰属』有斐閣。野口定久（2008）『地域福祉論――政策・実践・技術の体系』ミネルヴァ書房。

▷5　Burchardt, T. et al. (2002) "Degrees of Exclusion: Developing a Dynamic, Multimensional Measure", Hills, J. et al. eds., *Understanding Social Exclusion*, Oxford University Press, 30-43.

▷6　Fraser, N. and Honneth, A. (2003) *Umverteilung Oder Anerkennung?*, Suhrkamp Verlag.（＝2012, 加藤泰史監訳・高畑祐人ほか訳『再配分か承認か？政治・哲学論争』法政大学出版局）。

▷7　マジョリティとマイノリティ
直訳的にはマジョリティは「多数派（者）」，マイノリティは「少数派（者）」となるが，両者の間には非対称な（前者が強い）権力関係があるのが特徴である。マイノリティは社会的に排除され不利益を受けやすい存在であり，一般的には女性，子ども，障害者，高齢者，被差別地域の住民，アイヌ民族，沖縄人，外国人，難病患者，性的少数者等が想定される。必ずしも数量的な多寡で決められるのではなく，高い社会的地位や政治・経済的特権をもつ「ドミナント（支配的な）・グループ」がマジョリティとなりやすい。

Ⅱ　地域福祉の理念と概念

ボランタリズム

1　ボランタリズムとは

　日本では，従来，ボランティア活動への社会的関心が低く，積極的に参加する人々も限られていました。このような「無気力・無関心・無責任」といわれてきた若者や，時間的に余裕がなくボランティア活動に参加していなかった社会人が，ボランティア活動へ積極的に参加するきっかけになったのが，1995年1月17日に起こった阪神・淡路大震災です。この震災は約6,300名を超える犠牲者を出しました。行政は，地震発生直後の緊急事態に対して柔軟かつ敏速には対応できませんでした。このような既存の公的機関に代わり，主体的に集まった多くのボランティアが初期段階での被災者の救援に大きな力を発揮しました。このようにこの震災は，貴重な生命と引き換えにボランティア活動が社会的意義の高いものであることを大きくクローズアップさせる結果となりました。1995年が日本の「ボランティア元年」と呼ばれている理由でもあります。

　日本では，過去にボランティア活動が「奉仕活動」と訳されたこともありました。しかし，ボランティア（Volunteer）の本来の意味は「志願者・自発的な人」であり，その根源をなすものがボランタリズムの精神です。ボランティアの思想的性格として阿部志郎は，「主体性」「連帯性」「無償性」をあげています。阿部は，ボランティアの思想的性格を「なにものにも強制されることなく行動する自発性に根ざし，行政に甘えず，真の自立を獲得しようとするボランティアは，相手の自立を尊重してやまない。ここに連帯が芽生え，福祉が育つ。福祉とは，自立を促す連帯的な行動を指すからである」と述べています。

　岡本榮一は，ボランタリズムとは「現実主義に立脚するが理想主義を先行させ『志』にする。それは市民的自由と愛を基底に，<u>連帯と公共創出をめざすコミュニティの思想である</u>。（下線筆者）」と述べています。

2　2つのボランタリズム

　岡本は，ボランタリズムについて2つの意味があるとして，"voluntarism（〈Y〉のないボランタリズム）"を「個のボランタリズム」，"voluntaryism（〈Y〉のあるボランタリズム）"を「結社のボランタリズム」と呼び，次のように論じています。

"voluntarism（〈Y〉のないボランタリズム）"＝「個のボランタリズム」

▷1　2011年3月11日に発生した東日本大震災においても，厚生労働省がまとめた2011年の人口動態統計によると，東日本大震災で亡くなられた方は1万8,877名で，未だに多数の行方不明者もおられる。原発被害も加わり甚大な被害をもたらした。今回の震災でも，義援金や多くの方々がボランティアに参加する等，ボランタリズムの発露がみられる。

▷2　阿部志郎（1988）『ボランタリズム講演集2』海声社，40-41。

▷3　阿部志郎（1997）『福祉の哲学』誠信書房，90。

▷4　岡本榮一（2002）「二一世紀福祉社会とボランタリズム」阿部志郎・右田紀久恵・宮田和明・松井二郎編『思想と理論　講座・戦後社会福祉の総括と二一世紀への展望2』ドメス出版，243。岡本榮一については山縣文治「社会福祉の援助原理」山縣文治・岡田忠克編（2012）『よくわかる社会福祉（第9版）』ミネルヴァ書房，15に詳しく紹介されている。

▷5　岡本，前掲書，248-251。

：「主意主義」と訳され「意思的なものを知性的なものよりも上位におく立場（広辞苑）」で，個人の自発性や主体性を重んじる立場。

"voluntaryism（〈Y〉のあるボランタリズム）"＝「結社のボランタリズム」

：キリスト教の歴史のなかで，17世紀から19世紀に「自由教会」の運動から始まる。国家権力や制度から独立して，自由で主体的な民間団体（ボランタリー・アソシエーション）の立場を支える理念。

　この2つのボランタリズムは，個々ばらばらに存在するのではなく，「個のボランタリズム」は，個人の自発性や主体性を支え，「結社のボランタリズム」を生み育む原動力になります。一方，「結社のボランタリズム」には「個のボランタリズム」を育てるといった側面があり，両者は相補関係にあるといえます。

3 ボランタリズムの5つの類型

　岡本は，「ボランタリズムの現代的諸相」として以下のように5つに類型化して示しています。

①災害のボランタリズム：自然災害（感染症，火災，地震，飢餓）等の際の救援活動。これらを防ぐことにより，共同体を守ろうとするボランタリズム。

②防貧のボランタリズム：疾病，家族崩壊，差別等を生む元凶である貧困に対して，その発生を予防するための運動や社会システムの開発を行うボランタリズム。たとえば，セツルメント運動や堀木訴訟のような権利擁護の運動，および発展途上国における自然破壊や貧困に向かいあう活動。

③つなぎのボランタリズム：都市化社会が生み出す人間の側の「孤立と疎外」状況に対峙するボランタリズム。従来は，高齢者や障害者が中心だったが，最近では子育て支援や虐待，社会的引きこもりへの支援等対象分野が一般化・普遍化している。

④共存のボランタリズム：NGO（非政府組織）等の国際的な連帯支援活動やエコロジカルな自然との共存に向けた運動に関わるボランタリズム。

⑤自己実現のボランタリズム：QOL（生活の質）や幸福追求権（憲法第13条）につながる新しいボランタリズム。たとえば，企業の社会貢献や障害者の文化・スポーツ活動支援等にみられる。協働参画型社会の具現化を目標に「人権を守り，同時に連帯と協働と創造のよろこびと市民としての誇りの回復」を目指すボランタリズム。

　このようにみていくと，ボランタリズムを実践していくボランティアに期待される役割としては，「社会連帯感に基づく自立への支援者」「社会関係の孤立化を防ぐ役割」「ソーシャルアクションの主体者」「ボランティアとボランティアを必要とする人々の自己実現を促す役割」があげられます。　（新崎国広）

▶6　岡本，前掲書，253-258。

▶7　新崎国広（2012）「ボランタリズムとボランティア」山縣文治・岡田忠克編『よくわかる社会福祉（第9版）』ミネルヴァ書房，185。

Ⅱ　地域福祉の理念と概念

6　協働・パートナーシップ

1　協働・パートナーシップとは

まず,「協働」とは何か考えてみましょう。「協働」とは,読んで字のごとく,協力して働くことです。協力して働くためには,大きく3つの要素が必要です。それらは,共通の目的,協働しようとする意志,そしてコミュニケーション[1]です。

また,協働を上手く進展させるために必要なことが,対等なパートナーシップです。パートナーシップの英語表記は,<u>part</u>nership となります。下線を引いた part は,「部分」という和訳になります。さまざまなメンバーが,それぞれの強みを活かしながら,共通の目的達成に向け,対等な関係性のなかでさまざまな「部分」を担っていくことが,求められます。

さて,原田正樹によれば,日本には大きく2種類の協働の流れがあります[2]。第一の協働は,「合理的な事業遂行のための協働」です。この協働は,経済界や公共事業に関する分野から広がってきたものです。民間の力を活用しながら,事業や経営を効率的に行おうとする意図が,根底に流れているとされています。第二の協働は,「過程を重視した対等型協働」です。これは,地域住民を主体として協働をとらえたものです。具体的にこの協働は,「地域住民が地域自治をめざして,さまざまな団体・組織とその特性を生かしながら役割分担をして事をなしていくこと」であるとされています。

これら2種類の協働のうち,どちらが必要でどちらかが不必要だということではありません。大切なことは,何を目的として協働するのか,議論つまりコミュニケーションを対等な立場で行い,相互の信頼関係を密にしていくことが,協働の形成そして持続には,必要不可欠であるということです。

2　協働・パートナーシップが重要視される社会的背景

なぜ,地域福祉の推進には,協働・パートナーシップが必要なのでしょうか？　その大きな理由の1つとしてあげられることが,生活を送るうえで抱える課題の複合化です。複合化した課題の具体例をあげれば,**8050問題**[3],**ダブルケア**[4],障害者の親の高齢化などがあります。これらの課題が示すことは,高齢者・障害者・子どもといった制度別に縦割りの支援だけをしていては,その世帯や家族が抱える課題を全体として解決するには至らないということです。

▷1　Bernard, C. (1938), *The functions of the Executive*, Harvard University Press. (=1968, 山本安二郎ほか訳『新訳　経営者の役割』ダイアモンド社)。

▷2　原田正樹（2014）『地域福祉の基盤づくり――推進主体の形成』中央法規出版。

▷3　8050問題
80歳代の老親と50歳代の子どものみ世帯で,親だけでなく子どもにも支援が必要な世帯が抱える課題。より具体的には,親が要介護認定を受けている状態である一方で,子どもがひきこもっているケースがあげられる。

▷4　ダブルケア
子育てだけでなく,親の介護も同時に行わなければいけないという課題。この課題は,子どもが発達上の課題を抱えている,あるいは(同時に)親の身体・精神状態等の悪化により,深刻になる可能性をはらんでいる。

本書では地域福祉を推進する人々として、地域住民、ボランティア、ボランティアコーディネーター、民生委員児童委員、専門職を取り上げています。また、地域福祉を推進する団体・組織として、社会福祉協議会、社会福祉施設、NPO法人、当事者組織、社会的企業、協同組合などが、取り上げられています。これらの人々そして団体・組織だけでなく、行政や国が、解決すべき課題や状況に応じて、さまざまな協働を創造し、課題を抱えた人やその家族を支えていかなければいけない状況にあるわけです。

また、複合的な課題の解決に向け、福祉領域（介護・子育て・障害・病気など）の外への越境および外との協働も求められています。福祉領域の外とは、住まい、就労、教育、司法などの領域です。人々の生活を全体として、丸ごと支えるためには、これら福祉の外だと考えがちな領域にまで自ら越境したうえで、対等な立場で協働していかなければならないということです。

▷5　地域における住民主体の課題解決力強化・相談支援体制の在り方に関する検討会（2017）『地域力強化検討会最終とりまとめ〜地域共生社会の実現に向けた新しいステージへ』。

③ ソーシャルワーカーにとっての協働・パートナーシップ

では、ソーシャルワークを展開する専門職にとって、協働・パートナーシップとは何を意味するのでしょうか？　このことについて上野谷加代子は、「ソーシャルワークが、課題を抱える本人を真ん中においた「参加と協働」による地域生活の回復、再生、創造だとすると、本人も私たちも社会的参加と経済的参加と政治的参加をともにつくっていくことが必要であり、それぞれが各自の役割・個性を認識したうえで、互いが越境しながら交差する重層的な実践、つまり協働を求めている」と述べています。

地域福祉の推進に向け専門職が展開するソーシャルワークには、協働は不可欠なものであることが強調されています。その目的とは、課題を抱えた目の前にいる人が、本人、家族、地域住民と一緒に（社会的参加）、何らかの形で就労でき（経済的参加）、制度・政策を活用できる（政治的参加）ためです。それらのことを共通の目的として、課題解決に必要な人・団体・組織などと、どのような協働が必要なのか思考をめぐらし、連絡・調整機能を発揮しながら、協働を創造していくことが、地域福祉の推進に向けたソーシャルワークに求められているのです。

ソーシャルワークは一人で展開するものではありません。また、複合的な生活上の課題を、一人の専門職で解決できるわけでもありません。どうすれば課題認識の共有が図れるのか、どうすれば一緒に動くことができるのか、どのようなコミュニケーションをとれば上手く協働に結びつくのか、そこには試行錯誤の繰り返ししかないのかもしれません。「一歩外に足を踏み出してみる」ことこそが、まず求められるのではないでしょうか。

（南友二郎）

▷6　上野谷加代子（2018）「ソーシャルワークをめぐる動向と展望――社会保障審議会福祉部会、福祉人材確保専門委員会での議論を踏まえて」『月刊福祉』101(5), 14-19。

(参考文献)
土橋義蔵・鎌田實・大橋謙策（2003）『福祉21ビーナスプランの挑戦　パートナーシップのまちづくりと茅野市地域福祉計画』中央法規出版。
わかりやすい言葉や会話を中心に書かれており、協働・パートナーシップの実際について理解しやすくなっています。

Ⅱ　地域福祉の理念と概念

エンパワメント

エンパワメントとは

　エンパワメントとは、直訳すると「力・権限を与える」ということであり、もともとは法律用語での「（公的に）権利や権限を与える」という意味の言葉です。
　社会福祉分野におけるエンパワメントの定義として代表的な北野誠一の定義では、エンパワメントを「①個人（仲間・集団・コミュニティ）が侵されている、諦めさせている、奪われている主体性・目標・選択（肢）・権利・自律性・相互支援力・自治（力）を自覚し、明確にするとともに、②その心理的・組織的・社会的・経済的・法的・政治的阻害要因と対決して、問題を解決する力を高めること」としています。つまりエンパワメントとは、様々な社会的障壁によりクライエントの本来のパワーが抑圧され、自己決定のための資源を手に入れられなくなってしまっている状況を改善し、本来有している主体性や目標、権利といったパワーをクライエントの内部から引き出していくというものなのです。そうすることにより、クライエントは自らのパワーを回復し、また再確認することで、主体的に問題解決の行動へと取り組むことができるようになるのです。
　一方で、そのようなパワーはすべての人が有しているものの、社会資源に乏しく孤立した状態や社会的に抑圧された状態、環境や家族に強く依存している状態等の場合、誰しも容易に自分のパワーを見失ってしまいパワーレスネスの状態に陥ってしまうことがあります。たとえば、長年外出の機会が少なく、ほしい物やしたいことなど希望のすべてが、他者から叶えられるといった環境で生活してきたクライエントは、自分でほしい物を手に入れるために行動したり、自分でしたいことを叶えたり、自分でサービスを利用したりということに対して、恐怖心を持っていたり、意欲がなかったりという状況に陥っていることがあります。このようなパワーレスネスの状態では、主体的な生活を送ることは困難であるため、エンパワメントによる支援が必要になります。

② エンパワメントの起源

　エンパワメントについてアメリカで提起されるようになったのは、1976年のソロモン（Solomon, B.）による『黒人のためのエンパワーメント——抑圧されたコミュニティにおけるソーシャルワーク』が著されてからです。これをきっ

表Ⅱ-1　ストレングスを基礎としたソーシャルワークの6原則

第1原則	いずれの個人、家族、集団、地域社会もストレングスを有しています。
第2原則	トラウマ、虐待、病気、苦悩は害悪ですが、見方によっては、それらは挑戦や新たな機会の源にもなります。
第3原則	個人、集団、地域社会の成長、変化、願望が達成し得る上限がどこにあるのかは不確かなものとして認識する必要があります。
第4原則	相談者と協働することで、最高に相談者に仕えることができます。これには、ソーシャル相談支援従事者は相談者が変化し、成長し、自己実現する能力を信じることが重要です。
第5原則	あらゆる環境は資源の宝庫です。クライエントの権利を奪うような家族、集団、地域社会であっても、潜在的な可能性を豊富に有しています。
第6原則	ケアされることとケアすることが重要です。(ケアというのは社会的な絆や相互連関を強めることです)。

出所：岩間伸之・白澤政和・福山和女編著 (2011)『ソーシャルワークの理論と方法 I』ミネルヴァ書房、52。

かけとして、エンパワメントは社会の中で抑圧された人たちをその抑圧から解放するための支援・援助方法の視点として使われるようになりました。

3 エンパワメントにおけるストレングス視点

エンパワメントの支援を展開していくためには、クライエントの強みであるストレングスを理解し、強化をしていくことが欠かせません（**ストレングス視点**）。この基本的原理とは、クライエントが本来有している心理的、身体的、情緒的、社会的なあらゆるプラスの側面に焦点を当て、マイナス面となる病理的な視点を排除しようとするものです。また、特徴や能力、行動などはっきりとわかるものを含むだけではなく、言葉や思い、潜在的な力、環境や人、目立たない成功、過去の経験、明らかではない将来なども含むものです。一見弱みに見えるものの中にもストレングスは存在しており、**リフレーミング**してとらえてみると、実は強みやその人らしさがあることに気づきます。たとえば、「貧しい」という生活課題を抱えている人が、同じ境遇の人への思いを持っていたり、人と分け合うことの意味を知っていたり、安くて美味しいということに敏感だったりします。同じように「親との不和」という生活課題を抱えている人が、親との関係を構築しようと努力していたり、自分が親になることを想像していたり、親との不和を我慢してきた経験をしていたりします。エンパワメントの支援を行う際には、このような様々なストレングスを伝え、共感することでクライエントの自己肯定感や自尊心の向上に繋げていくことが重要です。

サリービー (Saleeby, D.) は、このようなストレングスを基礎としたソーシャルワークを行う際の原則として表Ⅱ-1に示した6つをあげています。

「どんな生活状態を抱えた人も100のストレングスを有している」ということをよくいいます。私たちがエンパワメントを重視した支援を行うためには、まず誰もがパワーを有しており、新しい生き方を再発見できると信じることから始める必要があります。

（潮谷光人）

▷1　ストレングス視点
クライエントの課題を中心に支援を行うのではなく、クライエントがもつ強さ、長所に焦点を当て支援するというものである。1980年代以降のアメリカにおいて、重視されるようになった利用者中心の支援方法である。主たる研究者として、サリービーの他にラップ (Rapp, C. A.)、ゴスチャ (Goscha, R. J.) などがあげられる。

▷2　リフレーミング
否定的にとらえていることを肯定的にとらえ直してもらうという共感の技術。クライエントがつらい気持ちでいっぱいになっていたり、自己肯定感が持てずにいる際に、その気持ちを軽くし、自己をとらえなおす技術を指す。

参考文献

岩間伸之 (2005)『援助を深める事例研究の方法——対人援助のためのケースカンファレンス (第2版)』ミネルヴァ書房。

小澤温監修／埼玉県相談支援専門員協会編 (2015)『相談支援専門員のためのストレングスモデルに基づく障害者ケアマネジメントマニュアル——サービス等利用計画の質を高める』中央法規出版。

北野誠一 (2015)『ケアからエンパワーメントへ——人を支援することは意思決定を支援すること』ミネルヴァ書房。

狭間香代子 (2001)『社会福祉の援助観　ストレングス視点・社会構成主義・エンパワメント』筒井書房。

Ⅱ 地域福祉の理念と概念

アドボカシー

アドボカシーとは

　一般的にアドボカシーは，弁護・代弁・支持・擁護という言葉で訳されますが，社会福祉分野においては，「権利擁護」または「代弁」と訳されることが多いです。

　社会福祉分野におけるアドボカシーとは，人が本来持ち合わせている権利がさまざまな状況から阻害されている，または実行できないでいるというような場合に，その人の立場に立って主張し，権利を擁護していくという活動です。そこでは，阻害されている，あるいはあきらめさせられている権利がどのようなものであるか明確にし，その権利の救済や権利の形成，獲得を目指し，行政や社会に対して働きかけをしていく**ソーシャルアクション**[1]も必要となります。

▷1　ソーシャルアクション
社会活動法や社会変革と訳されるソーシャルワークの重要な援助方法の一つ。市民や当事者とともに，社会福祉制度や社会の価値などの改善，社会資源の創出を目指して，社会や行政機関に変革を求める組織的な活動である。

　日本においてアドボカシーが注目された背景に，社会福祉基礎構造改革があります。介護保険をはじめとする福祉サービスの改革は，それまでの公的責任を背景とした措置制度から，利用者とサービス提供者の合意に基づく対等な契約関係へと制度また理念を転換させたものでした。そこには，サービス提供者と利用者との間に情報の不均衡が不可避的に存在するため，利用者の自己責任を伴う利用契約制度への問題として，対等な契約関係を構築するのが難しいという課題がありました。また市場導入のなかで営利の最大化を志向するためにコスト削減が行われ，サービスの質の悪化を招きやすいという課題もありました。そのような課題を解決するために，利用者の権利を擁護し代弁や働きかけを行うアドボカシーに関わる支援が必要になってきたのです。

　今日では，このアドボカシーという概念は，利用者の自己決定の尊重やサービス提供者と利用者の対等な関係を確立するといった社会福祉の主要な目的を達成するうえで，重要な福祉援助技術の一つとして位置づけられています。

ソーシャルワークにおけるアドボカシー

　社会福祉分野において，アドボカシーという概念が重要視されるようになった背景には，1960年代におけるアメリカの公民権運動があります。それは，1930年代以降，治療志向や臨床志向に重きをおく専門職化の道をたどっていたソーシャルワーカーたちに向けられたものでした。もともと，アドボケイター（代弁者，弁護者）としてのソーシャルワーカーの役割は，決して新しいもので

はなく，**アダムス**（Addams, J.）[2]によるセツルメント等の活動に代表されるようにソーシャルワークの出発点でもありましたが，当時，「弁護・代弁」を遂行するソーシャルワーカーたちは，非専門的なソーシャルワークであるとして，他のソーシャルワーカーたちによって軽視ないし否定されていました。しかし，そのようなソーシャルワーカーたちに対して，公民権運動を背景とした社会的状況は，治療志向や臨床志向といった専門職を求めるのではなく，福祉受給者に対する不平等な処遇を廃棄させるといった社会への対応や社会改良の役割を望みました。こうした動向のなかで，危機感を持った全米ソーシャルワーク協会（NASW）では，1968年に「アドボカシーに関する特別委員会」を設置し，アドボカシーに関する報告書を提出しました。報告書では，ソーシャルワーカーのアドボカシー機能として，クライエントに対してその弁護者，代弁者として第一義的に責任を負うとし，効果的な弁護のための知識や技術の体系の確立，さらには専門職団体がそのようなワーカーを保護する社会的責任の必要性などをソーシャルワーカーの機能として位置づけました。

③ アドボカシーの方法と種別

アドボカシーの背景としたソーシャルワークの活動方法と種別に関しては，MIND（英国の権利擁護機関）の3つの分類（セルフアドボカシー，シチズンアドボカシー，リーガルアドボカシー）があります。まず第1の**セルフアドボカシー**（Self Advocacy：自己弁護）[3]とは，自分たちのために主張し，行動することによって，他者の支援を引き出し，自分たちの権利を強めるということです。第2のシチズンアドボカシー（Citizen Advocacy：市民擁護代弁）とは，一般市民のボランティアによる支援を必要とする市民に対し代弁や擁護を行うということです。第3のリーガルアドボカシー（Legal-Advocacy：法的擁護代弁）とは，上記2つのアドボカシーの方法では成果が得られず，なおかつ法的に争う余地がある場合に選択する方法です。

④ 重層的なアドボカシーシステム

現在，日本の社会福祉におけるアドボカシーに関わる制度や支援には，成年後見人制度，支援現場における**意思決定支援体制**[4]，苦情解決のしくみ，第三者機関による福祉サービス評価，日常生活自立支援事業，福祉オンブズマン活動などさまざまなものが存在しています。しかし，これらは一つあれば完結するというものではなく，真に福祉サービス利用者の権利を擁護するためには，これらによって重層的なアドボカシーのシステムが構築され，社会変革に結びついていく必要があります。

（潮谷光人）

▷2 **アダムス, J.（Jane Addams, 1860～1935）**
アメリカの社会事業家。シカゴに世界最大級のセツルメント施設「ハルハウス」を創設した人物。アダムスは，セツルメントという場を通じて，生活困窮者，子ども，移民者などのマイノリティの人々の声を集め，アドボケイター（代弁者）としての活動を行った。

▷3 **セルフアドボカシー**
自分たちのために主張し，行動することによって，他者の支援を引き出し，自分たちの権利を強めるということをいう。ピアアドボカシーの概念を含む場合があり，ピアアドボカシーには，「権利侵害を受けている仲間に対する仲間による権利擁護活動」といった意味がある。自立生活センターのような当事者主導のサービス機関や，社会変革活動にウェイトを置いている。ピープル・ファーストのような活動がこれにあたる。

▷4 **意思決定支援体制**
全ての人には判断能力があるとする「判断能力存在の推定」原則を出発点とし，できる限り福祉現場においてあらゆる場面で自己決定を実行できるよう体制を構築するというもの。そこでは意思決定支援者を設定し，本人が自己決定できるよう支援を行い，代弁を行っていくということが求められる。

（参考文献）
北野誠一（2000）「アドボカシー（権利擁護）の概念とその展開」河野正輝他編『講座障害を持つ人の人権 福祉サービスと自立支援』有斐閣，148。

Ⅱ　地域福祉の理念と概念

　地域自立生活支援

　地域福祉の目標としての地域自立生活支援

　今日，地域福祉においても「住民の地域での自立した生活を支援すること」という意味で，地域自立生活支援という表現がよく用いられます。地域福祉という概念は，1970年前後の時期に登場しますが，高度経済成長を通じて急激に変容していく地域社会そのものに働きかけて，コミュニティ形成を図るという意味をもっていました。▷1 それだけに高齢者福祉や障害者福祉といった対象別の福祉と同列に，「地域」を対象とした福祉という受け止められ方をすることが多かったといえます。

　こうした状況にあって大橋謙策は，「地域福祉とは，自立生活が困難な個人や家族が，地域において自立生活できるようネットワークをつくり，必要なサービスを総合的に供給すること」として，▷2 地域福祉は個々の住民（個人なり家族）の地域自立生活支援を図ることとしていたのです。また，1998年6月に公表された中央社会福祉審議会社会福祉基礎構造改革分科会による『社会福祉基礎構造改革について（中間まとめ）』においても，今後の新しい社会福祉の理念として「個人が人として尊厳をもって，家庭や地域のなかで障害の有無や年齢にかかわらず，その人らしい安心のある生活が送れるよう自立支援することにある」とされ，こうした理念を地域において具現化するために地域福祉の推進を図るべきであるということが示され，2000年5月に社会福祉法（旧社会福祉事業法）が改正され，同法第4条で「地域福祉の推進」が規定されました。

　障害者福祉領域で重視されてきた地域自立生活支援

　もともと地域自立生活支援という表現は，障害者福祉領域で説得力のある理念として用いられてきました。たとえば北野誠一は，「地域で当たり前に暮らすために介助などのさまざまな支援を必要とする障害者に対して，その必要に基づいてなされる支援を地域生活支援という」とし，今日でも障害児者の生活を家族が支え，それが限界にくれば福祉施設に入所するという，いわば在宅生活と施設生活が表裏一体の関係になっている日本特有の状況をふまえ，「地域生活支援は在宅生活支援ではない」としています。▷3 在宅生活支援という場合の家族の負担の軽減という側面や，高齢者の介護をベースにした支援では障害者の教育や就労など地域生活に参加するという「社会生活」の支援の側面が弱く

▷1　⇨Ⅱ-2 参照。なお，地域福祉を意味論から整理した論考としては，松端克文（2018）『地域の見方が変わると福祉実践が変わる』ミネルヴァ書房の終章「地域福祉論の意味論の変遷と"いま"」を参照のこと。

▷2　大橋謙策（1995）『地域福祉論』放送大学教育振興会，28。

▷3　北野誠一ほか編（1993）『自立生活の思想と展望――福祉のまちづくりと新しい地域福祉の創造をめざして』ミネルヴァ書房；北野誠一編（2003）『現代の障害者福祉（改訂版）』有斐閣；北野誠一（2002）「地域生活支援システム」北野誠一他編著『障害者と地域生活』中央法規出版などを参照のこと。

なっているといったことなどをふまえて,「地域自立生活支援」という表現の方が望ましいと述べています。[43]

　障害者の当事者運動が,自己決定権の行使を柱として自立生活の理念を切り開いてきたこと,生活の場を施設ではなく地域に求める運動を展開してきたこと,障害者の自立生活を運動として推進してきた「自立生活センター」での実践の蓄積があることなどをふまえると,地域「自立」生活支援という理念なり実践は,障害者当事者(発)の運動のなかで形成されてきたともいえます。なお,介護保険法ができる以前,「高齢者介護・自立支援システム研究会」の報告書でも,「今後の高齢者介護の基本理念は,高齢者が自らの意思に基づき,自立した質の高い生活を送ることができるよう支援すること,つまり『高齢者の自立支援』である」として,「重度の障害を有する高齢者であっても,たとえば車椅子で外出し,好きな買い物ができ,友人に会い,地域社会の一員として様々な活動に参加するなど,自分の生活を楽しむことができるような,自立した生活の実現を積極的に援助することが介護の基本理念」であるとしていました。[44]

❸ 「生きづらさ」としての生活課題の個人化と地域福祉

　このように障害者や高齢者など対象別の福祉の領域で,地域での自立した生活を支援することが重視されてきました。それが地域福祉において用いられる場合,「地域においてネットワーク」をつくるというように,「自立」と「生活」を「地域での関係づくり」との関連で述べているところに特徴があります。

　もともと社会福祉の対象とする課題は,貧困問題,児童問題,老人問題,障害者問題というようにカテゴライズされています。そこに時代とともに子育てとか,介護とかというような新たな課題が加えられさらに細分化されて,複雑な福祉関係の法制度ができました。福祉課題に集合性がある場合,貧困問題が労働者階級の課題として労働運動につながったり,障害者の自立生活の理念が自立生活センターづくりにつながるなど,「連帯」をもたらします。

　しかし,今日の生活課題は集合化しにくいという性格があります。たとえば今日よく用いられる「生きづらさ」という表現には,非正規雇用者の増大とか,発達障害と診断される人の増加,自分を「コミュ障」だと認識する中高生の増大など様々な問題を背景としています。当人が「生きづらい」と認識していてもその原因や状況が多様なので,課題が「個人化」してしまい,かつてのように「連帯」して力を合わせて共通の課題に挑むというような行動がとりにくくなっています。[45]それだけに「自分らしい生活を地域社会のなかで他者と共に築いていくこと」,すなわち地域自立生活が切実な課題になっており,そのための「支援」(＝地域自立生活支援)が重要なのです。自己や家族のなかに閉じられた関係を他者へと開き,"私たち"の課題(＝社会的課題)として取り組んでいくところに地域福祉の実践としての意義があります。[46]

(松端克文)

▷4　厚生省(現・厚生労働省)高齢者介護・自立支援システム研究会報告書(1994)『新たな高齢者介護システムの構築を目指して』。

▷5　日本経済団体連合会(経団連)の調査では,2004年代以降,企業の求める人材の第1位は「コミュニケーション能力」が続いている。そのことと符合するかのように発達障害のある人の課題が顕在化し,2004年に発達障害者支援法が成立している。また,2010年代には中高生などのSNSなどを通じて「コミュ障」ということばが頻繁に用いられるようになっている。

▷6　大橋謙策は,コミュニティソーシャルワークを「地域自立生活上サービスを必要としている人に対し,ケアマネジメントによる具体的援助を提供しつつ,その人に必要なソーシャルサポートネットワークづくりを行い,かつその人が抱える生活問題が同じように起きないよう福祉コミュニティづくりとを統合的に展開する,地域を基盤としたソーシャルワーク実践である」としている(大橋謙策(2001)「新しい社会福祉サービスのシステムとしての地域福祉」福祉士養成講座編集委員会編『地域福祉論』中央法規出版,28)。

　また,松端は地域福祉をかつての「連帯」という強固なニュアンスのある用語ではなく,より緩やかで開かれた関係としての「"私たち"づくり」という観点から,ここで取り上げている「生きづらさ」の問題を含めて,地域福祉の実践の方向について論じている(松端克文(2018)『地域の見方が変わると福祉実践が変わる』ミネルヴァ書房,参照のこと)。

Ⅲ 地域福祉の発展

 イギリスにおける地域福祉の発展

 イギリスで生まれた地域福祉の萌芽

現代の社会福祉が，社会の変化によって生み出された困窮者への支援から出発したとすれば，その起源は産業革命という大きな社会構造の変化を経験した19世紀の中頃に遡ることができます。イギリスは，世界にさきがけて産業革命を達成しましたが，その結果として生み出された都市貧困層への対応にもいち早く取り組むことが必要になりました。

新たな社会問題に直面するなかで，多くの民間の慈善団体が，政府の活動にさきんじて新たな取り組みを開始しました。しかし，すでに1861年には，ロンドンだけでも640もの慈善団体が活動していたと記録されているように，次第に支援の重複や相互の協力の不足が問題となっていきました。1869年に設立された慈善組織協会（Charity Organization Society）は，文字通り慈善団体を組織化し，支援を調整することで重複による混乱を解消しようとする取り組みでした。慈善組織協会の団体同士の支援を調整する技術は，コミュニティオーガニゼーションに，一人ひとりの支援の必要性をアセスメントし，友愛訪問によって支援していく方法はのちにケースワークへと体系化されていくことになります。一方，1884年には，ロンドンのイーストエンドでサミュエル・バーネット（Barnett, S.）が世界で初めてのセツルメント（Settlement）であるトインビーホールを開設します。セツルメントは，貧困地域に実際に「住み込む」（settle in）ことで，教育文化活動や社会改良運動を展開していきました。また，社会改良運動は，貧困問題の焦点を個人から社会へと広げていくことに大きく貢献しました。1889年から逐次公表されたチャールズ・ブース（Booth, C.）の全17巻におよぶ『ロンドン市民の生活と労働』は，トインビーホールの活動家たちの協力のもとイーストエンドから始まり，科学的な方法によって労働者の生活の実態を明らかにしました。こうした取り組みによって，貧困が個人の怠惰や道徳的な問題に起因するのみならず，私的な慈善の能力を超える社会問題であることが明らかになっていくことで，その後の社会立法，そして戦後の福祉国家の建設へとつながっていくことになりました。

 シーボーム委員会報告と地域を基盤にしたソーシャルワーク

第二次世界大戦後に福祉国家建設を進めたイギリスでは，社会福祉サービス

▷1　たとえば，1820年代には，チャーマーズ（Chalmers, T.）が，セント・ジョン教区（St. John's parish）で教区を分割して執事を置き，貧困家庭を訪問・援助する「貧民救済運動」を始めた。グラスゴー南東のニュー・ラナークでは，空想的社会主義で有名なロバート・オーエン（Owen, R.）が工場労働者の実験的コミュニティをつくった。ロンドンでは，1844年 YMCA（キリスト教青年会）が設立されるなど，様々な民間の援助・教育活動が展開された。

▷2　イギリスでは，1834年に改正救貧法（新救貧法）が施行された。新救貧法は，労働能力のある者に対する支援を労役場（workhouse）に収容して行う支援に限定し，いわゆる劣等処遇の原則に基づいて懲罰的に処遇した。慈善組織協会は，貧困は個人の性格の欠陥や道徳的な問題であるという価値観を当時の救貧行政と共有しながら，救済に値する貧民（あらゆる努力をしても仕方なく貧困になってしまった者）とそうでない貧民を分け，慈善活動は前者だけを支援し，後者は救貧法による劣等処遇にゆだねるという方針を持っていた。貧困を個人の道徳責任とし，その発生の社会的基盤を軽視する考え方は，その後様々な形で限界を指摘されるようになる（小山路男（1978）『西洋社会事業史論』光生館，176）。

の実施は地方自治体が担うことになりましたが，対象者別に縦割りであることが次第に問題になっていきました。1968年にソーシャルワークのあり方について諮問を受けたシーボーム委員会（Seebohm committee）は，地方自治体のソーシャルワーカーを一つの部局に統合し，人口5万人から10万人のエリアに地区事務所を設置してあらゆる福祉ニーズに包括的に対応できる体制を構築することを勧告しました（シーボーム報告）。シーボーム報告は，1970年の地方自治体社会サービス法によって実施に移され，社会福祉に関する地方自治体の部局は統合されて，新たに社会サービス部（social services department）が設けられ，地方自治体を中心として社会福祉を推進する体制が成立します。1982年にソーシャルワークの役割と任務を検討したバークレー報告も，シーボーム報告以後の体制を前提に，より小地域を基盤としたソーシャルワーク（コミュニティソーシャルワーク）を展開していくことを提案しました。

以上のように，イギリスのソーシャルワークは地域を基盤にジェネリックなソーシャルワークを展開する体制を構築してきました。しかし，1990年以降，こうした体制は次第に維持することが難しくなっていきます。度重なる児童虐待に対するソーシャルワーカーの不適切な対応は，児童分野のソーシャルワークを社会サービス部から分離させることにつながりました。また，成人を対象としたソーシャルワークも1990年のコミュニティケア改革以降，ケアマネジャーとしての役割が強調されるようになり，さらに近年では当事者への現金給付が拡大し，ソーシャルワーカーの役割は，地域を基盤にした役割から，困難ケースのアセスメントや保護に限定されるようになっているといわれています。

❸ ボランタリーセクター

イギリスでは，日本でいうNPOのまとまりをボランタリーセクターと呼んでいます。自発的に組織された民間団体が，政府に先駆けて様々な開発的な福祉活動に従事し，あたかも繰り出し梯子のように政府の役割を拡大してきたイギリスの歴史を象徴しているのかもしれません。ベヴァリッジ報告を提出して，福祉国家の礎を築いたウィリアム・ベヴァリッジ（Beveridge, W.）も自由社会の顕著な特徴は，「民間活動の活発さと豊富さ」にあるとして，「民間活動のための余地，機会，奨励が維持されなければならない」と述べ，福祉国家が成立しても，ボランタリーセクターによる自由で開発的な活動がなければ，豊かな国家とはいえないと考えていました。このように，国家による福祉が発展しても，伝統と実績に支えられた確かなボランタリーセクターの存在とボランタリーセクターと政府との一定の緊張関係が常に問われることも，イギリスの特徴といえるでしょう。

（永田　祐）

▷3　バーネットは，COSの活動にも従事していたが，次第に物質的な支援だけでは住民の生活を変えることが難しいことを感じ，貧困地区の住民が，それ以外の地区に暮らす人と友人になり，豊かなた知識や文化を共有することが必要だと感じるようになる（市瀬幸平(2004)『イギリス社会福祉運動史　ボランティア活動の源流』川島書店，177）。トインビーホールは，バーネットの協力者であり，30歳の若さで急逝したオックスフォード大学のアーノルド・トインビーの業績を記念して命名されたものである。

▷4　小山路男（1978）『西洋社会事業史論』光生館，188。

▷5　Seebohm report (1968) *Report of the committee on local authority and allied personal social services*. London: HMSO.

▷6　Barclay, P. (1982) *Social Workers: Their role an tasks*. London: National Institute for Social Work.

▷7　Beveridge, W. (1948) *Voluntary Action-A Report on Methods of Social Advance*. London: G. Allen & Unwin, pp8-10.

Ⅲ　地域福祉の発展

　アメリカにおける地域福祉の発展

1　アメリカから学ぶこと

　国の規模も歴史も文化も大きく異なる日本とアメリカですが，社会福祉の歴史を紐解くと，日本はアメリカの影響を強く受けてきたということができます。終戦後，GHQによって，社会福祉協議会（以下，社協）が設立されました。また，社協における地域福祉の実践においては，コミュニティ・オーガニゼーションというアメリカ由来の援助技術が参考にされていました。

　一方で，1980年代以降，日本の地域福祉はイギリス由来のコミュニティワークやコミュニティケアの考え方を参考に，地域包括ケアやコミュニティソーシャルワークといった考え方を独自に発展させてきました。そのため，近年では日本の地域福祉とアメリカの地域福祉の間に共通性を見いだすことが難しくなったように思われますが，実はアメリカにおける地域福祉の発展が今の日本の地域福祉にとって参考になる点は少なくありません。

2　実践の移り変わり

　アメリカに限らず，地域福祉の実践は時代のニーズや政策に応じて移り変わるものです。日本でいえば，ボランティア・コーディネートやコミュニティソーシャルワークという考え方の登場が良い例でしょう。アメリカの地域福祉の実践の変遷は，3つの時代区分に整理することができます。以下では，その時代区分に基づいてアメリカにおける実践の移り変わりについて解説します。

①　1920～1950年代

　19世紀後半，イギリスで誕生した慈善組織協会（Charity Organization Society）やセツルメント，などの取り組みがアメリカでも登場し，1920年代頃からコミュニティ・オーガニゼーションとして定着しました。その後，世界恐慌（1929年）を機にアメリカでは1935年に社会保障法（Social Security Act）が制定され，アメリカ連邦政府や各地の州政府は公的支援を強化しましたが，その際に関係機関と協働して資源の分配を調整したのが，日本の社協のモデルとなったアメリカの福祉協議会（Welfare Council）や共同募金会（Community Chest）でした。福祉協議会や共同募金会の実践は社会計画（social planning）と整理されることもありましたが，1939年に開催された全国ソーシャルワーク会議で，レイン（Lane, R.P.）がセツルメントなどの実践なども含むコミュニティを対象にした

▷1　⇨Ⅲ-1 参照。

▷2　世界恐慌
アメリカ国内の株の暴落が引き金となり，企業の倒産や銀行の閉鎖，経済不況が引き起こされた結果，アメリカ国内の失業率は20％を超え，同様の経済不況はヨーロッパやアジアにも及んだ。

▷3　Lane, R.P. (1939). The Field of Community Organization: Report of Discussion, The Proceedings of the National Conference of Social Work; Selected Papers from Sixty-sixth Annual Conference, Buffalo, New York June 18-24, 66, Columbia University Press, 495-511.
牧賢一（1966）『コミュニティ・オーガニゼーション概論』全国社会福祉協議会.

ソーシャルワークの実践をコミュニティ・オーガニゼーションと整理しました。

② 1960年代～1970年代

1950年代前半までのコミュニティ・オーガニゼーションの実践は、白人社会の富裕層によって白人の貧困者を救済する側面が強いものでした。それが一変した契機は、1955年頃から興隆を迎えた**公民権運動**[4]でした。ソーシャルワーカーが、人種差別の問題など、社会問題の根底にある構造の変革に向けて積極的に関与する姿勢が求められるようになりました。そのための具体的な方法として、政府や企業といった権力構造に対して対抗的な手段を伴う組織化を推進するソーシャルアクションが実践方法として定着しました。1964年には連邦政府が公民権法を制定し、人種差別や貧困の状況を改善するための「貧困との闘い」と呼ばれる政策を実行し、その一環として各地に**コミュニティ・オーガナイザー**[5]が雇用されるようになりました。

③ 1980年代以降

1980年代になると、政府が提供する社会的サービスの多くが民間組織に委託されるようになりました。その結果、政府による積極的な資源分配を求めるソーシャルアクションなどの対抗的オーガナイジング（Conflict Organizing）ではなく、民間組織が保持する資源や地域住民の資源などを有効に活用するための合意形成を求める実践として、合意形成型オーガナイジング（Consensus Organizing）の実践が多く見られるようになりました。パットナム（Putnam, R.）などによる**ソーシャル・キャピタル**[6]に関する研究はそうした傾向を後押ししました[7]。アメリカ社会におけるソーシャル・キャピタルの低下が広く議論されるようになり、人と人のつながりを形成し、コミュニティを再構築する実践として**コミュニティ・ビルディング**[8]の重要性が指摘されるようになりました。

❸ 合意形成型オーガナイジング

合意形成型オーガナイジングにおける考え方をまとめたベック（Beck, E.L.）[9]は次の4点に整理しています。①問題を解決するために必要な力とは再分配されるものではなく、そのコミュニティの中で育まれる。②オーガナイジングの実践とは、個人的な関心に基づいて実践されるのではなく、そのコミュニティに関わる人々の相互に共通する関心に基づいて実践される。③社会正義などの大義を盾に、強者を分断するような行動をとることは得策ではない。④弱者が強者に立ち向かうのではなく、両者がともにはたらきかけるような構造を地域の中に作り出すことが重要だということです。

日本の地域福祉の実践においては、強者や弱者といった権力構造を明示することはあまりおこなわれませんが、そこに権力構造があることは間違いありません。そうした構造に意識的になりつつ、合意を形成しながら地域の中に変化を起こす実践は地域共生社会づくりにおいても必要になるでしょう。（室田信一）

▶4　公民権運動
アフリカ系アメリカ人が中心となり、差別の撤廃と法の下の平等、自由といった公民権を求めて多くの大衆に参加によって実行された社会運動。

▶5　コミュニティ・オーガナイザー
日本でいうところのコミュニティワーカーと同義と捉えて良い。1960年代以降は実践をコミュニティ・オーガナイジング、その実践を推進するワーカーをコミュニティ・オーガナイザーという呼称が定着した。

▶6　ソーシャル・キャピタル
社会関係資本とも訳される。人と人のつながりやネットワーク、信頼、互酬性の規範というようにコミュニティの中に培われる関係性を表す概念。

▶7　Putnam, R.（2000）*Bowling Alone: The Collapse and Revival of American Community*, Simon & Schuster.（＝2006, 柴内康文訳『孤独なボーリング――米国コミュニティの崩壊と再生』柏書房）。

▶8　コミュニティ・ビルディング
ソーシャル・キャピタルを高めることを目的に、コミュニティの構成メンバー間のつながりや帰属意識を醸成するためのはたらきかけ。

▶9　Beck, E.L. & Eichler, M.（2000）. Consensus Organizing: A Practice Model for Community Building, *Journal of Community Practice*, 8(1), 87-102.

Ⅲ　地域福祉の発展

3　北欧における地域福祉の発展

1　地方分権の福祉社会

　スウェーデンやデンマーク等，北欧福祉社会に共通する大きな特徴は，地方分権により基礎自治体（日本の市町村にあたる）が社会福祉サービスの要となっていることです。スウェーデン，デンマークでは「**社会サービス法**」が社会福祉全般を規定しています。これは枠組み法と呼ばれるもので，サービスの細かな決定など制度運用の最終的な責任は，スウェーデンではコミューン，デンマークではコミューネと呼ばれる基礎自治体に任されます。医療・保健については都道府県にあたる広域自治体（スウェーデンではランスティング，デンマークではレギオン），介護や福祉については基礎自治体と，それぞれ役割分担がなされています。北欧では，地方自治システムを構築していくなかで課税自主権が基礎自治体へと委譲され，徐々に社会サービス供給における財政基盤も中央から地方自治体へと移っていきました。基礎自治体の財源は自主財源の地方税収に拠っています。

　特に高齢者福祉において，1992年にスウェーデンで行われたエーデル改革は，それまでランスティングにより提供されていたナーシングホーム等の高齢者医療をコミューンの管轄に移行し，コミューンの権限を強化しました。それまでも基礎自治体によるホームヘルプが高齢者福祉の主流でしたが，エーデル改革を経て，より重篤な介護を要する認知症高齢者なども，コミューンの責任のもと福祉を提供できるようシステムの整備が行われました。スウェーデンやデンマークで1980年代に普及した小地域でのホームヘルプのしくみは日本の在宅介護のしくみを整えるうえでも大きな影響を与えています。

2　女性と子どもの権利の拡大

　エスピン＝アンデルセンは，北欧の社会福祉制度を他国との比較において社会民主主義レジームに分類し，その特徴として「脱家族化」という指標を用いました。これは，元来家族が担ってきたケアワークがいかに家族から社会に移行されているか，ということを示す指標です。北欧諸国はケアワークの脱家族化の割合が非常に高く，介護や保育は社会化されています。この背景には，戦前の1930年代から女性や家族に対する政策を推進してきた北欧社会の歴史があります。スウェーデンでは，1928年に社会民主党党首により社会的経済的な格

▷1　社会サービス法
スウェーデンでは1982年，デンマークでは1992年に整備された。高齢者福祉，障害者福祉，児童福祉など社会福祉サービスを基礎自治体の責任のもと実施することを規定した枠組み法である。

▷2　エスピン＝アンデルセン（Gøsta Esping-Andersen, 1947-）
デンマーク出身の社会経済学者。1990年に『福祉資本主義の三つの世界（The Three Worlds of Welfare Capitalism）』（＝2001年，岡沢憲芙・宮本太郎監訳ミネルヴァ書房）を著し，福祉国家を分類した3つのレジームを示した。アメリカなどに代表される自由主義レジーム，ドイツ・イタリアなどに代表される保守主義レジームに対し，北欧諸国は社会民主主義レジームに分類される。

差を解消し平等な社会を目指す，という福祉国家の理念が示されました。それが「国民の家（Folkehemmet）」，誰もが虐げられず平等に扱われる国民にとっての家という考えでした。またミュルダール夫妻の『人口問題の危機』(1934)では，人口問題を社会問題・経済問題としてとらえ，女性や子ども・家族に対する社会的支出が「予防的社会政策」として重要であるという見方が示され，社会に大きな影響を与えました。

また北欧諸国では，20世紀の初めから子どもの権利擁護が語られ，大きなトピックとして扱われてきました。スウェーデンの思想家エレン・ケイは1900年に著した『児童の世紀』[3]で，子どもをたたくことがいかに子どもの精神の発達に不利益であるかということ，過度なしつけがいかに親の気まぐれなエゴにすぎないか，ということを繰り返し述べました。このことはその後，世界初のスウェーデンの体罰禁止法（1979年）の礎となったと考えられています。『長靴下のピッピ』『やかまし村の子どもたち』等で知られるスウェーデンの児童文学作家リンドグレーンも子どもの権利に深い関心を寄せており，その作品のなかで自由でのびのびとした子ども像を描いています。北欧諸国は子どもの権利条約を早くから批准し，子どもの権利が守られるよう議論を重ねて法律・政策を整備してきました。そのため子どもの教育機会の平等や子育て支援政策は非常に充実しており，また，OECDによる子どもの貧困率の国際比較では，デンマーク（3.7%）をはじめ北欧諸国（フィンランド3.9%，ノルウェー5.1%，スウェーデン8.2%）が上位を占めています。

▷3 『児童の世紀』
日本語訳はケイ，E／小野寺信・小野寺百合子訳(1979)『児童の世紀』冨山房。貧しい時代のスウェーデンで，女性の参政権と子どもの権利を同時に訴えかけた著作。

❸ 社会福祉と住民参画

デンマークでは，スウェーデンと同様地方分権が進むと同時に，コムーネが提供する社会サービスに利用者や住民が参画するしくみが整えられてきました。保育や教育，高齢者福祉などの対人社会サービスにおいては，サービス利用者が意思決定過程に参加することが望ましいとされ，1990年代には各分野で「利用者委員会」の設置が義務づけられるようになりました。これは各学校や福祉施設ごとに必ず設けられる委員会で，学校や施設内の管理・運営に参画するための組織です。学校委員会では生徒・教員・保護者がともに委員会に参加し，予算や人事のことも含めて話し合います。デンマークの人々にとっては，利用する社会サービスがより身近なものに感じられていることがわかります。

（佐藤桃子）

Ⅲ 地域福祉の発展

戦前の日本の地域福祉の展開

地域は人びとが暮らしを営む場所であるとともに、公権力にとっては統治の枠組みでした。また、福祉実践にとっては活動の場でもありました。戦後の地域福祉につながる出来事として、地方制度の形成と地方改良運動による地域統制、暮らしに結びついた集落の温存、明治末の福祉実践の組織化と救済事業の成立、大正期の社会事業と方面委員制度やセツルメント活動、戦時期における部落会・町内会の公認、社会事業の国家統制などを見ていきます。

1 支え合いと地域組織

昔から人びとは暮らしを守るために、近隣や集落のつきあいを大切にしてきました。たとえば、ユイや講などの慣習は地域生活と切り離せない支え合いのしくみでした。そしてそのような地域における共同性は、イエ制度とともに日本社会の秩序を支える機能を果たしていました。明治期に近代的な地方制度がつくられてからも、昔からの集落（村落）を範囲とするつながりは実質的に生き続けました。つまり、地域の暮らしは、イエとムラの慣習を引き継ぎながら、近代国家としての地域秩序に再編されたといえます。

明治末期には、日露戦後の農村の疲弊に対処するための地方改良運動が展開されました。そのなかで、地方名望家による自発的な地域振興が模範事例として紹介されるなど、一村一家の考え方を通じた地域秩序の立て直しが図られました。また、青年会、婦人会、在郷軍人会など地域の諸団体を活用した地域統制が進められました。

同じ時期に、産業化の進展にともなう新たな社会問題への対応策として、内務省に救済事業という行政領域が生まれます。救済事業は地方改良運動と連動した**感化救済事業**として政策が展開されました。また、各地で独自に取り組まれていた福祉実践を国家的に組織化するため中央慈善協会（1908年）が設立されました。中央慈善協会は現在の全国社会福祉協議会の前身です。

2 社会事業の時代

社会問題の広がりに対応するため、1920年代に入り救済事業は社会事業として拡充されました。また、中央慈善協会は**社会事業協会**となります（1921年）。これ以降、制度・実践を包括した領域として社会事業が全国的に整備されることとなります。道府県や大都市には社会事業を担当する社会課などの部署が設

▷1　感化救済事業
感化という言葉は感化法（1900年）に由来し、非行少年を道徳的に教育することを意味した。その感化と救済を一体的にとらえる「感化救済事業」という言葉が政策的に使われたことは、この時期の特徴とされている。そのため社会事業の前段階が感化救済事業と時期区分されることもある。

▷2　社会事業協会
1924年、財団法人中央社会事業協会に改組。1934年、社会事業研究所を開設。社会事業団体の中央組織として活動していたが、1938年からは道府県社会事業協会を正会員、社会事業に関する中央団体を特別会員として組織化した。戦後は1947年、財団法人日本社会事業協会となる。

▷3　済世顧問
1917年に岡山県知事の笠井信一が考案。県内の名望家を済世顧問に委嘱して貧困者の指導に当たらせた。道徳的な傾向が強く、適任者が得られないかぎり欠員とされた。後に方面委員制度の始まりとして位置づけられ、済世顧問制度設置規程が公布された5月12日は現在「民生委員・児童委員の日」とされている。

置されました。また，地域の福祉施設は行政の主導によって設立された各地の社会事業協会を通して組織化されました。

米騒動の後，地域住民の動静を行政側がモニタリングするために担当委員を配置する委員制度が各地で実施されました。先駆的には，**済世顧問**(岡山県，1917年)，救済委員(東京府慈善協会，1918年)がありましたが米騒動後には，方面委員(大阪府，1918年)，福利委員(埼玉県共済会，1919年)，救護視察員(兵庫県，1919年)などが試みられました。その後，内務省の勧奨もあり，**小河滋次郎**が考案した大阪の方面委員制度が全国に普及しました。担当地区の世帯の概況を記した方面カードを作成して各世帯の指導・援助を行う方面委員は，行政と地域住民をつなぐ役割を果たしました。

同じ頃，都市部を中心としてセツルメントの設置が進められました。それ以前から，貧困地区で住民との交流拠点となることを目指した**セツルメント活動**がありました。それらは社会事業の時期には隣保事業と呼ばれましたが，その後1930年代にかけて隣保事業の中心となったのは主に社会教育を目的とした公営セツルメントでした。戦争が始まると，住民との交流を目指したセツルメント活動は弾圧・統制の対象となりました。

3 戦時期の変化

戦時期には，地域の自治組織も時局に対応した形で変えられていきます。それまで実質的に続いてきた集落のつながりは農山漁村経済更生運動(1932年から)で活用され，選挙粛正運動(1935年)でも大きな役割を果たし，やがて部落会・町内会として公式に認められました(部落会町内会等整備ニ関スル訓令 1940年)。その後，部落会・町内会は大政翼賛会の組織に組み込まれ(部落会町内会等ノ指導ニ関スル件1942年)，時局が深まるにつれて隣保班・隣組を通じた凝集性の高い地域秩序が形成されることとなります。

社会事業も時局に対応して変化しました。地域の福祉活動に無給で従事していた方面委員でしたが，その役割は方面委員令(1936年)によって明確にされ，戦時期には部落会・町内会との連携，銃後奉公会への協力などを通じて国策協力の活動が増えていきました。また地域の福祉施設は，社会事業法(1938年)によって補助を受ける見返りに行政からの監督を受けるしくみがつくられました。さらに，社会事業を厚生事業と呼び替えて，時局に沿った役割を拡充しようとする提案もありました(「日本社会事業新体制要綱」1940年など)。

戦時中，人びとは地域の絆を深めました。それは，暮らしを守るための絆が国策に利用された結果だったといえます。また同時に，困難な状況を乗り切るため，お互いにつながりを強くした結果だったともいえます。地域の共同性は，歴史を通じて統治に用いられ，なおかつ，人びとによって主体的に保たれたといえるでしょう。

(石井洗二)

▷4 小河滋次郎(1863-1925)
内務省の監獄行政にたずさわる一方，『社会問題 救恤十訓』(1912年)で救済事業のあり方を論じた。1913年からは大阪府嘱託に招かれ救済事業を指導，1918年林市蔵知事のもとで方面委員制度の創設に大きく関わった。

▷5 セツルメント活動
スラムに定住し住民と交流を深めることを通して社会問題の解決を目指した欧米の活動がモデルとされた。戦前の日本でも人格的な交流を目指したセツルメント活動はあったが，「隣保事業」として紹介されるときには人格的な感化・教化が目的とされ，活動を通して社会問題の解決を目指すというセツルメント活動の動機は必ずしも共有されていなかったといえる。

▷6 永岡正己(1993)「日本における地域福祉の歴史的諸問題」右田紀久恵編著『自治型地域福祉の展開』法律文化社，38。

(参考文献)
田中和男・石井洗二・倉持史朗編(2017)『社会福祉の歴史——地域と世界から読み解く』法律文化社。
変化する状況を追いかけるのではなく，立ち止まって方向を見定めるためには，歴史に目を向けて現在を確かめてほしい。

Ⅲ 地域福祉の発展

5 戦後の日本の地域福祉の展開

占領期に各地で結成された社会福祉協議会（社協）は，育成協の地区組織活動を担い，その経験が住民主体の原則に結びつきました。占領終結後に表舞台に復活した自治会・町内会は，地域福祉に不可欠の存在となります。また，地域における福祉活動の蓄積のうえに，1970年代に地域福祉の概念が形成されます。その後，福祉政策の動向や地域社会の変化に応じて地域福祉の実践や研究が広がりました。

1 社会福祉協議会の結成

敗戦後，戦争の遂行に関わった組織の存続はGHQの方針によって認められませんでした。部落会・町内会は占領終結（1952年）まで表向きは姿を消しました。方面委員も廃止が検討されましたが，民生委員として存続することとなりました（民生委員令1946年，民生委員法1948年）。戦時期に提唱された厚生事業も雲散霧消し，社会事業の呼称が復活しました。同時に，憲法第25条で社会福祉の語が現れ，徐々に社会事業の呼称に置き換わっていきました。

GHQ6項目提案（1949年）や「社会福祉協議会組織の基本要綱及び構想」（1950年）を受けて，社会福祉協議会の結成が進められました。日本社会事業協会，全日本民生委員連盟，同胞援護会の統合により1951年**中央社会福祉協議会**が設立され，都道府県社協は1951年末までには結成が完了しました。同時に郡市町村社協の組織化も進められましたが，その多くは形式的な設置にとどまっていました。そこで，社協にコミュニティオーガニゼーションの役割を期待する意見もあり，全国社会福祉協議会（全社協）は「市町村社会福祉協議会当面の活動方針」（1957年）を策定して「福祉に欠ける状態」の克服を目指した地域組織化活動を提起しました。

育成協（1959年）が結成されると，市町村社協の多くは「地区組織活動」の中心的な役割を担いました。地区単位の住民の主体的な取り組みの有効性は，**山形会議**（1960年）を経て，社会福祉協議会基本要項（1962年）の「住民主体の原則」に結びつきました。それは，暮らしを守るための共同性を小地域で編み直す試みだったのかもしれません。

2 地域福祉の形成

1950年代には共同募金運動（1947年），歳末たすけあい運動，**世帯更生運動**な

▷1 **GHQ6項目提案**
GHQ公衆衛生福祉局と厚生省との会議で1950年度において達成すべき主要目標として示された6項目。社会福祉行政に関する6項目，厚生行政6原則など呼び方は定まっていない。そのなかで民間の国民福祉機関（private national welfare agencies）の検討，社会福祉活動に関する調整委員会（coordinating councils）の設置があげられた（百瀬孝（2002）『「社会福祉」の成立』ミネルヴァ書房，149-150）。

▷2 **中央社会福祉協議会**
1951年1月に設立，4月財団法人となる。都道府県社協の連合体的な性格を持ち，調査，出版，大会開催などを行った。1952年社会福祉法人全国社会福祉協議会連合会に改組，1960年社会福祉法人全国社会福祉協議会となる。

▷3 山口稔（2000）『社会福祉協議会理論の形成と発展』八千代出版，57。

▷4 **育成協**
保健・福祉を一体的に整備する厚生省の構想に基づいて1959年4月財団法人として発足。正式名称は保健福祉地区組織育成中央協議会。公衆衛生など8団体で構成され，事務局は全社協に置かれた。補助金が交付され，指導者の育成，優良地区の選奨，調査・研究，広報活動などが行われた。

ど，福祉制度を補完する自発的な活動が地域ごとに展開されていました。1959年からは社協を中心とした地区組織活動が始まります。1960年代にはボランティアや福祉運動を通じて住民が福祉活動に参加する機会が増えました。そのような地域における福祉活動が「地域福祉活動」と呼ばれました。

1960年代末から地域を単位として福祉サービスを構想するコミュニティケアという概念が紹介されます。岡田重夫『地域福祉研究』（柴田書店，1970年）は，それまでの地域福祉活動の実践をコミュニティケアとして展開する問題意識から「地域福祉」の概念を位置づけました。これ以降，地域福祉の定義や方法をめぐる議論が深まっていきます。

地域の交流拠点としてのセツルメントの発想は，戦後，文部省の公民館構想（1946年）として一時的に現れましたが，社会教育法（1949年）で公民館は社会教育の施設となり性格を変えました。社会福祉事業法（1951年）のなかでセツルメントが位置づけられることもありませんでした。戦前のセツルメント活動は，しかし，戦後の福祉運動やボランティア活動の思想として受け継がれました。それによって，権利，運動，自治などの視点が地域福祉に息づき，その後の実践や理論の多様性をもたらしたといえます。

❸ 地域福祉の展開

1973年オイルショック後の低成長の下で，福祉見直しの動きが始まります。家庭や地域の役割を再評価する議論が広がり，地域福祉への注目も高まりました。社会福祉施設緊急整備五カ年計画（1971～75年度）による福祉施設の量的な整備に続き，国による在宅福祉の推進が始まるのにあわせて，全社協は『在宅福祉サービスの戦略』（1979年）を発表して社協活動のなかに在宅福祉サービスを位置づけました。この頃から，住民に担い手としての参加が期待されるようになります。

自治会・町内会は，共同募金運動や社協活動への協力を通じて，地域福祉に不可欠な存在となっていました。ただし，かつてのような集落の支え合いはすでに薄れていました。そこで社協は自治会・町内会など地域組織との連携を基盤に，地区社協など地域福祉を推進するための住民組織づくりを進めました。また，福祉課題の解決を地域で取り組むという認識が実践や研究として広がり，日本地域福祉学会（1987年）の発足につながりました。

1990年代に入ってグローバル化や規制緩和などで地域社会を取り巻く状況は深刻化します。福祉課題の多様化・複合化に対応するため，地域福祉実践におけるソーシャルワーク機能が再検討されるようになりました。そして，持続可能な地域づくりのために，住民には行政との協働や主体的な課題解決の役割が期待されるようになりました。地域福祉をめぐる新たな局面のなかで，地域における新たな共同性のあり方が模索されています。　　　　　　　　　（石井洗二）

▷5　山形会議
1960年8月，社協活動の方向性を話し合うため，全社協主催で山形県において開催された都道府県社協の職員研究協議会，一般に「山形会議」と呼ばれている。社協は自主的な民間団体として住民の立場に立って活動することなどが確認された。

▷6　世帯更生運動
岡山，千葉，愛知，神奈川，石川，静岡などで先駆的な取り組みがあり，1952年から民生委員による全国運動が展開，全社協の後押しもあり1955年度には全国で実施された。低所得世帯への生業指導・生活指導など地域ごとに取り組まれた。1955年度からは世帯更生資金制度（現在の生活福祉資金）が始まる。社協・民生委員による心配ごと相談所の活動とも連動して進められた。

▷7　大橋謙策（1993）「地域福祉実践の戦前の遺産」日本地域福祉学会地域福祉史研究会編『地域福祉史序説――地域福祉の形成と展開』中央法規出版，158．

（参考文献）
三浦文夫・右田紀久恵・大橋謙策編著（2003）『地域福祉の源流と創造』中央法規出版。
編者3氏による鼎談の他に，地域福祉の形成・発展に深く関わった岡村重夫，永田幹夫，三浦文夫，右田紀久恵ら4氏への聞き取りが収められている。

Ⅲ　地域福祉の発展

 90年代以降の日本の地域福祉の展開

 地方分権における地域福祉の計画化とふれあいのまちづくり（1990年代）

　1990年に「老人福祉法等の一部を改正する法律」が成立して，在宅三本柱と呼ばれるサービスを第二種社会福祉事業として明確に法定化したことは，在宅ケアの推進に大きな役割を果たしました。次に老人福祉計画の策定が全国の地方自治体に義務づけられましたが，老人福祉計画の策定には高齢者のニーズを基礎とすることに加え，「在宅ケアの推進」「地域性を踏まえた計画」などが盛り込まれ，生活の場として「地域」の存在を強く意識させることになりました。地方分権の推進により措置権が地方自治体に移譲され，在宅と施設の福祉サービス利用手続きが市町村で総合的に実施できることになったことも，1990年代の地域福祉の展開に大きな影響を与えました。しかし，老人福祉計画の策定は，急激に進展する高齢化率の上昇へトップダウンで取り組むためのしくみとなり，多くの自治体では計画づくりのノウハウがないため，コンサルティング会社に丸投げする状況が多くの自治体で発生しました。結果的に，計画策定を契機とした地域住民の参加や参加意識の高まり，地域住民の組織化にはつながりにくい状況となりました。

　この時期に重要な地域福祉の展開としてあげられるのが，1991年に地域福祉活動推進国庫補助事業として実施された「**ふれあいのまちづくり事業**」です。特に，「地域の実情に応じた福祉サービス事業」として，地域の実情に応じて「生活支援地域福祉事業」「小地域福祉ネットワークづくり事業」に積極的に取り組んだ社会福祉協議会では，その取り組みの成果が，近年の「我が事・丸ごと」「地域共生社会」の実現に貢献する住民組織化につながったものもありました。

 地域福祉の主流化と担い手の多様化（2000年代）

　2000年の社会福祉法改正では，「地域福祉」という言葉がはじめて規定されました。1990年代に地方分権が進み，地方自治体での福祉分野での計画化が推進され，「地域福祉計画」の策定も同法に規定されました。武川正吾は，この改正によって「地域福祉の推進」が社会福祉法の目的の一つとなったことなどを指して「**地域福祉の主流化**」と呼びました。

▷1　ふれあいのまちづくり事業
市区町村社会福祉協議会を事業主体として，地域福祉活動コーディネーターが配置され，「地域においてさまざまな人々が交流し，助け合うとともに，関係機関や社会資源が有機的に連携することにより，高齢者，障がい者，児童・青少年等に対し，地域に即した創意と工夫を行った福祉サービスを提供するとともに，それらを永続的かつ自主的に提供する体制の整備を図ること」を目的とした事業のこと。

▷2　地域福祉の主流化
武川正吾は，2000年の社会福祉法改正によって「地域福祉の推進」が社会福祉法の目的の一つとなったことなどを指して領域横断的な地域福祉の考え方が社会福祉の世界のなかで重視されるようになってくる状況，さらに，社会福祉だけではなく，現代日本の地方行政，地方自治，地域社会などに関係する諸問題が地域福祉のなかに集約的に表現される事態のことを「地域福祉の主流化」と呼んだ。

▷3　武川正吾（2006）『地域福祉の主流化』法律文化社。⇨Ⅰ-3参照。

この時期，地域福祉の担い手には，社会福祉協議会に加え，1998年に成立した特定非営利活動促進法によって設立された特定非営利活動法人，通称NPO法人が加わります。特に地域の福祉サービスの提供において，2000年の介護保険法の施行を契機に，介護保険サービスの提供を担うNPO法人が多く設立され，活躍することになります。地域福祉の役割が「地域における福祉サービスを提供すること」を中心にとらえられ，本来地域福祉の推進を担う役割が期待される社会福祉協議会やNPO法人等の活動が介護保険サービス等の提供に偏りがちになります。しかし，地域のなかで起きている生活問題は多様で複雑な状況にあり，公的なサービスの提供だけでは解決しないことが徐々にわかってきます。そこで，介護保険法が2005年に改正され，地域包括ケアシステム構築の担い手として，地域包括支援センターが設置されます。介護保険を根拠とする機関であることから，地域包括ケアシステムの構築が主に高齢者分野の問題として取り上げられることになります。

この流れを裏づけるように2008年に取りまとめられた「これからの地域福祉のあり方に関する研究会報告書」では，「制度の谷間」「多様なニーズ」「複合的な問題」「社会的排除」など，公的なサービスでは解決しない問題への現状認識が示され，問題解決等に向けて住民の地域福祉活動を支援するため，「地域福祉のコーディネーター」の位置づけが提案されました。

③ 地域福祉の政策化とソーシャルワーク機能化（2010年代以降）

この状況において，2014年にNHKで放映された「サイレント・プア」の影響力は大きく，モデルとなった社会福祉協議会のコミュニティソーシャルワーカーの活躍が取り上げられ，地域の問題解決のアプローチとしてソーシャルワークが強調されます。そして，各地で個別の問題解決から住民の組織化，資源開発を担う「地域福祉のコーディネーター」の活躍に注目が集まりました。

一方，国は2015年の新たな時代に対応した福祉の提供ビジョン（新・福祉ビジョン）や2016年の「『我が事・丸ごと』地域共生社会実現本部」および2017年の「地域力強化検討会最終とりまとめ」，「ソーシャルワークに対する期待について（社保審福祉部会資料）」において，住民に身近な圏域で，住民が主体的に地域課題を把握して解決を試みることができる体制の構築および複合化した世帯の課題に対応する包括的な相談支援体制整備を政策として打ち出します。また，これらのなかで，地域共生社会の実現に向けたソーシャルワーク機能の重要性が強く指摘されました。

このように，理念としての地域福祉は「地域共生社会」「我が事・丸ごと」の掛け声のもと政策化へ，地域を場としたミクロ・メゾ・マクロレベルの問題解決の方法・機能としての地域福祉は，ソーシャルワーク機能として展開していきます。

（渡辺裕一）

▷4 特定非営利活動促進法
1995年に発災した阪神・淡路大震災の復旧・復興において，ボランティア・市民活動の力への評価が高まったことを契機に，ボランティア・市民活動団体に法人格を付与し，ボランティア活動をはじめとする市民の自由な社会貢献活動を促進することを目的とした。

▷5 地域包括ケアシステム
高齢者の尊厳の保持と自立生活の支援の目的のもとで，可能な限り住み慣れた地域で，自分らしい暮らしを人生の最期まで続けることができる地域の包括的な支援・サービス提供体制のこと。

▷6 「新たな時代に対応した福祉の提供ビジョン」
厚生労働省に設置されたプロジェクトチームによって，多様化・複雑化した家族・地域社会の課題や福祉サービスの持続可能性の課題を解決するため，あらゆる地域で全世代・全対象型地域包括支援の実現を図るべく検討された。「誰もが支え合う地域の構築に向けた新しい福祉サービスの実現」に向けた改革の方向性を示した。

Ⅳ　地域福祉の政策展開

地域福祉の政策展開・地域共生社会づくり

1　「縦割り」の限界

　2000年以降，高齢者，障害者，児童福祉において，市町村がサービス供給の中心的な役割を担い，相談を受けとめ，支援へとつなぐ流れが構築されるようになっており，それを計画化して推進する体制が整備されてきました。また，各分野内での横断的な問題解決の場として，関係者が協議し，連携する場がつくられるようになっており，多様な関係機関が「包括的な」支援を実施するために，情報を共有し，個別ケースの検討だけでなく，地域の支援ネットワークを構築し，地域課題を発見して，新たな社会資源の開発や政策形成につなげていく機能が期待されています。このように，高齢，障害，児童のそれぞれの対象者別に，市町村を中心として関係者が包括的な支援を行うための体制整備が進められてきました。

　もちろん，対象者別にこうした体制を整備していくこと，そして，それを一層強化していくことは今後も必要です。しかし，いわゆる制度の狭間といわれるような問題や分野をまたがるような複雑な課題を抱えた世帯の問題は，対象者別の福祉を充実させるだけでは解決ができないことも明らかになってきました。家族の規模が縮小し，職住分離がますます進み，グローバル化によって雇用環境が大きく変化するなかで，家族や地域社会，雇用などとうまくつながれずに，複数の不利が重なることで社会の周縁に追い込まれてしまう社会的排除の問題が顕在化しているからです。

　こうした現状に対し，厚生労働省は，2015年9月に発表された「誰もが支え合う地域の構築に向けた福祉サービスの実現　新たな時代に対応した福祉の提供ビジョン」（以下，提供ビジョン）において，「高齢者に対する地域包括ケアシステムや生活困窮者に対する自立支援制度といった包括的な支援システムを，制度ごとではなく地域というフィールド上に，高齢者や生活困窮者以外に広げる」ことを通じて，「高齢者，障害者，児童，生活困窮者といった別なく，地域に暮らす住民誰もがその人の状況に合った支援が受けられる」新しい地域包括支援体制を構築すると提起しました。このように，新しい地域包括支援体制とは，高齢者を中心とした地域包括ケアシステムの対象を全世代・全対象に拡大し，生活困窮者自立支援制度で試みられてきた，分野を問わない相談支援を行っていくことを意味しています。同時に，提供ビジョンは，さまざまな困難を

▷1　たとえば，高齢者分野では，地域包括支援センターが包括的に相談を受け止め，地域ケア会議で課題を共有し，介護保険事業計画と老人福祉計画によって計画的に推進していく体制が構築されてきた。同様に，児童分野では市町村の児童家庭相談，要保護児童対策地域協議会，子ども子育て支援事業計画，障害分野では，相談支援事業所，地域自立支援協議会，障害福祉計画と市町村障害者計画といったように，分野ごとに市町村を中心に，相談を受け止め，課題を共有・協議し，計画に推進していく体制が整備されている。

▷2　⇨参照。

▷3　厚生労働省（2015）「誰もが支え合う地域の構築に向けた福祉サービスの実現　新たな時代に対応した福祉の提供ビジョン」。

▷4　⇨Ⅳ-4参照。

抱えた人の問題は、行政や専門職だけで解決できず、それを受けとめる地域づくりが必要であるという観点から、あらゆるニーズを行政だけが解決するのではなく、住民を含む多様な主体の参加に基づく「支え合い」と協働することで、地域共生社会を創造していくとしています。

この分野を問わない相談支援と地域の支え合いの協働による地域共生社会の構築というビジョンは、2016年7月に閣議決定された「ニッポン一億総活躍プラン」に「地域共生社会の実現」として盛り込まれ、厚生労働省内に「『我が事・丸ごと』地域共生社会実現本部」が設置されました。提供ビジョンにおける「支え合い」が「我が事」に、「地域包括支援体制」が「丸ごと」に対応しており、この両者の協働によって地域共生社会を実現することが今後の基本方針として明確化されたといえます。さらに、その具体的な推進方策は、「地域における住民主体の課題解決力強化・相談支援体制の在り方に関する検討会」（地域力強化検討会）で協議され、2016年12月には「中間とりまとめ」が公表されました。それをふまえて、2017年5月には**地域包括ケアシステムの強化のための介護保険法等の一部を改正する法律**（以下、**地域包括ケアシステム強化法**）が成立し、2018年4月から社会福祉法が改正されることになりました。

② 改正社会福祉法の内容

2018年4月の改正社会福祉法で改正、新設された条文について、ここでは特に、第4条第2項、第5条、第6条第2項、第106条の3、第107条、第108条について地域福祉政策という観点からその内容を確認しておきましょう。

まず、第4条では第2項が新設され、「地域生活課題」が定義されました。地域生活課題は、地域住民およびその世帯が抱える①福祉、介護、介護予防、保健医療、住まい、就労および教育に関する課題、②地域社会からの孤立、③日常生活を営み、あらゆる分野の活動に参加する機会が確保されるうえでの課題であり、地域社会からの孤立、社会参加の機会の欠如を含めて幅広く地域生活課題をとらえていることが特徴です。地域福祉の推進とは、こうした地域生活課題を、地域住民や社会福祉を目的とする事業を経営する者および社会福祉に関する活動を行うもの、すなわち、住民や社会福祉法人、ボランティア、民生委員等が、関係機関と連携して解決していくこととされています。

次に、第5条では、「地域福祉の推進に係る取組を行う他の地域住民等との連携を図り」という文言が追加され、福祉サービスを提供するにあたって、事業者が地域住民等と連携を図ることが追記されました。社会福祉法人などの事業者は、地域住民等と協力して地域福祉を推進することが求められているということです。

また、第6条第2項では、こうした地域福祉の推進を促進するための施策を行うことを国および地方公共団体の責務として規定し、国および地方公共団体

▶5 厚生労働省社会・援護局地域福祉課（2016）「地域における住民主体の課題解決力強化・相談支援体制のあり方に関する検討会 中間とりまとめ」。

▶6 地域包括ケアシステム強化法は、複数の法律をまとめて改正するいわゆる「束ね法案」であり、社会福祉法以外にも介護保険法、障害者総合支援法、児童福祉法などが改正されている。

IV 地域福祉の政策展開

の地域福祉を推進する責任を明確にしました。

そして、その具体的な内容は、第106条の3で「包括的な支援体制の構築」として、市町村は「地域住民等及び支援関係機関による、地域福祉の推進のための相互の協力が円滑に行われ、地域生活課題の解決に資する支援が包括的に提供される体制を整備するよう努めるものとする」とされ、市町村が包括的な支援体制を構築する責務を規定しました。包括的な支援体制とは、具体的には、第106条の3の一～三の各号にある通り、①住民の主体的な活動を活発にするための環境整備、②地域住民によるニーズ発見と発見した課題を専門職と協働して解決していくための体制の整備、③分野を越えた相談支援機関同士の連携の体制整備を行うということです。つまり、住民が「我が事」として地域課題の解決に主体的に取り組む環境を整備し、住民に身近な圏域でこうした活動を支援しつつ、住民が発見した課題を受けとめ、専門職が協働して解決する体制、さらには市町村域で、圏域では解決できない課題を専門職同士の連携によって受けとめていく体制を包括的な支援体制として、市町村がその整備に努めなければならないと規定しているのです。

▷7 ⇨Ⅳ-2 参照。

さらに、第107条では、市町村が策定する地域福祉計画の策定が努力義務化され、「地域における高齢者の福祉、障害者の福祉、児童の福祉その他の福祉に関し、共通して取り組むべき事項」に加え、「前条第一項各号に掲げる事業を実施する場合には、同項各号に掲げる事業に関する事項」(すなわち、第106条の3の包括的な支援体制のこと)を位置づけることを定めています。

▷8 ⇨Ⅹ-1 参照。

要約すると、改正社会福祉法の要点は、①地域生活課題を多様な主体が協力して解決していくことを地域福祉の推進と規定し(第4条)、②事業者も地域住民等と連携して問題の解決に当たること(第5条)、③それを国や地方公共団体が促進していく責任があると定め(第6条第2項)、④その具体的内容を包括的な支援体制として位置づけるとともに(第106条の3)、⑤市町村及び都道府県が地域福祉計画に位置づけて推進していくことを明確にした(第107条及び第108条)とまとめることができます。

なお、2018年の改正法の附則は、公布後3年をめどに包括的な支援体制を全国的に整備するための方策について検討を加え、所要の措置を講ずることを規定していました。この検討のため、厚生労働省は2019年に「地域共生社会に向けた包括的支援と多様な参加・協働の推進に関する検討会(地域共生推進検討会)」を設置し、同年12月に最終とりまとめが公表されました。検討会は「複雑・多様な問題を抱えながらも、社会との多様な関わりを基礎として自律的な生を継続していくことができるように支援する機能の強化」が求められているとし、そのためには、従来の「具体的な課題解決を目指すアプローチ」に加え、福祉政策の新たなアプローチとして「つながり続けることを目指すアプローチ」(伴走型支援)が必要であると提起しました。また、「市町村における包括

▷9 厚生労働省 社会・援護局地域福祉課(2019)「地域共生社会に向けた包括的支援と多様な参加・協働の推進に関する検討会最終とりまとめ」。

▷10 断らない相談支援は、地域共生推進検討会の最終とりまとめによれば、本

的な支援体制の整備のあり方」として，断らない相談支援，参加支援，地域づくりに向けた支援の3つの分野横断的支援による新たな事業の創設を提言しました。

　こうした提言を受けて，2020年に成立した社会福祉法の改正で創設されたのが，重層的支援体制整備事業（社会福祉法第106条の4〜11）です。重層的支援体制整備事業は，①包括的相談支援（106条の4第2項1号），②参加支援（同第2号），③地域づくりに向けた支援（同第3号），④アウトリーチ等を通じた継続的支援（同第4号），⑤多機関協働（同第5号），⑥プランの作成（同第6号）を一体のものとして実施する事業です。ここではその流れを簡単に確認しておきましょう。まず，「包括的相談支援事業」は，既存の各制度福祉の相談支援事業（地域包括支援センター，相談支援事業，利用者支援事業，自立相談支援事業）を一体的に実施することで，世代や属性にかかわらず相談をいったん受け止める体制をつくる事業です。次に，受け止めた相談のうち，複雑化・複合化した事例のように一機関で対応することが難しい場合には，「多機関協働事業」につなぎます。多機関協働は，協働の中核を担い，関係機関による個別支援会議において課題を解きほぐし，役割分担を行って支援プランを作成することになります。そして，ひきこもりなど支援が届きにくい場合には，「アウトリーチ等を通じた継続的支援事業」において継続的に関わりながら本人との信頼関係を築いていきます。さらに，制度福祉において行われる社会参加に向けた支援で対応できない場合には，地域の社会資源を活用し，本人との橋渡しをする「参加支援事業」を行っていくことが考えられています。最後に，地域社会において場や居場所を確保し，支え合う関係性の形成を支援するのが「地域づくり事業」です。包括的相談支援事業と同様，既存の制度福祉の地域づくりに関連した事業を一体として取り組むことで，課題の早期発見や早期対応，また参加支援やアウトリーチを通じた継続的支援における社会関係形成の基盤を形成することが重要であり，世代や属性を限定しない取り組みが期待されています。包括的な支援体制を構築するためにこの事業を実施する市町村は，これら各号に規定された事業を一体のものとして，すなわち多機関や地域住民をはじめとした地域の様々な主体と連携して取り組んでいくことが必要になります。

3　分野横断的な地域福祉の実現に向けて

　本章で論じるように，地域福祉は，地域特性に配慮しながら，包括的な支援体制や生活困窮者支援，地域移行支援，共生型サービス，居住支援，そして権利擁護といった一つの分野には収まらない分野横断的な地域生活課題にどのように向き合っていくかが問われています。地域共生社会を実現するために，地域住民や専門職，そして行政がどのように協働し，こうした課題を解決していくことができるのか，以下考えていきたいと思います。

（永田　祐）

▷10　人・世帯の属性にかかわらず受け止める相談支援とされており，特定の窓口をつくるというよりは，既存の様々な相談窓口がどのような相談であってもまずはいったん受け止める必要性が強調されている。

▷11　参加支援は，地域共生推進検討会の最終とりまとめによれば，本人・世帯の状態に合わせ，地域資源を活かしながら，就労支援，居住支援などを提供することで社会とのつながりを回復する支援のことをいう。既存の福祉制度の中でも社会参加の支援は取り組まれてきたが，こうした支援では参加が難しい人への支援が想定されている。

▷12　地域づくりに向けた支援は，地域共生推進検討会の最終とりまとめによれば，地域社会からの孤立を防ぐとともに，地域における多世代の交流や多様な活躍の機会と役割を生み出す支援のことをいう。これまで取り組まれきた地域づくり・地域支援と同義と考えて良いと思われるが，最終とりまとめでは地域の中に多様な主体が出会うプラットフォームを形成することが重要だと指摘されている。

▷13　法第106条の6は，市町村が支援関係機関から構成される支援会議を組織できるとし，関係機関による潜在的な課題を抱える人に関する情報共有等を規定しているが，この会議は，生活困窮者自立支援制度における支援会議と同様，関係機関の情報共有の場を想定していると思われる。ここでいう支援会議は，厚生労働省の説明資料で，重層的支援会議といわれている個別の会議のことである。

▷14　⇨ Ⅳ-2 参照。

▷15　⇨ Ⅳ-3〜8 参照。

Ⅳ　地域福祉の政策展開

　地域福祉と包括的な支援体制

　「包括的な支援体制」とは

　包括的な支援体制とは，2018年の改正社会福祉法で新設された第106条の3に規定された体制のことをいいます。新設された第106条の3は，資料Ⅳ-2のとおり3号から構成されており，市町村がこの体制の整備に努めるものとすると規定されました。各号を要約すると，①住民の主体的な活動を活発にするための環境を整備すること，②地域住民によるニーズ発見と発見した課題を専門職と協働して解決していくための体制を整備すること，③分野を越えた相談支援機関同士の連携の体制を整備することということになります。つまり，住民が「我が事」として地域課題の解決に主体的に取り組む環境を整備し，一定の圏域でこうした活動を支援しつつ，住民が発見した課題を受けとめ，専門職が協働して解決する体制，さらには市町村域で，圏域では解決できない課題を専門職同士の連携によって受けとめてく体制を「包括的な支援体制」として，市町村がその整備に努めるものとすると規定していることになります。

　以上のような包括的な支援体制は，図Ⅳ-1に示す通り，小地域における住民の主体的な活動とそうした活動を通じたニーズ発見という単位（図中ⓐ），日常生活圏域でこうした住民活動を支援しつつ，ともに課題解決に取り組む専門職の単位（図中ⓑ），そして，地域での解決が難しかったり，適切でない場合に市町村単位で相談を受けとめ，解決するための体制（図中ⓒ）の三層から構成されることになります。

　包括的支援体制をどう構築するのか

　では，このような体制を今後市町村はどのように構築していけばよいでしょうか。今後の地域福祉のあり方を検討した「地域における住民主体の課題解決

資料Ⅳ-2　包括的支援体制の整備（社会福祉法）

第106条の3　市町村は，次条第二項に規定する重層的支援体制整備事業をはじめとする地域の実情に応じた次に掲げる施策の積極的な実施その他の各般の措置を通じ，地域住民等及び支援関係機関による，地域福祉の推進のための相互の協力が円滑に行われ，地域生活課題の解決に資する支援が包括的に提供される体制を整備するよう努めるものとする。 　一　地域福祉に関する活動への地域住民の参加を促す活動を行う者に対する支援，地域住民等が相互に交流を図ることができる拠点の整備，地域住民等に対する研修の実施その他の地域住民等が地域福祉を推進するために必要な環境の整備に関する施策 　二　地域住民等が自ら他の地域住民が抱える地域生活課題に関する相談に応じ，必要な情報の提供及び助言を行い，必要に応じて，支援関係機関に対し，協力を求めることができる体制の整備に関する施策 　三　生活困窮者自立支援法第3条第2項に規定する生活困窮者自立相談支援事業を行う者その他の支援関係機関が，地域生活課題を解決するために，相互の有機的な連携の下，その解決に資する支援を一体的かつ計画的に行う体制の整備に関する施策

IV-2 地域福祉と包括的な支援体制

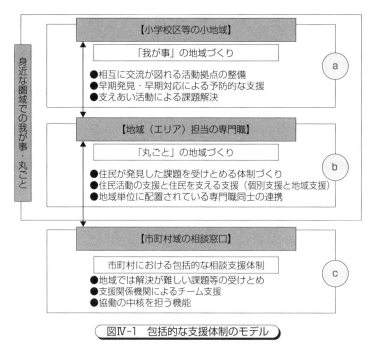

図IV-1 包括的な支援体制のモデル

出所：筆者作成。

▷1 ⇒IV-1参照。

▷2 地域における住民主体の課題解決力強化・相談支援体制の在り方に関する検討会（2016）「地域力強化検討会最終とりまとめ〜地域共生社会の実現に向けた新しいステージへ〜」16。

▷3 国の通知では、図IV-1の⑥の例示として、①地域住民による相談窓口を設置し、社会福祉協議会のコミュニティソーシャルワーカーが専門的観点からサポートする方法、②地域包括支援センターのブランチを拠点とした相談窓口を設置するとともに、民生委員等と協働していく方法、③自治体等において各種の相談窓口を集約し、各専門職が地域担当として、チームで活動していく方法、④診療所や病院のソーシャルワーカーなどが退院調整等だけでなく、地域のさまざまな相談を受け止めていく方法があげられている。また、図IV-1の⑥については、「地域づくりや、働く場や参加する場の創出を意識した相談支援体制は、生活困窮者自立支援制度の自立相談支援機関が福祉以外の分野とつながりながら、中核を担う場合が多い。個別支援を中心に展開する体制は、住民に身近な圏域にある地域包括支援センターなどが地域住民と顔の見える関係をつくりながら中核を担う場合に見られる。庁内外の連携体制の構築や情報共有のしくみづくりは、自治体が組織体制の見直しを含めて体制整備に着手」と展開例が示されている。

力強化・相談支援体制の在り方に関する検討会」（地域力強化検討会）でも、この点について「新たに何らかの機関を設置するという画一的なものではなく、地域において必要となる機能」を示したにすぎず、実際にどのようにつくっていくのかはそれぞれの地域の実情に応じて考えていくべきだと述べています。実際、包括的な支援体制の構築は制度として明確な枠組みや予算が設けられていないため、市町村は、既存の制度を柔軟に活用しながら体制構築に努めなければなりません。先行して取り組む多くの市町村の事例を見ても、包括的な支援体制の中核を担う機関のあり方はさまざまであり、一律に決めることができないことがわかります。今後は、各市町村が、これまでの取り組みの蓄積や工夫、経緯などをふまえて包括的な支援体制を構成する⑧、⑥、⑥をどのように整備していくかを考えていく必要があります。特に、分野を横断して課題を受け止める体制をつくっていくためには、少なくとも分野ごとにつくられてきた相談支援機関やさまざまな話し合いの場の機能を整理することや、連携のありかたを考えていかなければなりません。そのためには、市町村の関連部局が庁内横断的に、また専門職が分野横断的に、これからの「自分のまちにあった」包括的な支援体制を考えていくことが必要になるでしょう。また、IV-1でみたように、2020年の社会福祉法改正では、包括的な支援体制を整備するための新たな事業として、重層的支援体制整備事業が法制化され、2021年から関連条文が施行されます。市町村は地域福祉計画に包括的な支援体制の整備を位置づけ、新たな事業も活用しながら包括的な支援体制を整備していくことが必要になります。

（永田　祐）

Ⅳ　地域福祉の政策展開

地域特性に応じた地域福祉の展開

　地域特性の決めつけ

　人がそれぞれ特別な存在であるのと同じように、地域もまたそれぞれ特別な存在で、それぞれに性格を持っています。私たちが勝手に「同じような地域」と決めつけることはできますが、「同じ地域」はありません。

　ここで思い切って地域を「都市部」と「農村部」のふたつに分けてみたときに、何が起きるでしょうか。「農村部は地域住民のつながりが強くて、地域住民同士の支え合いが残っている」「都市部は公的なサービスが豊富だけれど、人と人のつながりが弱いから、孤立の問題が発生しやすい」。これらは何か不確かなイメージに基づいた決めつけをしてはいないでしょうか。地域を分類する軸は「都市部」か「農村部」かだけではありません。たとえ同じ「農村部」でも、「都市部」でも、その地域の特徴にはさまざまな違いがあるはずです。

　たとえば、地域包括ケアシステムの構築について厚生労働省は、「人口が横ばいで75歳以上人口が急増する大都市部、75歳以上人口の増加は緩やかだが人口は減少する町村部等、高齢化の進展状況には大きな地域差が生じています。地域包括ケアシステムは、保険者である市町村や都道府県が、地域の自主性や主体性に基づき、地域の特性に応じて作り上げていくことが必要です」と指摘しています。「人口」と「75歳以上人口」をもとに「大都市部」か「町村部」かによる地域差を特性として示しているように読めそうですが、地域包括ケアシステムの構築に向けて地域の自主性・主体性に基づく地域特性を尊重する必要性を訴えていると理解できます。

　2005年の厚生労働白書では、「地域によって多様な特性を有する我が国」として、わが国の都道府県をさまざまな指標により8つのグループに類型化する取り組みが紹介されていますが、結果的にそれぞれの地域（都道府県単位）の実情は多様だと伝えています。都道府県単位での類型化でさえ多様であることが指摘されていることから考えれば、市町村単位ではより一層多様で複雑です。日常生活圏域単位や町内会・自治会単位、近所単位で生活の場をとらえた場合の地域特性は、さらに多様で複雑な状況になっていることが想像できます。都道府県単位でのイメージを押しつけることは、ある一定の範囲でとらえた地域の問題解決を検討する根拠として合理的ではなく、むしろ、何らかの特性を有する存在として理解することの大切さがわかります。

② 地域特性を考える意味

　地域でのアプローチを展開するにあたって,「あれは農村部だからできた取り組みであって,都市部ではできない」「あれは農村型の実践だ」などの見方には,どのような意味があるのでしょうか。この時私たちは,本来見るべき地域特性を見ず,単に根拠なく類型化した何かを地域特性と呼び,できないことの「言い訳」に使っているにすぎません。これらは,地域を弱みの視点で見る考え方に基づいています。

　「農村部」「都市部」のイメージの決めつけによって,「農村部だからこうするとよい」「都市部だからこんなアプローチが考えられる」という問題解決方法の押しつけを誘発し,地域特性に応じた地域福祉の展開を妨げる要因になります。社会でつくりあげられたイメージによる押しつけをもとに問題解決を考えるよりも,それぞれの地域特性に基づいて,よりよく地域社会の変化を促していくために「どのように働きかけることができるか」「どのようにともに活動していくことができるか」を具体的に検討することが大切です。

③ さまざまな要因が複雑に絡み合う多様な地域特性と解決すべき地域の問題

　地域特性はたくさんの要因が複雑に絡み合って生み出されるものであって,前述のように単に「都市部か,農村部か」というような単純なものではありません。たとえば都市部でも農村部でも,「地域組織の後継者問題」という共通した地域の問題があります。しかし,一つひとつの地域で起きている後継者問題の背景には違いがあって,「同じ問題」ということはできません。したがって,同じ解決方法が有効であるとか,同じ方法で解決すべきであるという根拠はありません。その問題によって地域に何が起きるかも同じではありません。

　人が抱える問題が多様化・複雑化している状況が指摘されているのと同じように,地域が抱える問題もまた多様化・複雑化しているといえます。問題解決方法を一定の閉じられた範囲のなかだけで検討しようとすると,地域の強みを見過ごし,問題解決に役立つ資源の活用可能性を低下させてしまいます。

　たとえば「人口流出・減少」に悩まされている地域は,特に地方の「農村部」に多く存在しているのも確かです。なかには,極端な人口流出によって,地域が問題解決の場として機能しなくなり,結果的に消滅を余儀なくされるということも発生しています。このような「人口流出・減少」に悩む自治体や地域が相互に連帯し,この現象によって発生する問題の解決を検討する場をつくっていくことも,地域特性に応じた地域福祉の展開の一つのあり方といえます。

　地域を一つのシステムとしてとらえて地域特性や発生している問題,地域や組織とこれらを取り巻く環境との関係を把握し,その変化を促すための根拠に

基づいたプランニングが行われなければ，問題は解決しません。

4 地域特性とは

地域特性とは，問題解決の場として一定の境界線を持つ地域を固有のものとして特徴づけるさまざまな性質の総体を表すものであり，いわば，地域の性格だといえます。また，地域を強みの視点から見ると，それはつまり，**ミクロ・メゾ・マクロレベル**[1]での地域の強みの総体ということもできます。

地域特性を理解すれば，地域を唯一無二の特別な存在として尊重し，向き合うことから，地域で発生している問題の解決に向けて取り組むことができます。具体的にいえば，「都市部」「農村部」は人口や位置，産業に基づく地域特性の一部分であり，「Aは都市部にあるから，農村部のBのような取り組みはできない」と決めつけるのではなく，「AとBは地域特性が異なるから，同じような問題でもそれぞれに取り組みを検討する必要がある」と理解できます。

5 地域特性をどのようにとらえるか

地域特性に応じた地域福祉の展開に向けて，多様で複雑な地域特性をどのようにとらえればよいでしょうか。

はじめに，ミクロレベルでの地域特性の理解です。ここでは，地域システム内の人がどのような生活状況にあるか，地域システム内の人や組織・団体，物理的な環境（地形や気候など）が相互にどのように関係しているかを把握します。たとえば，人の居住形態（戸建て，集合住宅など）や暮らし向き（経済状況），国籍，年齢，ボランティア活動への参加，生活への満足度，人口の流動性等の傾向，人と人のつながり方（地域内の組織・団体の作り方，地域住民組織の組織率，組織への所属状況など）や受け入れ方（転入者や地域で暮らす外国人との関係など）の特徴，人と学校や病院，福祉施設等との関係，地域住民組織内の権力構造（リーダーシップのあり方，組織における人間関係，政治的状況）などが把握の視点としてあげられます。

次に，メゾレベルでの地域特性の理解です。ここでは，地域システム内にある組織・団体および施設・機関はどのような状態にあるか，相互にどのように関係しあっているかを把握します。たとえば，地域住民組織や社会福祉法人，NPO法人等の組織・団体，役所，学校，病院，福祉施設等の施設・機関の種類や数，地域での活動状況，組織・団体内で運用されているルール，組織間のネットワークおよび権力構造などが把握の視点としてあげられます。

最後に，マクロレベルでの地域特性の理解です。地域システム外にある組織や団体および他の地域システムはどのような状態にあるのか，これらが地域システム内の団体・組織との間で相互にどのように関係しあっているか，地域システム外にある組織や団体，他の地域システムとの間で相互にどのように関係

> 1 ミクロ・メゾ・マクロレベル
> ミクロレベルは個人や家族などの行動や人・環境との関係性，メゾレベルは公式集団や組織とその相互作用，マクロレベルはコミュニティや社会が位置づけられる。

しあっているかを把握します。たとえば、地域システム全体に影響を与えるようなルールや慣習、文化、価値観、近隣の地域システムが有する資源の状況、地域システム外にある組織や団体の資源提供可能性および各組織・団体の活動状況、各組織・団体が有する提供可能な資源の種類や数、地域システム外にある組織や団体のネットワーク状況を把握します。また、マクロレベルでの地域特性の把握において、多くの地域システムに影響をおよぼすような政治的・政策的な影響力も無視できません。たとえば、自治体の相談支援体制や専門的人材の配置状況およびフォーマルサービスや生活保護制度等の運用方針、首長や議会の関心や考え方などがあげられます。

また、ミクロ・メゾ・マクロの各レベルは切り離された関係ではなく、相互に重なり合い、影響し合う関係にあります。

地域特性を理解するうえで、地域システムの成り立ちや現在のあり方と関係している歴史的な背景の影響を忘れてはいけません。その地域システムを構成する人が経験した個別的な出来事の他、地域システムが特別に経験し、その地域システム全体に影響を与えるような歴史的な出来事、地域システムとその周辺に共通して影響を与えるような環境的・社会的に起きた歴史的な出来事があります。地域で起きた災害や事件などが例としてあげられます。地域住民組織の成り立ちや活動のきっかけ、住民間の分断や防災訓練への地域住民の参加状況の背景、周辺の地域との協力関係や対立関係の背景を知ることができます。

6 地域特性を「とらえること」による地域福祉の展開

地域福祉の展開とは、地域が誰もがともに暮らせる場となるよう、ミクロ・メゾ・マクロレベルでの変化を促すことです。地域特性をとらえることで、どのように働きかけるのが効果的なのかを具体的に考えることができます。

地域住民同士が支え合うための組織づくりや地域の変化を促すためのイベントの開催、地域住民がともに暮らしていくために大事なことの理解を拡げるキャンペーンなどを展開する際に、地域の誰に声をかければ人が集まるのか、どのようなテーマで働きかければ地域住民の関心を高めることができるか、どのような価値をつなげて共感を生み出すことができるのか、誰と一緒に活動すれば地域住民が変化する可能性が高まるのか、理解が広がるのか、持ちうる力が発揮されるのか、などを把握できます。団体間のネットワークを作る場合にはどのような順序で団体に声をかけていけばいいかなどを考える根拠にもなります。このように地域特性をミクロ・メゾ・マクロレベルで持ちうる地域の強みとしてとらえることができれば、この強みを発見したり、生み出したり、また、つなげたり、強めたりして、活用するアイディアやしくみを考えることで地域の力が高まり、地域特性に応じた地域福祉の展開が期待できます。　（渡辺裕一）

Ⅳ 地域福祉の政策展開

 地域福祉と生活困窮者自立支援

▷1 被保護世帯人員・保護率とも、1995年の約60万2,000世帯、0.7%を底として、2015年3月まで一貫して上昇し、その後、減少に転じるものの2017年（4月）には163万7,405世帯、1.68%となっている。

▷2 職業受講給付金
国が基金を造成して創設された緊急人材育成支援事業により、雇用保険受給資格のない求職者が無料で職業訓練を受講できる「基金訓練」と、訓練受講中の生活を支える「訓練・生活支援給付」の両制度が開始され、2011年の求職者支援制度として制度化された。

▷3 住宅支援給付
離職者で住宅を喪う、またはその恐れがある人に対し、賃貸住宅の家賃額を補助する制度として2013年までの時限措置として実施され、生活困窮者自立支援制度の居住確保給付金として制度化された。

▷4 総合支援資金貸付制度
都道府県社会福祉協議会を実施主体として、市町村社会福祉協議会が窓口となって行っている生活福祉資金の新たな類型として創設された。生活再建までの間に必要な生活費などを貸しつける制度。

▷5 求職者支援制度
雇用保険を受給できない求職者に対し、訓練を受講す

 背 景

生活困窮者自立支援制度が創設された背景には、家族構造やグローバル化による雇用環境の変化によって、稼働年齢層を含めた生活困窮者の増加が顕著になってきたことがあげられます。実際に、働いているにもかかわらず生活に困窮するワーキングプアの問題や、ニートや引きこもり、ホームレスといった社会的排除の問題に対して、社会保障や縦割りの福祉制度は十分対応できず、結果として、生活保護受給者が増加しています。

こうした問題に対して、国も様々な施策を打ち出してきました。2009年10月には、ワーキングプアを対象とした「住居を失った離職者を支援する新しいセーフティネット」（第二のセーフティネット）施策が、**職業受講給付金**、**住宅支援給付**、**総合支援資金貸付制度**を通して実施されました。2011年には**求職者支援制度**が施行され、2012年には10年間の時限立法として2003年に成立した**ホームレス自立支援法**の期間が5年間延長されました。こうした中で、総合的な生活困窮者支援を生活保護の見直しと一体的に議論するため、2012年4月に「生活困窮者の生活支援の在り方に関する特別部会」が社会保障審議会に設置され、翌2013年1月には報告書がまとめられました。この内容を踏まえ、2013年12月に生活困窮者自立支援法が成立し、2015年4月に施行されることになりました。

 制度の概要

生活困窮者自立支援制度は、第一のセーフティネット（社会保険）と第三のセーフティネット（生活保護制度）との間の第二のセーフティネットとして位置づけられています。すなわち、生活保護に至る手前にセーフティネットを張り、貧困を未然に防止するという役割が期待されています。そのため、生活困窮者自立支援制度の対象となるのは、「現に経済的に困窮し、最低限度の生活を維持することができなくなる恐れのあるもの」（法第2条）と規定されています。しかしながら、生活困窮者の多くは、複合的な生活課題を抱えて様々なつながりから排除されており、経済的課題のみに対応しても解決には至らないことが立法の過程でも指摘されてきました。国は、「生活困窮者支援を通じた地域づくりも目標の一つであり、孤立状態の解消などにも配慮することが重要」であり、「複合的な課題を抱える生活困窮者を幅広く受け止める」としており、

経済的困窮だけでなく，社会的に孤立している人を含めた幅広い支援対象を設定していると考える必要があります。つまり，本制度は，生活困窮が，社会的孤立に起因する複合的な問題であり，それを包括的に受け止める相談支援のあり方と同時に地域福祉の課題でもあることを提起しているといえます。

生活困窮者自立支援制度の全体像は，図Ⅳ-2のとおりです。まず，福祉事務所を設置している自治体は，生活困窮者自立相談支援事業と離職により住居を失った生活困窮者等に対して家賃相当の住宅確保給付金の支給を必須事業として行わなければなりません。自立相談支援機関は，「生活困窮者からの相談に応じ，必要な情報の提供や助言等を行い，認定就労訓練事業の利用のあっせん，プランの作成等の支援を包括的に行う」こととされており，主任相談支援員，相談支援員，就労支援員の三職種を配置することが基本とされています。また，住宅確保給付金については，3か月を基本とし，一定の条件を満たす対象者に対して住宅扶助基準額を上限とした家賃額が支給されます。さらに，これらの必須事業に加え，就労準備支援事業，一時生活支援事業，家計相談支援事業，学習支援事業といった任意事業を行うことができます。

支援員による具体的な支援は，①社会的孤立を含めた「生活のしづらさ」に焦点を当てた支援，②早期発見・早期対応によって深刻な事態に陥ることを未然に防ぐ予防的アプローチ，③専門職が地域に出向くアウトリーチ機能の推進，④一人ひとりにあわせた伴走型支援，⑤「出口」は，就労支援の強化だけでなく，一般就労に至るまでの中間的就労の場づくりといった社会資源の創出，⑥自立相談支援機関だけでなく，当事者，地域住民，多様な専門職等がネットワークを構築して行う協働といった点に留意して行うことが必要です。（永田　祐）

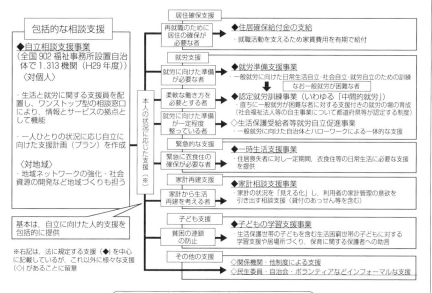

図Ⅳ-2　生活困窮者自立支援制度の概要

出所：厚生労働省社会・援護局地域福祉課生活困窮者自立支援室（2015）「生活困窮者自立支援制度について」より筆者作成。

▷6　ホームレス自立支援法
ホームレスの自立の支援等に関する施策の目標を明示するとともに，国および地方公共団体の責務として，施策の策定および実施を位置づけた法律。2017年には2027年までさらに10年間延長することが決定された。

▷7　社会保障制度審議会（2013）「生活困窮者の生活支援のあり方に関する特別部会　最終報告書」。

▷8　特別部会の最終報告は，以下のように述べて社会的孤立の解消と地域づくりが生活困窮者自立支援制度の重要な基盤となることを指摘している。「生活困窮者が孤立化し自分に価値を見出せないでいる限り，主体的な参加へ向かうことは難しい。（中略）新たな生活支援体系は，地域社会の住民をはじめとする様々な人々と資源を束ね，孤立している人々が地域社会の一員として尊ばれ，多様なつながりを再生・創造できることを目指す。」（社会保障制度審議会（2013）「生活困窮者の生活支援のあり方に関する特別部会最終報告書」）。

▷9　厚生労働省社会・援護局地域福祉課生活困窮者自立支援室（2015）「生活困窮者自立支援制度について」。

▷10　岩間伸之（2013）「新たな生活困窮者自立支援制度の理念と方法　地域を基盤とした『総合相談』の展開」『日本の地域福祉』第27巻，23-26。

Ⅳ 地域福祉の政策展開

 地域福祉と地域生活移行

1 「地域移行」のもつ意味

「地域移行」について，**障がい者制度改革推進会議**総合福祉部会における「地域移行検討作業チーム」の報告では，「『地域移行』のもつ意味は，単に住まいを施設や病院から移すことではなく，障害者個々人が市民として，自ら選んだ住まいで安心して，自分らしい暮らしを実現することである」とし，「すべての障害者が，障害の程度や状況，支援の量等に関わらず，地域移行の対象となる」としています。そこには，「地域移行」が，住まいを施設や病院から地域に移すことのみではなく，家族との同居から独立し，自分の住まいを設けることも含み捉える必要があることを意味しています（同第15回報告，2011年6月23日）。

2 「地域移行」に関する法制度の経緯と現行制度

「地域移行」が必要視された背景には，わが国の障害者に対する優生思想や治安を優先する社会防衛思想があり，障害者の生活全般の世話を家制度のもとで家族に責任転嫁してきた歴史があります。そのことが障害者に対する強制不妊手術や私宅監置（座敷牢）といった倫理的な問題を招いてきました。戦後，欧米では脱施設化やノーマライゼーションの思想の具現化としてコミュニティケアが展開されてきましたが，わが国では家族介護の限界から，その代替機能や安全網の確保という家族の希望を追い風として，知的障害者をはじめとする入所施設の増大，民間の精神科病院の病床数の増加がみられました。

このような施設や病院への収容・保護が主流だった障害者施策に影響を与えたのが，「完全参加と平等」をテーマとした国際障害者年（1981年）であり，続く障害者に関する世界行動計画（1982年）および国連・障害者の十年でした。1990年の福祉八法の改正では，身体障害者福祉法や知的障害者福祉法に在宅福祉サービスが法定化され，3年後の障害者基本法の成立によって精神障害者が「障害者」と法的に位置づけられるようになり，1995年に精神保健および精神障害者の福祉に関する法律が成立しました。その一方で，入所施設や精神科病院の職員による入所者や入院者への人権侵害ともいえる事件が相次いで表面化されました。

その一つが，1993年に起きた**大和川病院事件**であり，これを機に精神科病院における「社会的入院」の課題がクローズアップされました。その対応策として，2000年から大阪府の単独事業として開始された「社会的入院解消研究事

▷1 障がい者制度改革推進会議
2009年内閣府に障がい者制度改革推進本部が設置され，障害者施策の総合的かつ効果的な推進を図ることを目的として開催された会議。

▷2 大和川病院事件
1993年に大阪府にある大和川病院に入院中の患者が職員によって暴行を受け，搬送先の病院で死亡するという事件。その後，本事件は裁判となるが，医師・看護師数の不足，資格の持たない職員による医療行為，看護師による死亡診断書の記入，病名ごとの一律な投薬の指示，身体拘束の常態化が明らかになった。

▷3 障害福祉計画
障害者総合支援法に基づく行政計画であり，障害者自立支援法の成立時（2006年）に新設された。都道府県と市町村には，3年ごとに，障害福祉サービスに関する提供体制の確保，その他の業務の円滑な実施に関する計画策定が義務付けられた。

▷4 のぞみの園
国立重度知的障害者総合施設。1971年に重度の知的障害者等を終生保護するために開設された。2003年より独立行政法人になり，知的障害者等の福祉の向上を目指して，その者等の自立支援と調査・研究，支援者の

業」が2003年度から国事業の「精神障害者退院促進支援事業」となり，その後「精神障害者地域移行支援特別対策事業」(2008年)，「精神障害者地域移行・地域定着支援事業」(2010年)と改称されながら展開してきました。そして，2012年に成立した障害者総合支援法の「地域相談支援」に組み込まれ，個別給付となりました。これによって，国は障害種別に関係なく，地域移行支援と地域定着支援を法定施策として，**障害福祉計画**を策定し実施することになりました。

現在の地域移行支援の対象者は，①障害者支援施設，**のぞみの園**又は療育介護を行う病院に入所している障害者，②精神科病院に入院している精神障害者，③救護施設又は更生施設に入所している障害者，④刑事施設（刑務所，少年刑務所，拘置所），少年院に収容されている障害者，⑤更生保護施設に入所している障害者又は自立更生促進センター，就業支援センター若しくは自立準備ホームに宿泊している障害者，です。その内容は，①地域移行支援計画の作成，②住居の確保，③地域における生活に移行するための活動に関する相談，④外出の際の同行，⑤障害福祉サービスの体験的な利用支援・宿泊支援，その他の必要な支援があります。

地域定着支援の対象者は，①居宅において，単身であるため緊急時の支援が見込めない状況にある障害者，②同居の家族等が障害，疾病等のため，緊急時の支援が見込めない状況にある障害者です。主な内容は，①常時の連絡体制の確保，②緊急時の相談とその対応，③地域定着支援台帳の作成となります。

③ 地域福祉と地域生活移行に関する課題

「地域移行」支援とは，入所施設や精神科病院への収容・保護により社会から排除された障害者本人が，もう一度社会の一員として社会参加していく形の具現化を意味します。「地域移行」に係る数値目標は，都道府県・市町村に義務づけられており，現在は第6期障害福祉計画（2021-2023年）の策定時期にあたります。計画の重点目標のなかに，①施設入所者の地域生活への移行，②精神障害にも対応した地域ケアシステムの構築がありますが，入所者や入院者の高齢化や重症化等により，その目標値は前期より低いものとなっています。このことをふまえると，地域移行の推進には，地域共生社会の理念に基づき，施設入所者や入院者のニーズの掘り起こしと，地域福祉の理念に基づく行政計画の策定が必要といえます。前者は，高齢化・重症化によって意思決定が困難な利用者の声をいかに障害福祉計画に反映するのかが問われ，個別化に基づくニーズ調査や政策決定過程における当事者の参画などが不可欠といえます。後者は，地域福祉計画で設定するサービス基盤整備の目標設定の根拠となる障害福祉計画の目標の設定にあたり，国・都道府県・市町村の各計画，医療・介護・障害福祉等の各計画を地域住民ニーズに応じた複層化された計画（上乗せ・横出し）に基づく地域包括システムの構築が必要といえます。　　（栄セツコ）

養成・研修を総合的に行っている。

◁5　2021年度から2023年度は第6期障害福祉計画及び第2期障害児福祉計画にあたる。国が示す基本指針の主なポイントにおいて，①施設入所者の地域生活への移行，②精神障害にも対応した地域包括ケアシステムの構築，③地域生活支援拠点等が有する機能の充実，④福祉施設から一般就労への移行等，⑤障害児支援の提供体制の整備等，⑥相談支援体制の充実・強化等，⑦障害福祉サービス等の質の向上については計画最終年度（令和5年度）に達成すべき数値目標が掲げられている。

◁6　第6期障害福祉計画の施設入所者の地域生活への移行において，地域移行者数を令和元年度末施設入所者の6%以上，施設入所者数の削減を1.6%以上とする数値目標が掲げられた。

◁7　精神障害にも対応した地域包括ケアシステムの構築において，保健・医療・福祉関係者による協議の場（各圏域，各市町村）の設置を基本として成果目標が設定された。それにより都道府県は，精神病床の1年以上入院患者数10.6万人から12.3万人に，退院率を入院後3か月で69%以上，入院後6か月で80%以上，入院後1年で92%以上とされた。これらを「入院中の精神障害者の地域生活への移行数」に換算することが規定された。

Ⅳ　地域福祉の政策展開

6　地域福祉と共生型サービス

1　「共生型サービス」とは

　2018年度の制度改正により，介護保険と障害福祉の両方の制度に新たに「共生型サービス」が位置づけられました。これまで障害福祉サービスを利用していた障害者は，65歳になると介護保険の利用を優先するため（介護保険優先の原則），使い慣れたサービスを利用できないという課題がありました。この制度化によって，介護保険か障害福祉のどちらかの指定を受けている事業所が，もう一方の制度の指定も受けやすくなり，高齢者と障害者や障害児が同一の事業所でサービスを受けられるようになりました。

　「共生型」と呼ばれるサービスやケア実践には，多様な系譜や物語があり，今回の制度化は，「共生型サービス」がもつ特徴の一側面に過ぎません。ここでは，「共生型サービス」を「高齢者，障害者，児童といった制度の対象の枠を超えた横断型の利用により，多様な関係性が営まれる介護サービスの総称」と定義し，以下では，さまざまな実践やそれを支援する制度を含めて，地域福祉として発展してきた多様な「共生型サービス」について解説を行います。

2　「共生型サービス」のはじまり――「富山型デイサービス」

　「共生型サービス」として，最も有名な実践は1993年に富山市で開設されたデイケアハウス「このゆびとーまれ」です。民間の自発的な取組みとして，地域の民家等を活用して当時行き場のなかった認知症高齢者を受け入れていた「**宅老所**」の一つです。「だれもが，地域で，ともに暮らす」という理念のもと，地域のニーズに応え「断らない」実践を続けた結果，高齢者や子ども，知的障害や身体障害を持った方など，多様な利用者が集う場が形成されていきました。

　また，多くの宅老所実践がそうであったのと同様に，身近な地域にある小規模な拠点でありながら，日中の通いの場（デイサービス）だけでなく，泊まり（ショートステイ）や住まい（グループホーム）といった多機能性を備え，看取りを含む，地域生活支援を展開しています。

　その後，富山市や県などの**単独事業**による支援もあり，同様のデイサービスが県内に普及したことから，「富山型デイサービス」と呼ばれるようになりました。富山県下には，2017年時点で126か所の実践があり，実践者のネットワークが組織化され，隔年で「地域共生ホーム全国セミナー」も開催されています。

▶1　**宅老所**
1980年代から始まった民間の自発的なデイサービスなどの取組み。民家等を活用して，認知症高齢者を預かり日中の通いや夜間の泊まり，自宅への訪問等を行ってきた。小規模多機能型居宅介護の原型となっている。

▶2　**単独事業**
都道府県や市町村行政が国の制度にはない事業を，独自の予算をつけて実施するもの。国の制度では解決できない，地域の課題に応じたモデル的な実践を整備・育成することを目的としている。

③ 「共生型サービス」の広がりと政策化

富山県で広がった共生型サービスは、2000年以降、他県や国の政策にも取り入れられ、多様な広がりをみせます。都道府県では、長野県の「宅幼老所」、熊本県の「地域の縁がわ」、佐賀県の「地域共生ステーション」、高知県の「あったかふれあいセンター」などがあげられます。そのなかで、「富山型デイサービス」や「宅幼老所」のように、高齢者や障害者らが通いの場で一緒に過ごすというケア機能を重視した拠点整備を進める「場の共生」から、熊本県「地域の縁がわ」や高知県「あったかふれあいセンター」のように、誰もが来られる拠点を中心に、広く地域住民等の参加を得て、地域での支え合いへの広がりを展望する「地域共生」へと発展がみられます。さらに富山県や熊本県では、障害者の就労の場としても機能するなど、サービスを受けるだけではない共生の形が広がっています。それらは県の地域福祉推進計画や市町村地域福祉計画に位置付けられ、地域福祉推進のプログラムとなっています。

こうした都道府県の動きを受けて、国も「共生型サービス」の制度化に至る間に、時限的ではありますが「フレキシブル支援センター」(2009年) や「多世代交流・多機能型福祉拠点」(2015年)、「富山型福祉サービス推進特区」等の**特区の全国展開**など制度化を進めてきました。その結果、2017年時点で全国に約1,740か所の共生型サービスが確認されています（富山県調べ）。

④ 地域福祉としての「共生型サービス」の課題と展望

平野隆之は、「このゆびとーまれ」の研究から、「共生型ケア」を、「①地域のなかで当たり前に暮らすための小規模な居場所を提供し、②利用の求めに対しては高齢者、子ども、障がい者という対象上の制約を与えることなく、③その場で展開される多様な人間関係をともに生きる、という新たなコミュニティとして形づくる営み」と定義しています。「多様な人間関係をともに生きるという新たなコミュニティ」とは、サービスを提供する側と受ける側の関係性を超えて、その場に主体的に参加することであり、一人ひとりの役割の創出といい換えることができます。そこにより広く地域住民も参加することで、国が目指す「地域共生社会」を具現化することができるのではないでしょうか。

2018年の国の制度化は、障害者がこれまでのサービスを継続して利用できるという非常に狭義の目的として提示されていますが、その背景には、多様で、豊かな実践とそれを支援してきた制度があり、「ともに生きる」という地域福祉の理念のうえに成り立っているということが重要なポイントとなります。そのサービスの質を担保するためには、住民に身近な地域の小規模な拠点と、「利用の求めに対して」とあるように、実践者が利用者一人ひとりや地域のニーズと真摯に向き合うことが求められています。

（奥田佑子）

▷3 奥田佑子・平野隆之・榊原美紀 (2012)「共生型プログラムの新たな動向と都道府県における地域福祉政策—全国都道府県調査都熊本県・高知県の比較から」『日本の地域福祉』25。

▷4 特区の全国展開
特区とは、地区を限定して規制緩和を行うことで事業の活性化等を図る取り組みで、介護保険サービスを障害者が利用する等の規制緩和が富山県で取り組まれたあと、全国でも実施が可能となっている。

▷5 平野隆之編 (2005)『共生ケアの営みと支援 富山型「このゆびとーまれ」の調査から』NPO法人全国コミュニティライフサポートセンター。

(参考文献)
惣万佳代子 (2002)『笑顔の大家族このゆびとーまれ——「富山型デイサービス」の日々』水書坊。
共生型サービスの魅力が伝わる1冊。ケアの場で展開される関係の豊かさと実践者の情熱にふれてください。

Ⅳ　地域福祉の政策展開

 地域福祉と居住支援

▷1　救護施設
身体上又は精神上著しい障害があるために日常生活を営むことが困難な要保護者を入所させて，生活扶助を行うことを目的とする施設。

▷2　更生施設
身体上又は精神上の理由により養護および生活指導を必要とする要保護者を入所させて，生活扶助を行うことを目的とする施設。

▷3　宿所提供施設
住居のない要保護者の世帯に対して，住宅扶助を行うことを目的とする施設。

▷4　無料低額宿泊所
社会福祉法第2種社会福祉事業。生計困難者のための，無料又は低額な料金で，簡易住宅を貸しつけ，又は宿泊所その他の施設を利用させる事業。

▷5　母子生活支援施設
児童福祉法に位置づけられた施設。配偶者のない女子又はこれに準ずる事情にある女子およびその者の監護すべき児童を入所させて，これらの者を保護するとともに，これらの者の自立の促進のためにその生活を支援し，あわせて退所した者について相談その他の援助を行うことを目的とする施設。

▷6　住宅確保要配慮者に対する賃貸住宅の供給の促進に関する法律
2007年に制定された。この

「居住」という言葉には，「住まいを確保する」ということと，「その住まいに住み続ける」という意味があります。住まいを得て，住み続けることは，当たり前にできるように思えて，大変困難なことでもあるのです。生活にさまざまな問題を抱える人々は，居住のために多様な支援を必要としています。ここでは，主に生活困窮者の居住に焦点を当てて，地域福祉との関係を考えてみたいと思います。

生活困窮者の居住

戦後，日本は，労働者には公営住宅，中間層には公団住宅や公社住宅と所得階層ごとの住宅政策を展開してきました。しかし，生活困窮者に対しては社会福祉で対応するとして，住宅政策の対象から外してきた経緯があります。そのため，生活困窮者の居住は，社会福祉政策のなかで対応され，社会福祉施設の入所と生活保護制度の住宅扶助として具体化されてきました。

生活保護法関連施設のうち居住に関連するものには，**救護施設**▷1，**更生施設**▷2，**宿所提供施設**▷3などがあり，社会福祉法に定められた**無料低額宿泊所**▷4があります。母子世帯には，**母子生活支援施設**▷5があるなど，各対象者別に社会福祉政策として用意されてきました。社会福祉施設はもちろん必要なものではありますが，施設は住まいといえるかという課題があります。居住面積だけを見ても，無料低額宿泊所は一人当たり7.43 m^2，救護施設や更生施設は3.3 m^{2}と極小です。

また，ネットカフェ，サウナなど住まいとは呼べないような場所に住んでいる人もいますし，路上生活を送るホームレスとなる人もいます。こうした居住に困る人を狙った貧困ビジネスの台頭も大きな社会問題となっています。

地域包括ケアシステムにおいては，「住まい」が要として提示されています。このこと自体は大変重要な指摘です。国が示す地域包括ケアシステムでは，「住まい」として，「自宅」と「サービス付き高齢者向け住宅」が例示されていますが，生活困窮者のなかには，その「自宅」が確保できない人が少なくありません。

このような問題が起きてくる背景には，人間らしい居住を提供するという公的な保障としての政策が不十分ということがあります。

❷ 「住宅セーフティネット制度」で求められていること

　生活困窮の高齢者や障害者，母子世帯，外国人などの居住問題が顕著となったことを受け，2007年には「**住宅確保要配慮者に対する賃貸住宅の供給の促進に関する法律**[6]」が制定されました。また，2017年には，この法律を一部改正し，「住宅確保要配慮者に対する賃貸住宅の供給の促進に関する法律の一部を改正する法律」が施行されました。本法律に基づく制度は，**新たな住宅セーフティネット制度**[7]と称されています。

　こうした法律・制度において，住まいの確保が困難な人々を「住宅確保要配慮者」と呼んで，民間賃貸住宅への円滑な入居を促進しようとしています。具体的には，「住宅確保要配慮者」の入居を拒否しない「登録住宅」や専用住宅（改修費補助，低所得者の家賃低廉化）の設置を促進するほか，各自治体において居住支援協議会の設置を求めています。

　なかでも「新たな住宅セーフティネット制度」において新しく設定された居住支援法人は，住まいの確保から居住の安定に至るまで利用者をサポートする機能を持つことが期待されています。この実施主体は，企業，社会福祉法人，NPO法人など幅広く認められています。しかし，2018年の現在では，まだ参入する主体は少なく，果たしている機能も一部の見守りにとどまっている場合もあるなど課題が残されています。

❸ 居住支援の内容

　「住まいを確保する」ことと，「住まいで住み続ける」ということは，実は，切り離せないことなのです。大家や不動産会社が，「住み続ける」ことが困難と思われるような入居者に対して，住まいを提供することは難しいことです。何らかの生活支援が必要な高齢者や障害者には，彼らをサポートし続ける支援者が必要です。「入居前支援」として，「住宅確保要配慮者」に理解のある大家や不動産会社を開拓することです。「入居時支援」では「**家賃債務保証**[8]会社・**保証人代行**[9]の紹介」，「契約手続きの際の立ち合い」，「緊急時の連絡先の引き受け」等，「入居後支援」では，「相談相手」，「定期的な安否確認」，「家賃の支払い管理」，「トラブル時への対応」，「就労支援」などが必要です。「住宅確保要配慮者」のなかには，失業や住まいの喪失などの結果，サポートネットワークを喪失している人も少なくないことから，彼らの「居場所づくり」や「互助組織の形成」なども，居住の安定のためには重要な居住支援なのです。[10]

　住まいを確保することや住み続けることは，自助だけではなく，多くの支援が必要です。特に福祉的な支援が不可欠であるといってよいでしょう。また，支援団体のみがサポートするのではなく，互いに助け合う関係性がある地域社会をつくっていくことが広い意味での居住支援といえます。

（山本美香）

法律は，公的賃貸住宅の供給の促進，民間賃貸住宅への円滑な入居の促進などを目的とした。

▶7　新たな住宅セーフティネット制度
空き家等を住宅確保要配慮者を拒まない賃貸住宅として都道府県に登録することや，居住支援法人を都道府県が指定し，同法人による登録住宅の情報提供，入居相談，その他の援助などを行うことなどが制度化されている。

▶8　家賃債務保証
民間賃貸住宅に入居を希望する人が，賃貸住宅契約を結ぶ際に，保証会社が借主の連帯保証人に近い役割を果たす制度。借主が契約期間中に家賃滞納をした場合には，保証会社が一定の範囲内で立て替える。

▶9　保証人代行
通常，民間賃貸住宅を借りる場合には，連帯保証人を必要とする。この連帯保証人が得られない場合，保証会社などを利用して賃貸物件を借りることができる。

▶10　山本美香（2016）「生活困窮者に『住まい・生活支援・就労支援』を提供する民間支援団体に関する研究――首都圏の7団体における『住まいの確保』支援の実態」『日本の地域福祉』第29巻，107-119。

(参考文献)
　稲葉剛・小川芳範・森川すいめい（2018）『ハウジングファースト　住まいからはじまる支援の可能性』山吹出版。
　住まいを失った人には施設ではなく，まず住まいを！　適切な住まいが本人の自立に重要であることを，支援の現場での具体的な事例を交えて説く。

Ⅳ 地域福祉の政策展開

地域福祉と権利擁護

▷1 世界人権宣言
人権および自由の尊重を確保するためにすべての人と国が達成すべき共通の基準を宣言したもの。1948年12月10日に第3回国連総会において採択された。なお、国際人権規約は、世界人権宣言で規定された権利に法的拘束力を持たせるために条約化されたもの。

▷2 子どもの権利条約
⇨Ⅷ-1 参照。

▷3 国連障害者権利条約（障害者の権利に関する条約）
障害者の人権や基本的自由の享有を確保し、障害者の固有の尊厳の尊重を促進するため、障害者の権利の実現のための措置等を規定したもの。市民的・政治的権利、教育・保健・労働・雇用の権利、社会保障、余暇活動へのアクセスなど、さまざまな分野における取り組みを求めている。2006年12月に国連で採択された。日本は、2007年9月28日に署名し、2014年1月20日に批准、同年2月19日に発効した。

▷4 成年後見制度の利用促進に関する法律
成年後見制度の利用促進に係る基本理念と国の責務等、基本方針その他基本事項を定めたもの。2016年4月15日に公布され、同年5月13日に施行された。

1 権利擁護は地域福祉の重要課題

　権利擁護の目指すところは、誰もがごく当たり前に、一人の人として尊厳が尊重され、安心して生活することができ、社会に参加し活動を行い、自己実現できる機会を保障する地域や社会をつくることです。**世界人権宣言**や**子どもの権利条約**、**国連障害者権利条約**などにおいても定められているように、あらゆる人は、年齢や性別、国籍等関係なく、かけがえのない人として尊重される権利を有しています。この権利が保障されるための地域や社会づくりが求められています。しかしながら、社会には、人々の権利が侵害されてしまうような状況が存在しています。経済的困窮、ホームレス、虐待や消費者被害、判断能力が不十分な人たちの金銭管理の問題、地域や社会のなかで生じる偏見や差別、社会への参加を阻む社会的排除などです。権利擁護の目指すところは、地域福祉が目指すところであり、一人ひとりの権利を脅かす問題に対してどのように解決していくのかは、地域福祉の推進において大きな課題であるといえます。

2 地域のなかに権利擁護支援のしくみをつくる

　経済的な困窮、虐待、消費者被害などの私たちの生命や生活を脅かす問題に立ち向かうため、権利擁護を目的としたさまざまな支援が推進されています。そのなかの一つに、近年では、判断能力が不十分な人たちへの権利擁護支援のしくみを地域のなかにつくっていくことが求められるようになりました。

　これは、**成年後見制度の利用促進に関する法律**（以下「促進法」）の成立に基づくものです。成年後見制度の利用に関しては、手続きが煩雑であることや、利用することへのメリットがわからないなどの声があげられていました。単身世帯の増加や認知症高齢者の増加が予想されるなか、財産管理や日常生活に係る契約等の行為といった成年後見人等が提供するような支援は今後、必要になってくるといえます。そこで、促進法では、成年後見制度を必要とする人が利用できるように、さまざまな課題に取り組むことを掲げています。そして、具体的に推進するために、**成年後見制度利用促進基本計画**を策定しました。そのなかで、全国どこに暮らしていても、成年後見制度が必要な人は利用できるよう、地域連携ネットワークの構築を図ることを掲げました。

③ 成年後見制度の利用を支える地域連携ネットワーク

　地域連携ネットワークとは，全国どこにいても成年後見制度を必要とする人が利用できるよう，各地域に相談窓口を整備するとともに，権利擁護を目的とした支援を必要とする人を早期に発見・支援し，地域の関係機関とともに連携して取り組むしくみのことをいいます。地域連携ネットワークの基本的なしくみには，①本人を成年後見人等とともに支える「チーム」による対応と，②地域における「協議会」という2つがあるとされています。

　①「チーム」による対応では，たとえば親族が成年後見人等であるとき，孤立した状況で本人に対する後見活動を行ったり，第三者の目が届きにくいことから不正が起きるということがありました。チームによる対応では，本人への支援は当然のことながら，成年後見人等への支援も視野に入れています。また**意思決定支援**の考え方が取り入れられ，チームによって本人の意思を尊重した権利擁護の支援の実現を目指すことが求められています。

　②地域における「協議会」では，地域包括支援センターや社会福祉協議会，地域関係団体，弁護士会，司法書士会，社会福祉士会等，金融機関，家庭裁判所などの各種関係団体が集まり，地域課題の検討・調整・連携強化を協議するとされています。この「協議会」の事務局機能を担う組織として，中核機関が位置づけられ，成年後見制度のしくみや相談窓口などの広報・啓発，地域のなかで必要となった権利擁護支援のために形成されたチームに対して，弁護士等の専門職を派遣し，チームによる支援をバックアップするとなっています。

④ 地域のなかに権利擁護の意識を醸成する

　判断能力が不十分な人たちだけでなく，子どもや障害のある人，その他，さまざまな問題と直面している人たちに対してもさまざまな権利擁護のしくみがつくられています。たとえば，要保護児童対策地域協議会や地域自立支援協議会などのネットワークなどです。しかしながら，こうしたネットワークはつくられるだけではうまく機能しません。地域住民，支援機関・組織等あらゆる人たちが，一人ひとりがかけがえのない尊厳をもった存在であることを尊重するという意識を持つことが何よりも大事です。この意識があってこそ，権利擁護のしくみは機能します。したがって，地域福祉の取り組みにおいて，権利擁護の意識を地域のなかで醸成していくことも極めて重要となります。

（鵜浦直子）

▶5　成年後見制度利用促進基本計画
成年後見制度の利用の促進に関する施策を総合的かつ計画的に推進することを目的に国が定めたもの。この基本計画に基づき，都道府県，市町村においても成年後見制度利用促進計画が策定される。成年後見制度の利用に関してメリットを実感できる制度運用，権利擁護支援の地域連携ネットワークの構築，不正防止の徹底等の施策に関して検討する旨が定められている。

▶6　意思決定支援
自ら意思を決定することに困難を抱える人たちであっても，自らの意思が反映された日常生活や社会生活を送ることができるよう，可能な限りその意思を決定できるよう支援すること。日本では，「障害福祉サービス等の提供に係る意思決定支援ガイドライン」「認知症の人の日常生活・社会生活における意思決定支援ガイドライン」，後見人等が本人の特性に応じて意思決定支援に取り組むための指針として「意思決定支援を踏まえた後見事務のガイドライン」がある。

（参考文献）
　特定非営利活動法人PASネット編（2009）『権利擁護で暮らしを支える』ミネルヴァ書房。
　高齢者や障害者，災害時の支援などに対して，成年後見制度をはじめとした制度を駆使しながら，本人を中心に様々な専門職がネットワークを形成しながら展開した実践が理解できる。

Ⅴ 地域福祉の推進方法

 地域福祉の方法

 地域福祉の2つの機能と専門性

　地域福祉には，大きくは2つの機能があります。1つは地域を生活の舞台として，そこで暮らす住民の生活を支援し，より豊かにしていくという「くらしをまもる機能」です。もう1つは生活の舞台としての地域社会そのものに働きかけて，より暮らしていきやすい地域に変えていくという「つながりをつくる（地域を変える）機能」です。ともに地域住民がその中核にあります。[*1]

▷1 ⇨ Ⅰ-2 参照。

　それを専門性という観点から整理すると，図Ⅰ-1（6頁）のように前者は相談支援をベースとした個別支援，後者はコミュニティづくりをベースとした地域支援（コミュニティワーク，コミュニティオーガナイジング）になります。

2 地域福祉の推進方法としての支援の類型化

　地域福祉にはさまざまなアクター（ひと，機関，団体）が関わっているので，地域福祉の推進方法についても，推進しようとする主体が社会福祉協議会の地区担当職員（コミュニティワーカー）なのか，行政の地域福祉計画策定や評価の担当者なのか，地域でサロン活動をしているボランティアなのかということなどで違いがあり，一概にはいいきれないのですが，ここでは地域福祉の領域で用いられる「支援」という概念に着目して整理してみます。

　図Ⅴ-1のようにタテ軸に「個人の課題」なのか「地域の課題」なのかという課題の性格をおき，ヨコ軸に「個別に対応」するのか「地域ぐるみで対応」するのかという対応の仕方をおいて分類してみると4つの象限ができます。

　個別支援（A：個人の課題×個別に対応）とは，困難な状況に置かれている住民の相談にのり，生活保護制度や介護保険制度などの利用につなげることで，当該の生活課題への対応がなされていて，それ以外の支援が必要ないか，もしくは行われていないようなものをいいます。

　次に地域生活支援（B：個人の課題×地域ぐるみで対応）とは，困難な状況に置かれている住民への支援を展開していくうえで，法制度にもとづく支援に加えて，地域の民生委員やボランティアなどによる支援などを組み合わせて，地域のなかにソーシャルサポートネットワークを形成することで対応しているような支援のことです。[*2]

▷2 ⇨ Ⅴ-4 参照。

　地域支援（C：地域の課題×地域ぐるみで対応）とは，地域に共通している課

題に対して、課題を集約し集合的に対応する支援のことです。たとえば、地域の中で高齢化が進んでいて自力で買い物にいくことが困難な住民がいたり、スーパーが閉店して遠くまで出かけないと買い物にいけなくなっているといった地域において、移動を支援する「買い物ツアー」を実施したり、近隣住民で「乗り合いタクシー」で買い物にいけるように調整したり、サロンなどの場において「朝市」などを開催して買い物の利便性を高めるための支援をするなど、地域ぐるみで支援のしくみをつくる取り組みのことをいいます。

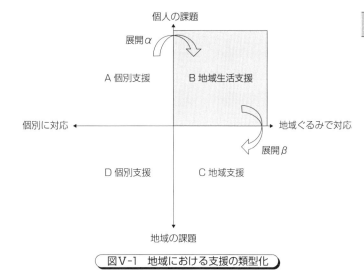

図V-1 地域における支援の類型化

出所：松端克文（2018）『地域の見方を変えると福祉実践が変わる』ミネルヴァ書房, 25。

そして、最後の個別支援（D：地域の課題×個別に対応）の場合は、たとえば買い物が困難な地域において（地域の課題として確認できるものの）、具体的な支援としては介護保険制度におけるホームヘルパーを利用することで個別に対応しているような場合を指します。こうした地域において、買い物や通院、外出などに困っている住民が他にも多くいるのであれば、そのままの状態であることは望ましいとはいえないので、地域支援が必要であるともいえます。

このように整理してみると、先の「くらしをまもる」機能はAの個別支援と、「つながりをつくる（地域を変える）」機能はCの地域支援と概ね重なるといえます。Bの地域生活支援は、個別支援から地域生活支援へと展開してくようなパターンと、逆にサロン活動などの取り組みを通じて、そこを利用している住民の見守りや買い物の支援などを住民同士で行うというような地域支援から展開していくようなパターンがあります。

3 地域福祉とソーシャルワーク

地域福祉の領域での支援を表現する場合、「個別支援」、「地域支援」、あるいは「地域（自立）生活支援」が用いられることが多いのですが、1990年代より「コミュニティソーシャルワーク」が、2000年代より「地域を基盤としたソーシャルワーク」といった表現が用いられるようになっています。

基本的にソーシャルワークは、専門職の有する価値・知識・技術の体系であり、専門的な養成機関での教育を得て修得すべきものとしてとらえられています。一方、地域福祉では、それを推進する主体は地域住民であり、初期の段階から「住民主体の原則」が重視されてきました。それだけにソーシャルワークという概念よりも、専門職であるソーシャルワーカーだけでなく地域で活動し

▷3 岩間伸之・原田正樹（2012）『地域福祉援助をつかむ』有斐閣、ではこうした双方向の支援の流れを「地域福祉援助」という観点から整理している。

▷4 ⇒Ⅱ-1参照。

ている住民（活動者・アクティビスト）も用いる技術として，また福祉領域に限定されることなく，保健領域やまちづくりの領域などでも活用される技術として，コミュニティワークやコミュニティオーガニゼーションの概念が重用されてきました。こうしたこともあり，地域福祉とソーシャルワークは折り合いのよい関係とはいいにくい側面もありました。

しかし，大橋謙策が1982年のイギリスのバークレー報告で提示されたコミュニティソーシャルワークの概念を，1990年ころより日本的にアレンジして提示してきたこと[5]，また岩間伸之・山辺朗子がアメリカでのソーシャルワークの総合化の動向を「ジェネラリスト・ソーシャルワーク」として翻訳し[6]，それが2007年の社会福祉士法の改正（2009年施行）にも関連して「総合的かつ包括的な相談援助（地域を基盤としたソーシャルワーク）」として，社会福祉士養成教育において取り込まれたことなどが重なりながら，地域福祉をソーシャルワークの観点から捉え直すという傾向が生まれてきたといえます。

それは困難な状況に置かれている個々の住民への相談支援をベースにしていて（個別支援），その人の支援を地域のなかで展開しつつ（地域生活支援），さらには地域ぐるみの支援のしくみをつくっていくこと（地域支援）を志向する支援の方法論であるといえます。図Ⅴ-1では展開α〜展開βの流れとなります。2004年度より大阪府において先駆的に配置され，今日では府内の全市町村において概ね中学校区を基準として配置されているコミュニティソーシャルワーカー（CSW）も，こうした実践を志向しているといえます[7]。

❹ 地域組織化・ネットワーク・協働（パートナーシップ）

地域福祉では，地域の共同性を取り戻していくために地域住民の組織化や，ボランティア活動をしている住民や団体の組織化（ボランティア組織化），さらには困難な状況に置かれている当事者の組織化など，いわゆる組織化（Community Organizing）に取り組むところに実践上の特徴があります。

また，個々の住民や，そうした組織や団体や行政も含めた機関，あるいは各種の専門職が，個々バラバラに実践するのではなく，一定の地域社会のなかで協働して実践することが必要となります。そこでは多様なアクターが集い，交流し，議論しながら，活動を展開していくようなプラットフォームが重要となります（図Ⅴ-2）。

地域福祉の方法を地域住民の生活の支援から地域づくりという射程で捉えると，総合相談を軸にした相談支援体制【1】（図Ⅴ-2，以下同）が重要となります。これまでの高齢者や障害者という属性や課題ごとの相談ではなく，社会福祉法にも規定されているように「地域生活課題」として受け止め，総合的・包括的に支援できるような「アセスメント」や「プランニング」が必要となります。また，必ずしも本人や家族からSOSがだされないことも多くあるので，専

▷5 大橋謙策（2001）「新しい社会福祉サービスのシステムとしての地域福祉」福祉士養成講座編集委員会編『地域福祉論』中央法規出版。

▷6 Johnson, Louise C. & Yanca, Stephen J. (2001) *Social Work Practice: A Generalist Approach* (7th ed), Allyn & Bacon.（=2004，岩間伸之・山辺朗子訳『ジェネラリスト・ソーシャルワーク』ミネルヴァ書房）。

▷7 大阪府に配置されているコミュニティソーシャルワーカーについては，大阪府のホームページを参照のこと（http://www.pref.osaka.lg.jp/chiikifukushi/csw/）。

V-1 地域福祉の方法

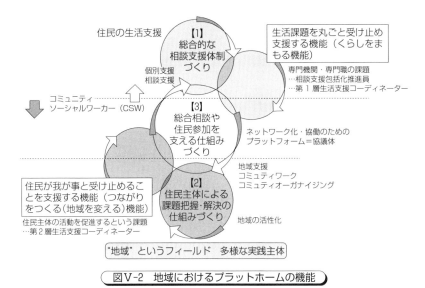

図V-2 地域におけるプラットホームの機能

出所：松端克文（2018）『地域の見方を変えると福祉実践が変わる』ミネルヴァ書房，189。

門職のアウトリーチも含め，地域のなかで「ニーズキャッチ」（地域における課題把握）ができるしくみが重要となります。

地域において課題把握ができるためには，住民が地域において主体的に見守り訪問活動やサロン活動などを通じて課題を把握したり，そうした地域活動を展開していることが重要となります。それだけに地域の住民がそうした活動の必要性に気づいたり，具体的な活動につなげていけるような学び合いの機会（「福祉教育」）や，そうした地域にしていくための地域組織化・福祉組織化といった「組織化」活動が必要となります（【2】）。

このように総合的な支援体制は専門職だけで担えるわけではありまあせんし，また住民の主体的な活動だけで地域生活課題に対応できるわけではありません。つまり，「ソーシャルサポートネットワーク」の形成も含めて，各種の団体や専門職が連携・協働（「組織間連携」や「多職種連携」，「多業種連携」）したり，ネットワークを形成してくこと（「ネットワーキング」）が必要となります。そのためにも地域のなかで関係者が協働していくためのプラットフォームをいかに形成していくのかということが問われてきます（【3】）。

地域福祉の方法としての地域福祉計画は，地域特性や状況をふまえて，このような要素を組み合わせて，地域福祉を推進するしくみをつくっていく取り組みでもあります。そしてこうした計画づくりの取り組みそのものが地域福祉の活動であり，地域での福祉活動も含めて，それらが「ソーシャルアクション」でもあるのです。

地域福祉の方法は，個々の住民を相談支援する場合においても，住民主体で地域づくりを推進する場合においても幅広く，多様なアクターが関わるだけに，地域におけるプラットフォームの形成が鍵となります。

（松端克文）

V 地域福祉の推進方法

2 ニーズキャッチ

1 ニーズとはなにか

　私たちは，日常生活のなかでさまざまな欲求をもち，それを充足させながら生活をしています。しかし，その欲求すべてが社会福祉の支援対象となるわけではありません。社会福祉におけるニーズとは，それがニーズに当たるかを判断する基準をもつ，支援の目標であるといえます。

　たとえば，**三浦文夫**はニーズについて「ある個人，集団あるいは地域社会が，一定の基準からみて乖離の状態にあり，そしてその状態の回復・改善等を行う必要があると社会的にみとめられたもの」と定義しています。この定義ではニーズの判断基準が2つあることがわかります。1つはあるべき状態としての基準，もう1つは回復・改善すべきと社会が認めるかどうかという基準です。また，岡村重夫は経済的安定，職業的安定，家族的安定，保健・医療の保障，教育の保障，社会参加ないし社会的協働の機会，文化・娯楽の機会，を人の7つの基本的要求としました。そしてこの要求が社会制度との関係のなかで充足されない状態にニーズがあるとしました。このようにみると，ニーズとは，本人自身からみて，あるべき姿に届いていないという判断と，社会から見てその本人があるべき状態に届いていないという判断がクロスすることがわかります。

　2018年社会福祉法が改正され，第4条に地域生活課題ということばが登場しました。福祉サービスを必要とする地域住民およびその世帯が抱える，介護，就労，教育，社会的孤立まで含むさまざまな課題を地域生活課題として多様な主体と協働して解決していくためには，地域のなかで充足すべきニーズを的確に把握する必要があります。

2 ニーズをキャッチするとは

　ニーズがあったとしてもそれが支援につながらないと，いつまでも地域生活課題は解決されません。先に述べたように，本人自身がニーズがあると判断することと，社会的な基準でニーズがあると判断されることがクロスしてこそ，そのニーズが表面に現れてくるのです。しかし，ニーズがなかなか支援につながらないような状況の場合，専門職は当事者が支援を求めてくるのをただ待つだけではなく，ニーズを掘り起こし，そして「つかみにいく」必要があります。ニーズキャッチとは，かすかな声に耳を傾け，隠れている地域生活課題のサイ

▷1　三浦文夫 (1928-2015)
在宅福祉サービスの供給システムを日本で形成していくうえで，三浦文夫のニーズ論は大きな影響を与えた。貨幣的ニーズの充足（金銭給付）に加え，非貨幣的ニーズの充足（サービス供給）の必要性を提唱した。

▷2　三浦文夫 (1978)「対人福祉サービスの今後の方向（その1）」『季刊社会保障研究』13(4), 77-86。

▷3　岡村重夫 (1983)『社会福祉原論』全国社会福祉協議会。

ンを探し出し，支援につなげるための，ソーシャルワーカーの姿勢であり行動です。ニーズキャッチの方法としては以下の二つがあるといえます。

① 総合相談窓口としての**ワンストップサービス**[14]

行政や専門職が今まで開設してきた相談窓口は，子ども，障害，高齢と分野別の縦割りのものでした。そうなると，1つの世帯のなかに複数の課題が重複しているケースや，分野別の制度のどこにも当てはまらないようなケースはどの窓口に相談すればよいのかわからず，制度のはざまを専門職の相談窓口自体が生み出してしまうという，元も子もない状況になってしまいます。こうした課題を受け，2017年9月にまとめられた「地域力強化検討会 最終とりまとめ」では「複合課題丸ごと」「世帯丸ごと」「とりあえず丸ごと」課題をしっかりと受け止めることができる場が必要だと提唱されました。

② 専門職による**アウトリーチ**[15]の姿勢

総合的な相談窓口をつくったからといって，いままで支援につながらなかったケースがすぐに課題解決するわけではありません。専門職が日頃から地域に出向き，地域のなかでどのような課題があるのか，地域住民がその課題に対してどのような思いを持っているのかについて，常に情報を収集しておく必要があります。また，どのようなニーズがあるかはまだはっきりとは見えない状況だとしても，地域住民から「気になる人がいる」と情報が入った時には，積極的に地域に出向き，その人の「暮らしの場」に専門職自身が立ち，その人の思いを聞き取っていくことが重要となります。最も困難な状況にある人は，自ら総合相談窓口に足を運ぶ力すら奪われていることも多いのです。

このように，ニーズキャッチには「丸ごと受け止める」場の設定と，「丸ごと受け止める」姿勢で地域に出向く専門職の行動の双方が必要となります。

③ ニーズキャッチを支える

ニーズキャッチをすることができるのは専門職だけではありません。むしろ最初にニーズの存在に気づくのは専門職ではないことが多いといえるかも知れません。地域住民や，地域の商店や宅配などの事業者が，支援の必要な人と共に暮らす日常生活のなかで，そのちょっとした変化に気づくことができるのです。たとえば，認知症の進行を，日ごろから本人が買い物に通うスーパーのレジ担当者が気づくこともあるでしょう。しかし，そうした「気づき」を，地域のなかで共有する機会や場がなければ，気づいた人が支援を抱え込むか，あるいは見て見ぬふりをするしかありません。地域を基盤とするソーシャルワーカーは，日常生活のなかでの気づきを住民と専門職が共有する場を設け，気づきから支援につながったケースの支援プロセスを住民に伝えることにより専門職の役割を理解してもらい，「安心してニーズに気づける地域づくり」を進める必要があります。

(川島ゆり子)

▷4 ワンストップサービス
相談者がどのような課題を持っていたとしても，たらい回しにせずまずは受け止めて課題整理を行うことを目指す相談窓口。誰でも気軽に相談できることをめざし，住民に身近な範囲に設置されることが望まれる。

▷5 アウトリーチ
専門職が相談窓口に相談がつながるのを待つのではなく，ニーズがありそうな場所に積極的に出向いていき，支援を必要とする人の生活視点に共に立ち，ニーズキャッチを行い，相談支援を展開していくこと。

(参考文献)
川島ゆり子・永田祐・榊原美樹・川本健太郎 (2017)『地域福祉論』ミネルヴァ書房。
ニーズキャッチから資源開発までをプロセスを追って編集されており，地域福祉をもう少し学びたい人に向けた本です。

Ⅴ 地域福祉の推進方法

アセスメント・プランニング

1 地域における個別支援のアセスメント視点

　個別支援を地域と協働しながら展開していこうとするとき，どのようなアセスメント視点を持つことが必要でしょう。図Ⅴ-3はネッティング（Netting, F. E.）らが提唱しているマクロソーシャルワークの焦点を示した図ですが，これを参考にしながらアセスメント視点について考えてみましょう。

　個別支援を展開するうえで，どのような人々にどのような問題が起こっているのかていねいにアセスメントすることは，ソーシャルワークの実践として当然のことでしょう。たとえば「独り暮らし高齢者」（人々：A）そのものが問題となるのではありません。「独り暮らし高齢者」が，地域で孤立し，誰にも悩みを打ち明けることができないという「社会的孤立」（問題：B）という課題に直面している状況にこそニーズは存在するのです。まずはその人が地域生活を行う上での課題状況を現在だけではなく，現在に影響を与えている，その人の過去の生活歴を含めてていねいにアセスメントをする必要があります。また，課題にだけに着目するのではなく，課題解決のプロセスにおいてその人が主体となれるように，強みにも着目してアセスメントを行っていくことが必要です。

　けれど，もう一つ忘れてはならないアセスメント視点は，この地域生活課題が起こっている場所，つまり地域（場所：C）への注目です。独り暮らし高齢者がこの地域ではどの位の人数暮らしているのか，その人たちが利用できる資源はこの地域に十分に備わっているのか，独り暮らし高齢者に対して，この地域に暮らす住民はどのような意識を持っているのか等，地域生活課題を住民と共に解決していくうえで，地域の状況をアセスメントする力量が専門職には求められるのです。ネッティングは場所を構成するもう一つの要素として，「組織」を意識しアセスメントすることも必要だとしています。地域に存在する組織や機関がどのような支援を行うことができるのかという地域の資源理解もアセスメントの重要なポイントとなるのです。

　また地域のなかで，地域生活課題を解決していく組織に所属するソーシャルワーカー自身も自分自身の立ち位置を認識しておく必要があります。所属する組織のミッションや実際に行うことができる支援，あるいは組織のなかでの自分の役割などをアセスメントすることにより，自分には何ができるか，あるいはできないかの役割認識が可能となり，地域の他機関との協働の必要性がより

▷1　Netting, F. E., Kettner, P. M., Mcmurtry, S. L. (2004) *Social work Macro Practice*, Pearson Education, 8-9.

▷2　生活歴
生活課題を解決するために，今現在の生活状況や本人の思いをとらえるだけではなく，現在の状況に思いに影響をおよぼしている過去の重大な出来事について時系列にとらえていく個別アセスメントの視点。

明らかとなります。改正社会福祉法第4条では地域福祉を推進する主体を地域住民等と表現し、そのなかに地域福祉を担う専門職も当然含まれています。「仕事」という生活の一場面を地域で行う専門職は、地域を基盤とした視点を持ちつつ、人々・問題・場所へのアセスメントを行わなければならないのです。

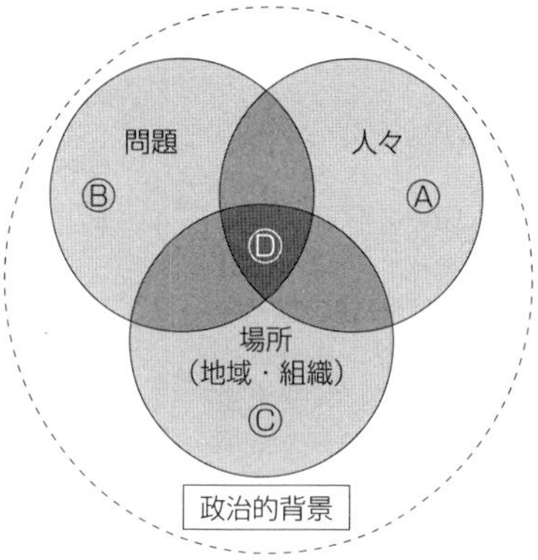

❷ プランニング

地域を基盤とした個別支援を展開していくには、単に寄り添うということだけではなく、先にあげた改正社会福祉法第4条にもあるように、地域生活課題を住民等と関係機関が連携をとって解決を図ることを目指していく必要があります。その際に、個別課題の解決の主体はあくまでも「その人本人」であるということはソーシャルワークとして忘れてはならない大切な視点です。

問題解決アプローチを提唱し、のちのソーシャルワーク理論の発展に貢献した**パールマン**(Perlman, H. H.)は、問題解決のプロセスにおいて、本人の動機(Motivation)、本人の能力(Capacity)、問題解決のための機会(Opportunity)に着目をしました。個別支援のプランニングを行う際に、支援を必要とする本人自らが課題解決の主体となる動機づけを行うことができるように働きかけ、本人がどこまでできるかという能力のアセスメントに基づき、実現可能な目標を本人と共に設定し、課題解決に必要な機会を地域から提供できるように支援をプランニングしていきます。またその際に、本人と家族がシステムであることを意識し、本人だけではなく、世帯全体の課題解決を目指す家族支援を視野に入れたプランニングが求められるのです。

プランニングにおいて最も尊重されるのは、本人の「どうありたいか」という思いです。けれど、地域のなかでニーズがあっても声をあげられない人がいることもまた事実です。地域を基盤としたソーシャルワーカーは、本人が自ら声を上げることが困難な状況の場合、その人の思いや、ありたい姿を代弁し、「本人のいる場所」に立って支援プランニングを立てることが求められるのです。またそうした本人の思いを地域住民とどのように共有し、協働することできるかも同時にプランニングしていくことが必要となります。地域のなかで個別支援と地域支援のプランニングは一体的に進められることが求められるのです。

(川島ゆり子)

図V-3 マクロソーシャルワークの焦点

出所:Netting, F. E., Kettner, P. M., Mcmurtry, S. L. (2004) *Social work Macro Practice*, Pearson Education, 8.

▷3 パールマン(Helen Harris Perlman 1905-2004)
アメリカの社会福祉研究者。心理社会的アプローチと機能的アプローチの折衷としての問題解決アプローチを提唱した。人はその人生を通じて問題解決に取り組んでいく存在だとした。

▷4 戸塚法子(2005)「問題解決アプローチ」久保紘章・副田あけみ編著『ソーシャルワークの実践モデル』川島書店, 37。

参考文献
久保紘章・副田あけみ編著(2005)『ソーシャルワークの実践モデル』川島書店。
コミュニティソーシャルワークの実践を行ううえで、当事者への多様なアプローチ方法を知っておくと参考になります。

Ⅴ 地域福祉の推進方法

 ソーシャルサポートネットワーク

 ソーシャルサポートネットワークとは

　人は，生活していくなかで何らかの課題を抱えたとしても，自分自身の力で，あるいは家族や周囲の人の力を借りながら課題を解決していく力を本来はもっている存在です。人が支えられるつながりとしての縁はかつて社会のなかに重層的に備えられていました。代表的な縁には血縁（家族や親せきのつながり），地縁（近隣による相互扶助のつながり），社縁・職縁（仕事の同僚や仲間のつながり）などがあり，それらが機能していれば，たとえ一時的に地域生活が困難な状況に陥ったとしても，重層的な縁が**セーフティネット**[1]として働き，最悪の状況におちいる前に予防的に支えることができたのです。

　ところが，現代社会では家族からも孤立する人が増加し，地域での近隣の関係性もどんどん希薄化し，終身雇用が当たり前だった雇用状況は**非正規雇用**[2]が全体の雇用の半数を占めようとしています。地域のなかで課題を抱えて誰にも相談できないような状況で孤立をしていたり，世帯のなかで家族それぞれの課題が複合的に絡まり合って，解決の糸口が見えない状況が継続していたりすると，セーフティネットからもれ落ちてしまい，困難を極めた状況でようやく支援につながるケースも少なくありません。地域生活課題を抱える本人と社会とのつながりが縮小してしまって機能していない状態なのであれば，それを再び紡ぎなおし，さらに意図的に新たな支援者をつなぎながら，縁の再生産を行うようなネットワークづくりを行う必要があるのです。こうした支援のつながりをソーシャルサポートネットワークといいます。地域生活課題を本人の自己責任にとどめず，社会のつながりのなかでその人を支えようとする専門職の意図的な介入が，ソーシャルサポートネットワークを地域のなかで広げていくのです。

 ソーシャルサポートネットワークのメンバー

　ソーシャルサポートネットワークは，専門職以外のインフォーマルなメンバーに限定するという考え方もあるのですが，包括的な地域ケアの実現を目指していこうとすると，地域生活課題を解決していく主体は地域住民・福祉に関する事業を行うもの（専門職）・ボランティアといった従来の地域福祉関係者に加え，さらに教育，就労，住宅など多様なメンバーの参加が求められます。

　当然のことですが，多様なメンバーが集うということは，それぞれの主体の

▷1　セーフティネット
生存権が脅かされるような状況に陥る前に，予防的に受け止めることができる安全網を指す。かつては生活保護を意味することが多かったが，近年，就労・住宅・健康など生活全般における安心への求めが拡大している。

▷2　非正規雇用
正規雇用以外の条件で働いている人の総称。雇用される期間が決められており，賃金を含めた労働条件も正規雇用に比べると不利な場合が多い。2017年総務省調査によると非正規の割合は37％を超えている。

支援の得意・不得意な分野も多様性があるということになります。プラスの力を出し合い，マイナスの不得意な部分を補い合いながらチームとしての総合力を高めていくネットワークの特質を相補性とよび，それぞれのメンバーが異なる分野で力を発揮することを独立性と呼びます。相補性と独立性が機能するソーシャルサポートネットワークを地域のなかで次々とつないでいく専門職のコーディネーション機能が求められるのです。

❸ ソーシャルサポートネットワークの目的

　ソーシャルサポートネットワークには2つのサポート機能があるとされています。1つは地域生活課題をもつ当事者に寄り添い，悩みを受け止め，当事者に安心をもたらす心理的なサポートとしての「情緒的支援機能」です。悩みを一人で抱え込んでいるような状況のなかで，「あなたのことを心配している」と，誰かがそばにいてくれるだけでも，当事者にとっては心強い支えとなるでしょう。また当事者の悩みに気づいた人が，その悩みにまだ気づいていない地域住民に対して，当事者の思いを代弁することにより，周囲の理解が広がっていくことも考えられます。

　もう1つは課題解決に向けての支援やサービスを提供する具体的なサポート実践としての「道具的支援機能」です。課題解決に向けて当事者のニーズを把握し，支援目標を設定し，計画をたて，ネットワークのメンバーがそれぞれの力を出し合いながらチームとして，当事者の地域生活課題の解決を目指します。しかし当事者のニーズがキャッチされていながら，課題解決のための資源とうまくつながることができない状況にあるとすれば，ソーシャルサポートネットワークとしてどのような機能を果たすことが求められるでしょう。

　資源は存在するものの，その情報が当事者とつながっていないのであれば，資源情報のアセスメントを行い，当事者に情報提供をしていく必要があります。情報提供の仕方も，その当事者の理解が進むように工夫しなければならないでしょう。また，資源が存在するものの，現状のままでは利用しづらいのであれば，利用方法を工夫し，社会資源そのものの調整を行う必要があるでしょう。

　そして，もしニーズがあるのに，そのニーズを充足するためのサービスが地域に存在しないのであれば，新たにサービスの開発を行っていくことが求められます。このような社会資源の開発は，多様な主体の協力なしでは実現はしません。当事者のニーズを把握し当事者の声を代弁しながらソーシャルサポートネットワークのメンバーの力を結集させて必要なサービスをつくりだしていくことが求められるのです。そうした活動の積み重ねにより地域の社会資源が豊かになり，またソーシャルサポートネットワークのメンバーの課題解決力も高まっていくことになります。それはつながりが弱まっている現代社会のなかでの，新たなセーフティネットの構築にもつながっていくのです。（川島ゆり子）

参考文献
　コミュニティソーシャルワーク実践研究会（2013）『コミュニティソーシャルワークと社会資源開発――コミュニティソーシャルワーカーからのメッセージ』全国コミュニティライフサポートセンター。
　資源開発の参考事例を通して，コミュニティソーシャルワークの役割と資源開発のプロセスを学ぶことができます。

V　地域福祉の推進方法

組織化

▷1　地域福祉推進基礎組織
⇨Ⅶ-2参照。

▷2　福祉コミュニティ
⇨Ⅶ-5参照。

▷3　コミュニティ・ディベロップメント
地域社会の問題解決や生活水準の向上をはかるために政府の資金援助，専門職の援助により，住民の自発的な参加や問題解決行動に導く支援プロセス。とくに国際連合が開発途上国への経済的・社会的・文化的な支援策として実施した歴史をもつ。

▷4　コミュニティ・リレーションズ
地域社会にある団体，機関・施設がその地域と望ましい関係の形成を図ること。

▷5　ロスのコミュニティオーガニゼーション（統合化説）の定義とは，地域社会が自ら，そのニードと目標を発見し，それらに順位づけて分類する。
　そして，それを達成する確信と意思を開発し，必要な資源を内部・外部に求めて実際行動を起こす。このようにして，地域社会が団結・協力して実行する態度を養い育てる過程である。

▷6　社会計画モデル
地域社会の実質的かつ効果的な問題解決を目標とし，専門的なプランニングのもとで統制された変革を目指す実践モデル。

1　組織化の対象

　地域福祉における組織化とは，地域ケアを含んだ共同基盤づくりといえます。その組織化の対象を大別すると，地域住民の組織化と専門職の組織化に分けることができます。地域住民の組織化は当事者やボランティアグループなどのアソシエーション（テーマ）型と，**地域福祉推進基礎組織**▷1のような地理的範囲を共有して地域福祉活動を行う地縁型に分けられます。専門職の組織化は，機関間の連携促進を目的としたネットワーキングです。これらの組織化を統合した考え方として，当事者を中心とした共感者の連帯である**福祉コミュニティ**▷2形成が地域福祉の組織化では重視されています。

2　組織化の方法

　日本における組織化の方法は，戦後にその実践組織である社会福祉協議会とともにコミュニティオーガニゼーションという方法をアメリカから輸入しました。コミュニティオーガニゼーションはロス（Ross, M.）によって理論化された方法論です（統合化説，1955）。ロスはコミュニティオーガニゼーションを3種の方法で説明しています。**コミュニティ・ディベロップメント**▷3，**コミュニティ・リレーションズ**▷4，コミュニティオーガニゼーションです。このモデルは地域生活問題の解決過程における住民の民主的協議と協同力の養成を重視する過程重視の実践モデルです▷5。日本の小地域福祉活動などの地域組織化に適応されました。

　その後，アメリカではこのような地域社会の開発モデルだけでは通用しなくなった時期にロスマン（Rothman, J.）がロスの小地域開発モデルに加えて，**社会計画**▷6，**ソーシャルアクション**▷7の三種の実践モデルを示しました。そして，この各モデルは状況に応じて選択的，統合的に活用するものとしてその応用範囲を広げました。その後，多様なモデルが提示されますが，この実践モデルが広く受け入れられています。また，コミュニティオーガニゼーションに政策実践とアドミニストレーションを加えたマクロ実践がミクロ実践と関連してソーシャルワークに位置づけられるようになりました。なお，近年ではコミュニティオーガニゼーションはコミュニティオーガナイジングとも呼ばれています。

　日本においては，1970年代後半ごろからコミュニティオーガニゼーションに

代わりイギリスの呼び方であるコミュニティワークという名称が使われだしました。イギリスにおいては慈善組織協会やセツルメントの流れを汲み，コミュニティ・ディベロップメントの発達，婦人参政権運動や労働組合運動などの集合的運動の影響をうけながら発展してきました。コミュニティワークはアメリカ以上に多様ですが，その実践範囲はほぼ前述のロスマンの実践モデルに相当しています。また，コミュニティワークの組織化に住民相互のサポートネットワークづくりなど地域ケアを支える組織化などが含まれます。

▷7 ソーシャルアクションモデル
社会正義や民主主義の理念にもとづき，搾取された住民層が自らの権力回復のための社会行動を起こすことを支援する実践モデル。

3 組織化の過程と方法

組織化の内，コミュニティオーガニゼーションは一般に「活動主体の組織化→地域問題把握→計画→実施→評価」というプロセスがらせん状に循環して発展していくとして説明されます。実践の主体は専門職とともに地域住民自身でもあります。ここでは，専門職の介入を3つの段階に分けて説明します。

① 第1段階：地域との信頼関係づくり

専門職が地域に入り，地域の特性や生活課題を発見しながら，地域のリーダーや団体相互の関係，問題解決力をアセスメントします。それと同時に，地域リーダーやメンバーとの信頼関係を構築します。その過程で必要とされる活動やそのための組織づくりのおおよその構想を実践仮説として立案します。

② 第2段階：組織の立ち上げ支援

地域リーダーやメンバーとの対話や協議を重ね，さらに信頼関係の構築に努めます。そのうえで，地域リーダーやメンバーが地域生活課題に対応する新たな組織を立ち上げるための支援を行います。

③ 第3段階：組織の運営支援

組織が立ち上がれば，組織メンバーが中心となり，問題の明確化のために地域アセスメントを行い，結果を広報や学習を通じて地域と共有します。課題解決に向けた協議を大切にしつつ，活動の優先順位づけや必要な社会資源等の調達や開発，関係者のネットワークや組織メンバーの拡大を図ります（計画策定と実施）。活動が進めば，関係者全員で振り返ります（活動評価）。

▷8 韓国住民運動教育院／平野隆之ら編訳（2018）『地域アクションのちから コミュニティワークリフレクションブック』CLC；永田幹夫（2000）「地域組織化のプロセスモデル」全国社会福祉協議会『改訂二版地域福祉論』93などを参照。

▷9 組織化の目標設定や評価については，タスク・ゴール（課題達成），プロセス・ゴール（問題解決力の向上），リレーションシップ・ゴール（権力構造転換・関係改善）の3つの視点があります。

4 組織化の展望

現在の日本では，所得水準の低下や非正規労働者の増加による経済的困窮や社会的孤立が人口減少や少子高齢化，単身社会化とともに進行しつつあります。それによって，地域や労働組合などの社会的協同組織の衰退が顕著です。したがって，今後の地域福祉における組織化は，まちづくり分野などの地域社会を再組織化する他領域の実践と地域福祉実践の媒介機能を発揮することが求められています。

（藤井博志）

参考文献

マレー・G・ロス／岡村重夫訳（1975）『コミュニティ・オーガニゼーション理論・原則と実際』全国社会福祉協議会。

山口稔（2010）『コミュニティ・オーガニゼーション統合化説──マレー・G・ロスとの対話』関東学院大学出版会。

Rothman, J., Three Models of Community Organization Practice, *Social Work Practice*, 1968.

永田幹夫（2000）「地域組織化のプロセスモデル」『地域福祉論（改訂2版）』全国社会福祉協議会，93。

V 地域福祉の推進方法

組織間連携と協働

1 連携と協働

Ⅱ-6 で,「協働」とは協力して働くことであり,そのためには共通の目的,協働する意志,そしてコミュニケーションが必要であることを確認しました。また,協働する際の関係性は,対等であるべきことも述べました。

では,「連携」とは何を指すのでしょうか? 吉池毅志と栄セツ子は,「連携」に関する先行研究の分析から,「共有化された目的を持つ複数の人及び機関(非専門職も含む)が,単独では解決できない課題に対して,主体的に協力関係を構築して,目的達成に向けて取り組む相互関係の過程」と定義しています。

以上から見れば,連携と協働には,重なり合う部分が多いことがわかります。どちらの言葉にも,共通目的達成に向け,主体的に参加をし,そしてコミュニケーションを通した相互関係の構築を図るということが含まれています。

大切なことは,連携や協働といった時に,その言葉が何を意味したものなのかに注意を払う必要があるということです。多義的に用いられる言葉だからこそ,言葉の持つ意味が大切になってくるのです。

2 なぜ組織間の連携や協働が必要なのか

なぜ,地域福祉の推進には,組織間の連携や協働が必要なのでしょうか? その最も大きな理由は,生活を送るうえで抱える複合化した課題の解決には,組織間の連携・協働が不可欠だからです。8050問題,ダブルケア,障害者の親の高齢化などの課題を前に,高齢者・障害者・子どもといった制度別に縦割りの支援だけでは,解決には至りません。制度別支援の提供組織が別々なら,組織同士がつながる必要があります。また,医療,保健,雇用・就労,司法,教育など多岐にわたる分野との連携と協働も求められています。組織同士がまず連携・協働することで,そこに属し実際の支援を行う人たちの後ろ盾にもなります。

3 組織間連携と協働の先進事例としての滋賀の縁創造実践センター

2014年9月1日に発足した滋賀の縁創造実践センター(以下,縁センター)は,制度のはざまの困りごとを放っておかない姿勢で,必要と思ったことはモデル事業として制度の枠にとらわれず企画立案し,普遍化のために行政の後押しも

▷1 吉池毅志・栄セツ子(2009)「保健医療福祉領域における「連携」の基本的概念整理——精神保健福祉実践における「連携」に着目して」『桃山学院大学総合研究所紀要』(34)3, 117。

▷2 多義的
さまざまな意味合いで用いられるさま。

▷3 8050問題
⇨Ⅱ-6 参照。

▷4 ダブルケア
⇨Ⅱ-6 参照。

得ながら活動を進めていく，そのための事業費も会員が出し合う組織間協働実践です。2016年10月1日現在，19団体，199法人が加盟しています。加盟法人のなかには滋賀県内所在の社会福祉法人のうちおよそ7割が入っています。

縁センターの特徴は，大きく4点あります。第一に，市町，福祉7圏域，そして県域でつながろうとする組織であること，第二に社会福祉法人関連団体や協議会だけでなく，県民生委員児童委員協議会連合会，県**手をつなぐ育成会**[45]など社会福祉を取り巻く多様な団体が参加していること，第三に加盟団体，法人が，お金も出し（初年度およそ1億円），知恵も出し，新たな実践を開発し，政策提言まで行うこと，そして第四に滋賀県行政とも協定を結んでいることがあげられます。

図V-4は，縁センターの実践と体制の枠組みを示したものです。現場からの気づきに端を発し，企画会議のテーブルにあげ，圏域会議とも調整を図りながら，理事会の迅速な決定指示ののち即実践することが，最大の特徴です。やってみることで，できることに気づき，次にやるべきことが見えてくる，そのプロセスの循環を，事務局を担う滋賀県社会福祉協議会が連絡・調整機能を果たすことで達成しています。社会福祉法の改正により，社会福祉法人による**地域における公益的な活動**[46]が責務化されました。縁センターの組織間連携・協働実践は，そうした活動の新たなモデルといえます。

（南友二郎）

▷5 手をつなぐ育成会
知的障害児者の親の会を指す。

▷6 地域における公益的な活動
社会福祉法第24条第2項では，「社会福祉事業及び（中略）公益事業を行うに当たっては，日常生活又は社会生活上の支援を必要とする者に対して，無料又は低額な料金で，福祉サービスを積極的に提供するよう努めなければならない」と規定されている。

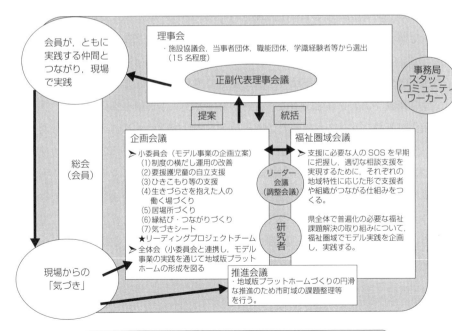

図V-4 滋賀の縁創造実践センターの実践プロセスとその体制

出所：滋賀の縁創造実践センター資料。

参考文献
谷口郁美・永田祐（2018）『越境する地域福祉実践――滋賀の縁創造実践センターの挑戦』全国社会福祉協議会。
　縁センターの形成過程，実践のあり様，そして今後の挑戦について，わかりやすく書かれています。

Ⅴ 地域福祉の推進方法

多職種連携とネットワーキング

 地域における多職種連携とネットワーク

　地域における多職種連携とネットワークの概念は，日本の地域包括ケアシステムの萌芽と発展に合わせ，専門職の実践のなかで広がってきています。人間の生活は専門性や制度やサービスで切り取れるものではありません。連続性をもった生活者として，家族をはじめとするさまざまなシステムのなかの人としてとらえ，総合的な視点で多様なニーズを支える多職種連携の視点と実践が，専門職には求められるといえます。ネットワークには関連機関のネットワークと実務者のネットワークがあります。都道府県単位と市町村単位のネットワークは機関や団体が相互に連携して地域全体を支える働きがあります。同時に，実務者同士の交流と顔の見える関係による支援系ネットワークが，これまで制度化や可視化されていなかった問題等に新たに注目する機会を生み，よりよいシステムの再構築につながります。

　地域包括ケアの保健・医療系の潮流としては，1970年代に広島県公立みつぎ総合の山口昇院長が提唱した病院を基盤とした保健・医療・介護・福祉の連携と統合の活動があります。これは，地域のフォーマルサービスとインフォーマルなサービスなどの社会資源をネットワークでつないでいく発想で始まりました。また福祉系の潮流として，1990年の福祉八法改正，1992年の社会福祉事業法一部改正のなかで，福祉・医療・保健の連携が盛り込まれ，社会福祉協議会や社会福祉法人等地域におけるセーフティネットの構築を目指したトータルケアシステムが定義されました。その後介護保険制度の創設により，多機関をマネジメントするケアマネジャーが登場し，2006年には地域の総合相談窓口としての地域包括支援センターが登場し，三職種が連携して介護予防や自立支援，権利擁護等に対応することがますます期待されています。近年の地域共生社会の流れを受け，地域のネットワークづくりを担ってきた社会福祉協議会と協働し，多職種や住民などが協働して地域ケア会議を開催し，支援の階層（図Ⅴ-5）を意識した個別支援と地域支援を一体的に行うことがますます求められるようになってきています。

2 多職種連携の課題

　多職種連携実践（interprofessional work）はケアの質を向上させることに目的

▷1　大塚耕太郎・酒井明夫・岩戸清香（2012）「自殺対策と精神保健」『精神神経学雑誌』114号第5巻，560。

▷2　二木立（2015）『地域包括ケアと地域医療連携』勁草書房，3。

▷3　野中猛（2014）『多職種連携の技術』中央法規出版，13。

▷4　京極真（2012）『信念対立解明アプローチ入門——チーム医療・多職種連携の可能性をひらく』中央法規出版。

▷5　**社会福祉士の連携の義務**
2007年の社会福祉士法一部改正において，「定義規定の見直し」「義務規定の見直し」「資格取得方法の見直し」「社会福祉士の任用・活用の見直し」が行われた。義務規定においては，自ら福祉課題を抱えた人に対して援助するだけでなく，他の専門職とも連携して総合的に援助を行っていく専門職であることが明記された。

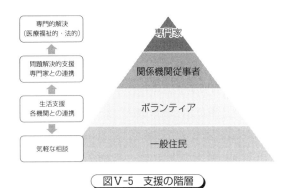

図V-5　支援の階層

出所：大塚耕太郎・酒井明夫・岩戸清香（2012）「自殺対策と精神保健」『精神神経学雑誌』114号第5巻，560。

表V-1　専門職間連携の利点と欠点

	利点		欠点
利用者の問題解決	適切な計画 じんそくな実施 創造的解決 質の向上	利用者の不利益	依存性を増す可能性 個人情報が漏れやすい
効率性	より多くの資源を最大限に活用できる	非効率性	意見調整に時間がかかる
専門職の利益	能力向上 人格発達 環境改善 情緒的支援	専門職の不利益	役割混乱や葛藤の出現 意見の斉一性から圧力

出所：野中猛（2014）『多職種連携の技術』中央法規出版，13。

があるとされていますが，連携活動にはさまざまな難しさ（表V-1）があります。まず，「利用者」「専門職」「効率性」という3つのポイントで整理されていますが，多職種連携には利点と欠点があるということを理解しておく必要があります。また，自分の職種にとっての常識を，他の職種にとっても常識であると思い込んだために起こる信念対立という現象が多職種連携にはつきまといます。信念対立が起こることでチームが機能不全に陥るだけでなく，ケアの質の低下や過誤や事故の恐れがあるともいわれています。

また役割が固定している連携ではなく，マンパワー等の問題により限られた専門職で対応することが求められる流動的機能的チームでは，専門職間のコミュニケーション力が求められます。このような専門職間の連携の質を改善するために，多職種あるいは保健医療福祉等のさまざまな専門領域を学ぶ学生が，同じ場所で相互作用しながら相互理解を深めていく多職種連携教育（interprofessional education）が実施されるようになりました。社会福祉士も専門職の一つとして連携の義務があります（**社会福祉士の連携の義務**）。

3　多職種連携コンピテンシー

2016年3月31日に**多職種連携コンピテンシー**が発表されました。多職種と連携できるということは，専門職業人であれば誰もが学習により修得し，持ち備えておくことが求められる力と定義されています。医療保健福祉に携わる専門職であれば誰にも求められるものです。コンピテンシーとは，専門職業人として業務を行う能力を指します。連携活動におけるコンピテンシーは他者との関係のなかで発揮されるため専門知識，技術の統合に加えてモラル，感情，意思や態度も求められます。もって生まれた能力ではなく，学習により修得し，第三者が測定可能な能力でなくてはなりません。

（野村裕美）

▷6　多職種連携コンピテンシー
保健医療福祉の現場で働く19職種（資格）の仕事を対象に調査を行い，提言としてまとめられたもの。患者・サービス利用者・家族・コミュニティを中心に，職種間コミュニケーション，パートナーシップ，相互理解と職種活用，ファシリテーション，リフレクションが求められる。

参考文献
大熊由紀子・開原成允・服部洋一（2006）『患者の声を医療に生かす』医学書院。
患者経験をした人を教師に，専門職の固定概念をひっくりかえすことを目的とした授業が記録されている本です。
青木佳之（2016）「地域包括ケアシステムの構築は何をめざしているのか」『コミュニティソーシャルワーク』16号　日本地域福祉研究所。

Ⅴ　地域福祉の推進方法

 ソーシャルアクション

 ソーシャルアクションと地域福祉

　ソーシャルアクションとは、「個人・集団・地域住民のニーズに適合した社会福祉制度やサービスの改善・創設を促す援助技術」であり、具体的には「社会福祉関係者の組織化を図り、一般市民の問題意識を喚起しながら、議会や行政機関に立法的・行政的措置を取らせるべく集合行動の展開などを通じて、社会的・政策的に福祉問題の解決を促していく」ものとされています。

　地域福祉の領域では、セツルメント運動がその例としてあげられることがよくあります。また、戦前の方面委員による「**救護法実施促進運動**」もソーシャルアクションの代表例だといえます。

　このようにソーシャルアクションという場合、言葉の響きから社会に働きかけ、政府や行政を動かし、法制度の改善や創設を通じて、福祉問題の解決を促すというような壮大な運動であると思いがちです。しかし、「福祉関係者の組織化を図り」とか「一般市民の問題意識を喚起しながら」といった取り組みは、地域福祉でいう地域組織化や福祉組織化、福祉教育の実践と重なります。

　近年では、困難な状況に置かれている住民の生活課題を個々人の「生きづらさ」としてとらえる傾向があります。しかし、それは生活課題を個人化してしまうことでもあり、社会との接点を喪失したまま「自己実現」することを求め、「自分らしさ」を追求することで解決を目指すというロジックに陥ると、それは「自己責任」の問題となり、ますます当人を追い詰めます。それだけに「自分らしい生活を地域社会のなかで他者と共に築いていくこと」（地域自立生活）を支援するという観点が極めて重要となります。「個人化」されてしまった生活課題を地域自立生活支援の課題としてとらえ直し、組織化活動（＝"私たち"と実感できる関係づくり）を通じて、日々の生活のなかに「社会」を取り戻す機会を再帰的（自覚的・反省的）に創り出していく必要があるのです。

　こうした観点から地域福祉の代表的な方法である組織化活動をとらえ直してみると、それ自体がソーシャルアクションであるともいえます。今日、注目されている子ども食堂や子どもの居場所づくりの活動は、子どもに「地域」のなかでともに成長しあう機会を提供する活動であり、そこに関わる学校や教育委員会、民生委員・児童委員、地域の住民、保護者、そして何よりも子ども自身に、それまでとは異なる「変化」を生じさせています。それは地域に「変化」

▷1　久保美紀（2007）「ソーシャルワークの専門技術」岡本民夫・濱野一郎・古川孝順・宮田和明編『エンサイクロペディア社会福祉学』中央法規出版を参照のこと。

▷2　**救護法実施促進運動**
1929（昭和4）年4月に救護法が公布されたが、施行期日が決められておらず、予算の目途が立たないために法の施行が延期されたままとなっていた。そうしたなか方面委員による実施促進運動が展開され、関係省庁や各政党への陳情活動や地方選出議員への要望などが行われたが功を奏さなかった。そこで1931（昭和6）年2月に全国方面委員代表者会議が開催され、約200名が参加するなか、天皇への上奏が決議された。これを受けて政府は同年3月の閣議で救護法財源の予算化を決定し、1932（昭和7）年1月からの施行が決まった（田中和夫・石井洗二・倉持史朗編（2017）『社会福祉の歴史――地域と世界から読み解く』法律文化社、122より）。

▷3　⇨Ⅱ-10参照。

をもたらしていることでもあるのです。このように地域福祉の活動が地域を緩やかに変えているのだとすれば，それ自体が「ソーシャルアクション」であり，地域性を重視するのであれば「コミュニティアクション」であるといえます。

❷ 組織化（"私たち"の形成）とソーシャルアクション

地域福祉には住民の生活を支援する側面（「くらしをまもる」機能）と，住民の生活課題を集約し，住民によるコレクティブな活動の展開を支援する側面（「つながりをつくる」機能）とがありますが[4]，いずれも「社会」へとつながり，「政治」への関心を喚起するものであるいえます。実は「一人の力ではどうにもならない問題があるとき，人々が集まって"私たち"を形成し，"私たち"の問題を解決していくことこそ，デモクラシー」なのです[5]。

たとえば地域包括ケアシステムの検討を通じて「自助・互助・共助・公助」といった役割分担が議論され，地域には互助の役割が期待されています。また，地域共生社会の実現に向けて，住民が「我が事」として地域生活課題を受け止め，活動することが期待されています。しかし，こうした役割や責任があらかじめ決められているわけではありません。社会福祉の充実は政府の責任だと主張し，地域活動を拒むこともひとつの選択肢です。しかし，自治会や民生委員などが中心となり地域において孤立死防止の活動をしているような場合，そこには「自分たちの地域で孤立死をださない」といった責任感が認められます。そして具体的な活動を通して地域としての，個々のメンバーの，あるいは行政としての役割が形成されていきます。地域での助け合いの活動が社会福祉における公的な責任を曖昧しているとの批判もありますが，"私たち"が集い，力を合わせて福祉活動に取り組むことは，一見すると脱政治的な活動に見えますが，そうした活動のなかにこそ，デモクラシーが宿っているともいえるのです。

❸ ソーシャルワーカーの役割

ソーシャルワークでは，困難な状況（＝環境）に置かれているクライエント（以下，住民とする）と環境との接点に介入することで，生活課題の緩和・解決を図っていきます。しかしそれは，当該住民と環境との関係を調整するだけではなく，環境の側に問題があれば，環境そのものを変革していきます。

ソーシャルアクションは，住民の立場から環境にはたらきかけ，その改善を図っていくための活動です。その際，住民と軋轢のある環境との間での「合意形成」を目指すのであればワーカーは**イネイブラー**（enabler）的な役割を担う[6]ことになりますし，日本において多様な展開が認められる障害者運動のように「闘争・葛藤」を通じて変革を図っていくことを目指すのであれば，ワーカーは代弁者（advocator）や**オーガナイザー**（organizer）として環境にはたらきか[7]けることになります。

（松端克文）

▷4 ⇒V-1参照。くわしくは，松端克文（2018）「第1章『つながりをつくる』と『くらしをまもる』――地域福祉の2つの機能」『地域の見方が変わると福祉実践が変わる』ミネルヴァ書房，参照。

▷5 宇野重規（2010）『〈私〉時代のデモクラシー』岩波新書，ix。

▷6 イネイブラー(enabler)
地域福祉関連の文脈では「側面的援助者」とか「能力を付与する人」と訳されたりする。本文では，地域の住民が自主的に参加し，協議・議論し，住民が自治的に決定できるよう支えることをいう（髙森敬久ほか著（1989）『コミュニティ・ワーク――地域福祉の理論と方法』海声社，110-123，参照のこと）。

▷7 オーガナイザー(organizer)
コミュティを組織化する人のことをいう。その役割には，組織化（必要とされている組織をつくる），管理運営（組織運営をまわす），ソーシャルアクション（課題解決に向けて訴える）といったものがある（髙森敬久ほか著（2003）『地域福祉援助技術論』相川書房，213-215，参照のこと）。

なお，日本において「闘争・葛藤」を通して社会の変革を図ってきた取り組みとしては障害者運動がある。たとえば，中西正司（2014）『自立生活運動史――社会変革の戦略と戦術』現代書館；定藤邦子（2011）『関西障害者運動の現代史――大阪青い芝の会を中心に』生活書院；渡辺一史（2013）『こんな夜更けにバナナかよ――筋ジス・鹿野靖明とボランティアたち』文春文庫，などが参考となる。

Ⅴ　地域福祉の推進方法

方法としての福祉教育

教育と福祉の連携協働の必要性

　近年，不登校・いじめ・子どもの貧困問題の深刻化等，学校教育現場には困難な問題が山積しています。核家族化・ひとり親家庭の増加等による家庭の養育機能の低下に加え，経済的格差の拡大とこれによる不安定な生活環境が問題となっており，国民全体が「生きづらさ」を感じています。また，コミュニティ機能の脆弱化や「福祉の外在化」（岡村重夫）や「福祉や教育への無関心化・専門職依存」が進行しており，大きな社会問題となっています。

　このため，教育と福祉が個々の課題に即時的・対症療法的に対応するだけでなく，問題の社会的分析をふまえ，将来の市民である子ども達の「共に生きる力」を育むための教育実践が求められています。子ども達の成長発達にとっては，家庭教育や社会教育・地域教育も非常に重要な役割を持ち，教育と福祉が協働して今後の具体的な対応を模索していくことが社会全体の責務です。

2　最近の教育と福祉の動向

　2006年に教育基本法が改正され「学校，家庭及び地域住民等の相互の連携協力」の規定が新設されました。2015年12月に文部科学省中央教育審議会は，「チームとしての学校の在り方と今後の改善方策について（第185号）」「新しい時代の教育や地方創生の実現に向けた学校と地域の連携・協働の在り方と今後の推進方策について（第186号）」を答申しました。

　社会福祉では，少子高齢化・人口減少化の進行に加え，従来の分野別の施策・サービス提供では解決できない複合的かつ深刻な社会問題の対応策として厚労省は，2016年7月に「地域包括ケアの深化・地域共生社会の実現」に向けて，「『我が事・丸ごと』地域共生社会実現本部」の構想を打ち出しました（52頁参照）。

　「社会福祉法等の一部を改正する法律」が，2016年3月に公布され，第4条第2項では福祉，介護，介護予防，保健医療，住まい，就労および教育に関する課題が「地域生活課題」として規定されました。このように，教育と福祉の動向を概観しても，両者の学際的・実践的協働が必要不可欠であり，福祉教育が果たす役割は大きいといえます。

3 福祉教育の目的と現状

1983年全国社会福祉協議会「第二次福祉教育委員会（委員長：大橋謙策）」では，福祉教育を定義しました。

また，2005年に全社協福祉教育推進検討委員会が，「平和と人権を基盤にした市民社会の担い手として，社会福祉について協同で学びあい，地域における共生の文化を創造する総合的な活動」として，「地域福祉を推進するための福祉教育」を提唱し，学校や社会福祉協議会を中心に福祉教育が展開されています。このように，福祉教育は，単に知識として福祉を学ぶだけではなく，人権意識や共生意識の醸成や，社会的課題に立ち向かう力を育成することで，「人間の尊厳」「共生社会の創造」「コミュニティの中の一員としての責任感や連帯感や問題解決力の育成」「地域における共生の文化を創造」をめざすことが教育目標であるといえます。

しかし，現在の学校での福祉教育実践は，今なお「障害・高齢者疑似体験」「施設訪問」「手話・点字の技術講習」等が中心であり，目的・理論と実践の乖離があります。疑似体験は，障害者や高齢者の生活を理解することなく「障害」のネガティブな部分だけを取り出し，マイナスのイメージだけを子どもに学ばせ，「手助けをしてあげる」という一方的な意識をもつ危険性があると言えます。このような体験学習にとどまる福祉教育は，個人の経験による能力・技術の向上・習得に収斂されがちで，「人間としての尊厳」を基盤とする本来の教育目標の達成に向けた実践と理論化が乏しかったという点が指摘できます。

4 福祉教育とコミュニティ・スクール・地域学校協働活動

「コミュニティ・スクール（学校運営協議会制度）」は，2004年に「地方教育行政の組織及び運営に関する法律」第47条が改正され，地域独自のニーズに基づき地域が運営に参画する新しいタイプの公立学校として導入されました。2017年4月には，同法一部改正により教育委員会にコミュニティ・スクール導入が努力義務化され2016年2,806校から2017年現在全国で3,600校に増加しました。

「地域学校協働活動」とは，地域の高齢者，成人，学生，保護者，PTA，NPO，民間企業，団体・機関等の幅広い地域住民等の参画を得て，地域全体で子供たちの学びや成長を支えるとともに，「学校を核とした地域づくり」を目指して，地域と学校が相互にパートナーとして連携・協働して行うさまざまな活動です。

コミュニティ・スクールが，「学校運営の地域協働化」であるとすると，地域学校協働活動は「学校教育実践の地域協働化」といえます。これからの福祉教育は地域福祉の推進の方法として「地域共生社会の創造」や「新しい時代の教育や地方創生の実現」に向けて，コミュニティ・スクールや地域学校協働活動との連携・協働に積極的に取り組んでいくことが期待されます。　（新崎国広）

▷1　「憲法13条，第25条などに規定された基本的人権を前提にして成り立つ平和と民主主義を作りあげるために，歴史的にも社会的にも疎外されてきた社会福祉問題を素材として学習することであり，それらとの切り結びを通して社会福祉制度・活動への関心と理解を進め，自らの人間形成を図りつつ，社会福祉サービスを受給している人々を社会から，地域から疎外することなく，共に手をたずさえて豊かに生きていく力，社会福祉問題を解決する実践力を身につけることを目的として行われる意図的な活動」。

Ⅵ 地域福祉の推進主体① 地域福祉を推進する人々

地域福祉の主体・担い手

地域福祉の主体を論じる前に

　地域福祉の主体を論じるのはとてもむずかしいことです。というのは，本書では地域福祉を理念，政策，実践の相互作用のなかで展開される生活圏域での実践，運動ととらえていますので，その時々の時代状況や，また実践される圏域（広域か市町村域，小地域など）の違い，財源的背景などによって推進主体が異なるからです。

　近年の地域福祉の理論・実践の系譜を整理した岡本榮一は，「場─主体の地域福祉論」として，「場」というステージで在宅ケアや地域ケアが展開されるという軸と「主体」という軸，すなわち当事者，住民や行政などの推進セクター，アクターとをクロスさせて，地域福祉の推進を説明しています。では，実際には誰（どこ）が地域福祉を推進しているのでしょうか？

　今日的な地域福祉実践は，インフォーマルケアとフォーマルケアとの統合や，さらに広義の地域ケアを包括的に，分野横断的に進めるシステム形成にまで発展しており，少なくとも従来の主体論では説明できなくなっています。多元的な主体の出現とそれらのネットワークによる推進がなされているからです。

　また，主体や担い手の発揮する機能との関連で論じることも重要です。たとえば，ニーズキャッチ（発見）はだれがどのようにするのか。地域生活課題の解決に向けてだれがどのようなプランを策定し実行していくのか。誰が評価するのか。などのプロセスで主体を論じることが重要です。さらに，今日的には，2000年以降の社会福祉事業法から社会福祉法制定へのなかでの地域福祉の位置づけや2015年頃からの，国の「地域共生社会の実現」という政策理念，目標との関係で述べることも必要でしょう。それは地域福祉の政策化のなかで，地域生活課題についての概念や推進主体についても，社会福祉法第4条に書き込まれているからです。

2 主体となる人

　では，具体的には，どのような人達が，主体として力を発揮しているのでしょうか。

　地域福祉を推進し，住民の生活課題を解決していくためには，直接生活の困りごと，広い意味での「ケア」に携わる人が必要です。そして，「ケア」を成立

させるために資源や人々を組織したりする「コーディネート」や「マネジメント」という機能が必要です。たとえば，介護が必要な高齢者が地域で暮らしていたとしましょう。本人の自立生活を維持するためには，本人自身の地域社会のなかで"豊かに生きたい"という意欲を尊重し，日常生活のなかで本人の力を引き出すことと回復していくことが理念的には重要です。そのためには，専門職と非専門職の両者のかかわりが必要となります。図Ⅵ-1はケア性とコーディネート性の軸と専門性と非専門性との軸を

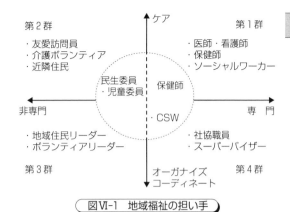

図Ⅵ-1 地域福祉の担い手

クロスさせ主体を4つの区分（群）に分けたものです。第1群は個別的なかかわりとして，専門職としてのソーシャルワーカー，介護福祉士や看護師などによる直接的，具体的な相談援助や身体介助，入浴介助など狭い「ケア」と，第2群のボランティアや近隣住民などによる支援である配慮，交流，話し相手も含めた関係性としての非専門職による「ケア」が必要です。そしてそれらの「ケア」を構築していくためには，第3群の非専門職としてのボランティアリーダーや住民リーダーなどそれぞれのかかわりが必要であり，第4群ではそうした人びとをコーディネートし，財源確保しながら，配置する必要があります。必要に応じて開発する役割も求められます。あてはまるのは専門職としてのコミュニティワーカーや公民館職員などです。地域にはさまざまな課題を抱えた人びとが暮らしているので，地域福祉の実現のためには，専門職と非専門職の協働が求められます。今日では専門的知識や技術を人間としての教養として発揮しようとする人びと，つまりボランタリズムの発揮として，地域住民が市民活動やボランティア活動として，地域社会で活躍する場面が多くなっています。民生委員・児童委員や保護司などの厚生労働大臣や法務大臣などの委嘱によるボランティア精神に基づく担い手が大きな役割を果たしているのです。

　個人としての担い手に対して，地域福祉の主体には団体，機関もあります。中核的機関としては社会福祉協議会があり，その他に社会福祉施設や町内会・自治会などの地域福祉推進組織，NPOやボランティア団体，当事者組織，生活協同組合，農業協同組合，共同募金会などがあります。つまり，地域福祉はこのような個人のネットワークと組織，団体間の連携，協働によって推進されているのです。

　今日では，地域福祉が政策として推進される状況にあるだけに，自治体の責任も改めて問われます。しかし，法制度的な後押しがあるからといって，それだけで地域福祉が充実するわけではありません。地域福祉を実践する多様な主体が連携・協働して，地域福祉を運動として推進していくことが重要だといえます。

（上野谷加代子）

▷1　⇨Ⅰ-3，Ⅳ-1，Ⅳ-2参照。

Ⅵ 地域福祉の推進主体① 地域福祉を推進する人々

 専門職と地域福祉

地域福祉の推進にはさまざまな人びとが関わりますが，なかでも中核的な役割を担うのが，専門的な知識と技能をもつ専門職です。地域福祉の推進に関わる専門職としては，社会福祉士，精神保健福祉士，保育士，介護福祉士のほか，医師や保健師など保健医療の専門職もその担い手となっています。

ここでは，地域福祉を推進する専門職に求められるソーシャルワークの機能と多職種連携・協働について，国家資格である社会福祉士，精神保健福祉士，保育士の3資格の概要と関係について見てみます。

1 ソーシャルワーク専門職としての社会福祉士と精神保健福祉士

社会福祉士[1]は「社会福祉士及び介護福祉士法」，**精神保健福祉士**[2]は「精神保健福祉士法」に規定される国家資格です。両資格ともソーシャルワークという専門性を身につけて，必要な価値規範や倫理，そして支援を行う時に必要となる知識や理論・技術に基づいた実践を行います。

そのうえで，社会福祉士は，社会のあらゆる問題を対象とし，精神保健福祉士は，主に精神障害を抱えている人に関わる社会的な問題を対象にしています。各資格の有資格者で構成する職能団体（日本社会福祉士会，日本精神保健福祉士協会，日本医療社会福祉協会）では，ソーシャルワーカーの国際組織（IFSW・IASSW）が定めるソーシャルワーク専門職のグローバル定義（社会正義，人権，集団的責任，および多様性尊重の諸原理を基盤としたもの）を合同で採択し，そのうえで各団体の倫理綱領を定めています。

2 保育士

保育士は児童福祉法に規定される国家資格で，「子育て家庭支援」，「幼児教育」「障害のある子どもへの支援」など，子どものケアとともに多職種・機関・地域社会との連携が行える知識と技術を有する専門職です。

保育士の職能団体である全国保育士会では，子どもの最善の利益の尊重を柱とした倫理綱領を定め，支援を行う時に必要となる知識や理論・技術に基づいた実践を行います。

3 福祉専門職制度をめぐる近年の動向

近年，国は「地域共生社会の実現」を政策理念として掲げ，その流れのなか

▷1 社会福祉士
心身上や環境上の理由によって，日常生活に困難を抱えている人たちからの相談を受け，助言や必要に応じてその人の関係者（家族・福祉機関・医療機関・地域社会など）との連絡や調整・介入などを行うことで解決に向けた支援を行う専門職。ソーシャルワークの基礎や広範な福祉サービスに関すること，医学，心理学，社会学など多岐にわたる知識と技術を有する。

▷2 精神保健福祉士
精神障害や精神保健の課題を抱えている人たちの相談を受け，助言や必要に応じてその人の関係者（家族・福祉機関・医療機関・地域社会など）との連絡や調整・介入などを行うことで解決に向けた支援を行う専門職。社会福祉士と同様にソーシャルワークの基礎や福祉サービスに加え，精神保健，精神医学，精神科リハビリテーションなどの知識と技術を有する。

で地域福祉のあり方や福祉の専門職制度のあり方が検討されています。福祉ニーズが多様化・複雑化するなかで，これまで介護，障害福祉，子育てといった制度ごとで縦割りのサービス提供を，分野横断的かつ総合的・包括的な支援体制の環境整備をするための法整備がなされました。また，地域の実情に応じた支援体制の整備とともに，そのなかで中核的な役割を果たす福祉人材育成も検討されています。

地域共生社会の実現をめざした政策が展開されるなか，厚生労働省では，包括的支援を行う人材に求められるソーシャルワークの5つの機能（①制度横断的な知識，②アセスメント力，③支援計画の策定・評価，④関係者の連携・調整，⑤資源開発）とともに，ソーシャルワーク専門職である社会福祉士や精神保健福祉士には，「複合化・複雑化した課題を受け止める多機関の協働による包括的な相談支援体制を構築するためのソーシャルワークの機能」と「地域住民等が主体的に地域課題を把握し，解決を試みる体制を構築するためのソーシャルワークの機能」が求められるとしています。

また，近年，子育てをめぐる地域や家庭の状況は変化し，子育ての負担や不安，孤立感が高まる状況のなか，児童虐待の発生も後を絶たず，大きな社会的問題になっています。保育所等利用児童数の増加や子育ての負担・孤立感の高まり，児童虐待相談件数の増加などを背景に，保育士には子どものケアとともに「家庭」や「子育て支援」，「幼児教育」への専門性や，子どもと家庭を包括的に理解し，地域のなかで支援していくための機能が求められています。

これらの機能を，たとえば子育て家庭の課題（支援のニーズ）と支援課題（支援のニーズ）で考えてみましょう。育児不安（子どもの発達や保育の知識・技術），家庭における育児への無理解や不和（子どもを取り巻く環境への介入と調整），うつ・アルコール等依存（精神保健の知識），虐待（医療・心理の知識や緊急介入），就労機会の減少による所得の減少（さまざまな制度やサービスへのつなぎ），地域社会からの孤立（地域アセスメントと地域住民のサポートの可能性や調整）など，子育て家庭の例ひとつをとってもさまざまな複合的な課題と求められる機能（包括的支援の機能）が見えてきます。これらの複合的な課題を，社会福祉士，精神保健福祉士，保育士等福祉の専門職がひとりで対応するのではなく，関係する保健・医療の専門職や機関等とも連携・協働しながら支援を必要としている人々をトータルにサポートしていくことが求められます。

地域福祉を推進し，地域共生社会を実現するためには，制度の縦割りを脱却し，包括化した支援体制の構築をめざすことと同様に，各専門職の専門性を活かしながらも，包括的支援に結びつけるためには専門職間の「連携」と「協働」が重要となります。

（小森　敦）

▷3　保育士養成課程等検討会（2017）「保育士養成課程等の見直しについて」2。

参考文献

ニッポン一億総活躍プラン（閣議決定，2016年6月2日）。

地域における住民主体の課題解決強化・相談支援体制の在り方に関する検討会（2016）（地域力強化検討会）「中間とりまとめ」厚生労働省。

社会保障審議会福祉部会福祉人材確保専門委員会（2018）「ソーシャルワーク専門職である社会福祉士に求められる役割等について」。

保育士養成課程等検討会（2017）「保育士養成課程等の見直しについて～より実践力のある保育士の養成に向けて～（検討の整理）」厚生労働省。

Ⅵ 地域福祉の推進主体① 地域福祉を推進する人々

3 コミュニティワーカー

1 コミュニティワーカーとは

コミュニティワーカーは，コミュニティ（地域社会）において課題を抱えた人々や地域全体の課題に住民自身が気づき，その解決のための組織づくり・活動づくり・計画化・地域社会の変革・開発を，コミュニティワーク（地域援助技術）という**専門的援助技術**◁1を用いて支援・協働する専門職です。

日本では，社会福祉協議会（以下，社協）の地域支援を担当する職員がその代表例といえます。

2 コミュニティワーカーの変遷

戦後，社会福祉協議会の設立（1951）と併せて，アメリカのコミュニティオーガニゼーション（CO）の理論が輸入されました◁2。その後，社協に専門職員が配置され◁3，1980年代からはコミュニティケアの推進が強調され，イギリスのコミュニティワーカーという言葉が定着しました。1990年代にはコミュニティソーシャルワーカー（以下，CSW）が日本に紹介され，社会福祉方法論の統合化の流れのなかでCSWに包含されて論じられることもありますが，実際にはCSWひとりで個別支援から地域支援すべてを担うことへの限界などから，コミュニティワーカーやその機能の必要性は高いといえます。

3 コミュニティワーカーの5つの役割

以下，筆者の実践をもとに，役割を5つに整理しました。それぞれ単発的ではなく連続・往来・循環しながら役割を発揮し続けることが大切です。

① 住民（当事者）の組織化

一定の圏域における住民の福祉推進組織づくり，また同じ課題を抱えた当事者の組織づくりを支援する役割です。組織化にあたり，その**圏域**◁4をどこに設定するかの判断も大切になります。

② 地域課題の把握・学習

住民自身が地域性や地域課題を把握し共有することを支援します。住民による気づきを促すためには，住民と協働での個別支援や調査やフィールドワーク，学習の場や課題を共有する場（機会）づくりなど，さまざまな支援が考えられます◁5。また，課題は潜在化していることが多いため，ワーカーは積極的に地域

▷1 **専門的援助技術**
社会福祉援助技術（ケースワーク，グループワーク，コミュニティワーク）のうちの1つ。

▷2 地域組織化やソーシャル・アクションの考え方が社協に取り入れられ，小地域での住民組織化（保健福祉地区組織育成中央協議会など），公衆衛生対策・公害対策などが進んだ。

▷3 1966年に国庫補助により法人化された市町村社協に1人ずつ福祉活動専門員が配置された。

▷4 **圏域**
①自治会・町内会の組・班，②自治会・町内会，③学区・校区，④市町村の支所，⑤市町村全域，などがある（厚生労働省（2008）『これからの地域福祉のあり方に関する研究会報告書』より）。

▷5 特にこの過程では，住民の気づきや主体性を育むために福祉教育の視点は絶対に欠かせない。

に出向くことが大切です。

③　ネットワーク化

⑴住民組織，⑵医療・福祉等の専門職，⑶福祉施設・事業者・学校等の関係機関，⑷行政の各部局や政策等のネットワークなど，縦横のネットワーク化を促進する役割です。この際，専門職主導ではなく住民が主体的に多様な機関等を活用し巻き込むことを支援する視点が大切です。

④　社会資源の開発

地域に社会資源がない（もしくは不調和な）場合，必要とする活動・サービス・拠点・しくみ・制度等を生み出す（もしくは調整する）ための支援を行います。活動やサービス開発は専門職主導で行うと，住民活動をサービスの代替化することにつながるので注意しましょう。

⑤　事業化・システム化・計画化

福祉活動や実践をより普遍的に実施するための事業化，実践や事業・ネットワークを組み合わせて地域福祉を推進するしくみにするシステム化，これらを民間の地域福祉活動計画や行政の地域福祉計画として策定する計画化をする役割があります。

❹ コミュニティワーカーに必要な４つの視点

以下，上記機能を果たすため筆者が必要だと考える視点を４つ記載しました。

①　住民主体の原則

最も大切な視点です。誰もが自分らしく暮らす主体であり，その暮らしを営む地域をつくる主体である，という原則です。さらには，民主化・住民自治をめざす視点ともいえます。決して住民を個別支援・ケアの資源や対象として捉えないよう注意が必要です。

②　制度・施策を横組みに見る

住民は生活者として，分野・領域問わずさまざまな問題や関心を持っています。コミュニティワーカーは，住民の目線に立ち，制度や施策の縦割りではなく生活全体を横組みにとらえましょう。

③　壁とプログラムと場を意識する

住民や地域全体が直面している壁（課題・問題）を把握し目標設定をし，プログラム（事業）やそれを生み出す場（会議）を選択・マネジメントする能力，そして計画的にそれらを遂行する企画実行能力が求められます。

④　中長期を展望し社会変革・開発をめざす

住民の主体性を育み，組織や活動が生まれ地域が成熟するには，少なくとも数年から数十年の時間がかかります。中長期を展望し，かつ住民とともに社会変革・地域社会開発（住民の福祉意識の変容や共同性の開発）をめざす視点が大切です。

（猪俣健一）

▷6　右田は，「個人・家族・住民のそれぞれが疎外に抗しつつ，主体的にその本来的な生活を営もうとする存在であると認識する（生存主体認識）」ことが大切だと強調している（右田紀久恵（2005）『自治型地域福祉の理論』ミネルヴァ書房，18）。

▷7　会議をマネジメントする能力には，住民や専門職など多様な参加者の議論を促すためのファシリテーション技術等がある。

Ⅵ 地域福祉の推進主体① 地域福祉を推進する人々

コミュニティソーシャルワーカー (CSW)

▷1 菱沼幹男（2008）「コミュニティソーシャルワークを展開するスキルと専門職養成」『文京学院大学人間学部研究紀要』Vol.10, No.1, 1。

▷2 ①ニーズキャッチ（問題発見）機能、②個別相談・家族全体への支援機能、③ICFの視点をふまえたケアマネジメントを手段とした自己実現型ケア方針の立案機能、④個別ごとのケアマネジメントにおける専門多職種連携、インフォーマルケアを有機化する個別支援ネットワーク会議の開催機能、⑤ストレングス・アプローチ、エンパワーメント・アプローチによる継続的なソーシャルワーク実践の機能、⑥インフォーマルケアの開発とその組織化機能、⑦個別援助に必要なソーシャルサポートネットワークの組織化と支援ネットワークのコーディネート機能、⑧サービスを利用している人々の組織化とピアサポート活動の促進機能、⑨個別問題に代表される地域問題の再発予防および解決策のシステムづくり機能、⑩市町村の地域福祉実践に関するアドミニストレーション機能、⑪市町村における地域福祉計画づくり機能。

▷3 大橋謙策（2015）「コミュニティソーシャルワークの機能」中島修・菱沼幹男編著『コミュニティソーシャルワークの理論と実践』中央法規出版, 27-37。

1 コミュニティソーシャルワーカーが求められる理由

近年地域福祉を推進する専門職として注目されているのがコミュニティソーシャルワーカー（以下、CSW）です。その理由のひとつとして、地域社会で人と人のつながりが弱くなり、社会的孤立等からくる生活のしづらさを抱えた人が増えていることがあげられます。CSWはそのような福祉制度の対象になりづらい、潜在化している地域生活課題に対し、制度の狭間に陥っている人を、住民と協働して支援し、あわせて地域の予防的なしくみを創ることを通して、自治体の地域福祉の推進を牽引しています。

2000年頃より先駆的な自治体で取り組みが始まりましたが、2014年NHKで実在の社会福祉協議会（以下、社協）のCSWをモデルにしたドラマ「サイレント・プア」が放映されてからは、認知が広まり特に社協での配置が進みました。

2 コミュニティソーシャルワークの歴史・定義・機能

コミュニティソーシャルワークは歴史的に見ると1982年イギリスのバークレー報告によって打ち出された概念です。当時わが国でもその内容や具体的実践としてのパッチシステム等が紹介されたものの日本的昇華には至りませんでした。しかし1990年代に入り地域福祉の具現化が志向されるなかで、地域福祉の理論や方法の再構築として援用され、再定義化が行われました。

その再定義化に取り組んだ大橋謙策は、11の機能を提唱していますが（大橋, 2015）、十分にコンセンサスを得られているとはいい難い現状があります。しかし他の論者も含め大まかに個別支援と地域支援、しくみづくり等の規定ではほぼ一致してきています。全国のCSW実践を調査した野村総合研究所では、調査にあたりCSWを「名称・呼称は問わず、『①小地域単位で担当し、②制度の狭間の課題も含めて、個別支援と地域の社会資源をつなぎ、③地域特性に応じた社会資源やサービスの開発を含めた地域支援を行う』という役割を担っている人をCSW（地域福祉コーディネーター）」と定義しています。

3 CSW実践の状況と課題

現在CSWの実践は全国に広まっています。先駆的な取り組みとして市町村レベルでは、神奈川県横浜市、富山県氷見市、長野県茅野市等があり、都道府

県レベルでは、いち早く大阪府が2003年「大阪府地域福祉支援計画」のなかで、CSWを中学校区の圏域に配置する計画を打ち立てました。2017年には大阪府下190名のCSWが市町村社協や高齢者施設等に配置されています。

全国的なCSW配置状況の統計はありませんが、その主な配置先である社協の実態調査によると、CSWを配置している市町村社協は全国で約53％となっています。全国の半数以上の基礎自治体でCSWが配置されている状況です。

全国的に配置が進むCSWですが、高度な専門技術が求められるため、多くのCSWは試行錯誤のなか実践に取り組んでいるのが現状です。以下に現在の主な課題を整理しました。

① 機能の幅への対応：大橋の11の機能のように、コミュニティソーシャルワークの機能は幅広く設定されており、現場のCSWを悩ましています。一部の機能に軸足を置いて取り組むところや、複数の機関がチームで機能を果たすしくみを創るところなどの取り組みの工夫が生まれています。

② ワーカーの専任配置の課題：先述のとおりCSWを配置している社協は約53％ありますが、専任で配置している社協となると約10％に下がります。幅の広い機能を果たすCSWが他の業務と兼任しながら取り組んでいるのが現状です。

③ CSW養成・研修等の課題：CSWの養成・研修に関して、全国的にオーソライズされた研修プログラムはなく、各実施主体が試行錯誤のなか独自のカリキュラムを作成し取り組んでいる状況です。CSWの養成には、研修プログラムの確立に加え、幅の広い機能に対応するCSWをOJTで指導するスーパーバイザーの養成も課題です。

④ しくみづくりを創るためのシステムの構築：CSWが安心して支援に取り組むには、豊中市のライフセーフティネットのような公的なしくみづくりの場が必要です。CSWはしくみづくりの場を活用し、解決手段（ニーズの出口）を持つことにより、未知のニーズに対し積極的な姿勢が生まれます。

⑤ 前提としての住民の地域福祉力の形成：CSWが活動する前提として、住民らによる地域福祉活動が存在する必要があります。特にニーズキャッチ機能やソーシャルサポートネットワーク機能については住民との協働は欠かせません。住民による福祉活動が活発か否かによって、CSWの取り組む力点が大きく変わってくるからです。

これらの課題に取り組むためにはCSW個人の力量に頼るのではなく、地域福祉計画のなかでCSWを活かすシステムを創り、自治体の総力をあげて取り組む必要があります。

（所　正文）

▷4　野村総合研究所（2013）「コミュニティソーシャルワーカー（地域福祉コーディネーター）調査研究事業報告書」平成24年度セーフティネット支援対策等事業補助金（社会福祉推進事業分），3。

▷5　大阪府社会福祉協議会ホームページより（http://www.osakafusyakyo.or.jp/chiiki-g/database2/publicdata/table17）。

▷6　全国社会福祉協議会（2016）「2015年度市区町村社会福祉協議会活動実態調査結果」。

参考文献
所正文（2014）「コミュニティソーシャルワーク機能による主体性を高める地域包括ケアの推進」『地域福祉研究』42。

Ⅵ　地域福祉の推進主体①　地域福祉を推進する人々

ボランティアコーディネーター

　ボランティア活動は，ボランティア活動をしたい側とボランティアの支援を求める側によって成り立つものです。この両者を結ぶ役割をするのがボランティアコーディネーターです。

　両者は，個人と個人，個人と団体，団体と団体の場合が考えられます。友だち同士やご近所づき合いで助け合うなどは，互いに気心が知れていますし，コーディネーターは必要ない場合がありますが，ここではボランティアセンターなどのコーディネーターが仲介する場合を考えます。

1　価値観の違いを，コミュニケーションで補う

　人の価値観は，十人十色というようにそれぞれ違います。違って当たり前とも考えられます。コーディネーターは，両者それぞれの相談者の話しを充分に聞き，その人の価値観を見つけ（キャッチ）なければなりません。そのうえで，両者の出合いを設定し，さらに両者の価値観ができるだけ沿う（マッチ）ように支援をします。相談者とコーディネーター，そして両者間においてもそれぞれ双方の話し合い（コミュニケーション）が重要です。また違う価値観との出合いと理解は，互いの価値観や視野が拡がり，考え方などのキャパシティを大きくします。

2　活動の流れに沿ってのコーディネートを

　ボランティア活動は，①体験する（Do），②体験を振り返る（Look），③考える（Think），④試みる（Try）のサイクルが大切です。コーディネーターは，活動を紹介したあと，両者に任せるのではなく，活動の点検や，気づき，新たな試みなど，節目にあった支援をします。個人であれ，団体であれ，ボランティア活動を通して，どのように社会参加できているか，活動内容に無理はないか，継続をどこまでにするか，団体の場合は参加者同士の関係は良好かなど，活動のサポートを常に心がけます。またボランティアに対しては，一時的な活動に終わるのではなく，生活の一部（Part of Life）として，細く，長く，活動を続けられるよう，寄り添うことも重要です。

3　ボランティアコーディネーターの役割

　これまでの流れをふまえ，ボランティアコーディネーターの役割を整理しま

▷1　ボランティア・市民活動支援実践研究会（2012）「社協ボラセン　ナビ〜ボラセンのいいところ，魅力が満載〜」全国社会福祉協議会，24-25。

す。

　①多様な相談を「受け止める」、②活動の場やボランティアの募集など「求める」、③情報の収集や整理など「集める」、④調整や紹介など「つなぐ」、⑤気づきや学びの場の機会を提供し「高める」、⑥新たなネットワークづくりやプログラムの開発をする「創り出す」、⑦記録や統計など「まとめる」、⑧情報の発信、提供など「発信する」の8つの役割といわれます。

　とくに「つなぐ」はあとの7つの中心に位置づけされます。なお、大学のボランティアセンターでは、「つなぐ」とともに、「高める」も中心に位置づけし、学生の活動をサポートすることが大切と考えられています。

　以上を、少し詳しく説明します。

　相談者に対して、その思い、本当に相談したいこと（主訴）、コーディネーターとして必要な事項の聴きだしを「受け止め」、相談者のニーズに沿った場や、クライアント（ボランティアを求める側）に沿ったボランティア募集で「求める」。それらのニーズを満たすため、日頃から情報を「集める」。そして最初に書いたように、両者を「つなぐ」、これが軸になります。さらにボランティア活動を通して、新しい学びや視野が広がり、価値観が拡大するという「高める」効果が重要です。特に若い世代では、活動を通して社会や他世代を知り、学ぶという視点を大切にしたいことから、大学ボランティアセンターでは、「つなぐ」とともに「高める」を軸にします。コーディネーターは、既存のヒト・モノ・情報を組み合わせるだけでなく、クライアントに沿った活動やボランティアの募集など、創造力も求められます。一人から集団へ、ネットワークへ、新たなしくみづくりのための働きかけなど、「創り出す」力、意欲、発想が大切です。

　これらの動きを記録し、客観的な評価に応えるために「まとめる」作業は欠かせません。また、これが後続の参考にもなり、貴重な資料となっていきます。最後は「発信する」です。平成25年度の内閣府の調査では、「ボランティア活動に関心がある」は58.3％に対し、「活動経験がある」は35％でしかありません。また13歳〜29歳の国際比較では、「関心がある」は、米国61.1％、韓国56.9％、英国50.6％、ドイツ50.4％、フランス42.6％、スウェーデン42.8％に対し、日本は35.1％でした。「ボランティア」という言葉は一般に使用されるようにはなっていますが、その理解と参加には、まだまだ厳しい現状です。ボランティア活動は、より広範な市民、住民に周知し、社会に起こるさまざまな課題解決のためにも、発信を欠かさず、参画者を拡げていかなければなりません。そのためにも、ボランティアコーディネーターの役割は大きいといわなければならないでしょう。

（脇坂博史）

▷2　日本ボランティアコーディネーター協会編／早瀬昇・筒井のり子（2009）『市民社会の創造とボランティアコーディネーション』筒井書房，140-155。

▷3　内閣府（2013）「市民の社会貢献に関する実態調査」（平成25年度）。

参考文献
　巡静一（1996）『実践ボランティア・コーディネーター』中央法規出版。
　福祉のみならず、病院、学校、企業、労働組合、国際協力、さらに災害に至るまでのコーディネーションが紹介されています。

Ⅵ 地域福祉の推進主体① 地域福祉を推進する人々

 地域住民とボランティア

1 私とボランティア活動との出会い

　私が,初めて参加したボランティア活動は,子ども会活動です。27年前,36歳の時です。長男が小学3年生,長女が2年生,次女が年長でした。きっかけは,私自身の病気でした。地縁のない友人もいない桑津で出産して子育てをしていた私には,「不安なこと」を相談できる人が,なかなか上手く見つけられなかったのです。34歳のときに,子育ての不安から「うつ病」を発症してしまいました。寝たきりから外に出れらるようになるまでに1年かかりました。そして,ようやく家の外に出られた時,友人に「子ども会活動に参加しない？」と誘っていただきました。どのような活動か知りませんでしたが,「友達できるかも」と恐る恐る参加するようになったのです。

2 初めての嘆願運動——親の想いを地域の人に伝える

　近所の同じ年頃の子どもを持つ親同士で,子ども会の活動をするのは,とても楽しいものでした。「子ども達が喜ぶ顔が見たいね」「私らも子育て楽になりたいね」いつかそんな想いが,私達の間で膨らみました。そのころ地域には,児童館や図書館はありませんでした。子ども会に拠点がありません。2002年に,桑津小学校の北側に「仮設消防署」が建ちました。1年だけ使用されて壊される予定でした。「もしもこの施設を借りることができたら,もしかして,親たちの手作りの児童館ができるかもしれない」桑津子ども会育成連合会で提案すると,全員が賛成しました。「じゃあ,私達で嘆願書を作りましょう」。私達は,「嘆願書」を桑津連合振興町会の会長に提出したのです。

3 「桑津子どもの家　ハートフレンド」の誕生——ワクワクする日々

　最初は,反対された嘆願でしたが,次第に地域の人が賛同してくださり,区役所と桑津連合振興町会で契約書が交わされました。2003年6月,消防署あとは「桑津子どもの家」として再生しました。そして12月,子どもの家を拠点にした新しい組織「ハートフレンド」が発足したのです。「子どもが主人公になる居場所づくり」をスローガンにさまざまな活動が生まれました。親から希望が一番多かったのは「てらこや」です。5年生でも1年生の内容から復習する塾です。指導員は地域のシニア世代です。「元気に学校にいこう」を目標にし

ました。参加費を光熱維持費に充てました。登録の子ども達は250名あまり，ボランティアは100名を超えました。

4 見えてくる地域の課題
（一人の困りごとがみんなの困りごとへ）

2006年4月に法人化をしました。当時，理事は10名，監事は連合会長が引き受けてくれました。会員の多くは，地域の町会長や女性部長，団体の代表や地域活動を支援している人達です。2006年には，大阪市の「地域子育て支援拠点事業」を受託して乳幼児親子の広場を開設しました。子育てをしていくなかで，困りごとをいつでも相談できる場，子どもも親も育つ場，また，地域の多世代の人が顔が見える拠点として活動をしています。活動は，乳幼児親子の広場，児童デイサービス，てらこや，こども防災ジュニア・リーダーなど多岐にわたっていますが，特に「学校に行きづらいこども達の居場所づくり」を小学校や中学校，行政と連携しつつ，地域の人に応援していただき創っています。2014年に一人の子どもの支援から始まりました。家族以外の人に誉めてもらうことで元気になり，学校にいける子どもが増えています。また，シニア世代の集まる場として「おとなのてらこや」を実施しています。地域の高齢者にも子育て支援や子どもの活動を理解していただける場にもなっています。「てらこや」の指導員のなかには，「おとなのてらこや」の利用者もいます。

桑津子どもの家

5 これからのボランティア活動のカタチ～ずっと共に～

利用者からスタッフになったお母さんも多く，現在のスタッフは48名です。親子はもちろん，独居の人も障害のある人も高齢者の人も，一人ひとりが，自分なりの「出番」がある活動を創っていきたいと思っています。私自身が，子ども会活動で生きる力をもらったように，誰もが「助けて」がいえて，時には「助ける人」になれるのが，地域に根ざしたボランティア活動の良さです。ハートフレンドを通じてお互い様で支え合える地域づくりを実現していきたいと思います。

（徳谷章子）

Ⅵ 地域福祉の推進主体① 地域福祉を推進する人々

7 民生委員・児童委員

1 民生委員とは

民生委員は，1948年に公布された民生委員法に基づいて配置されています。民生委員法は，民生委員が「社会奉仕の精神をもって，常に住民の立場に立って相談に応じ，必要な援助を行い，もって社会福祉の増進に努めるものとする」（第1条）とし，具体的な職務として，担当する区域における住民の生活状態を把握すること，生活に関する相談に応じ，助言や援助，適切な情報提供を行うこと，関係機関と連携しその活動を支援すること，行政の業務に協力することを規定しています（第14条）。また，任期は3年とされており（ただし再任できる），給与は支給されません。

さらに，民生委員は，住民の私生活に立入り，その一身上の問題に介入することも多いため，法律で**守秘義務**が課せられています。なお，民生委員は児童福祉法に基づく**児童委員**も兼務しているため，正式には民生委員・児童委員と呼ばれます。

2 民生委員の選出方法

ところで，民生委員はどのように選出されるのでしょうか。まず，地域住民のなかから民生委員にふさわしい人が，市町村に設置された「民生委員推薦会」を通じて都道府県知事に推薦されます。次に，都道府県知事がその人を厚生労働大臣に推薦し，厚生労働大臣が民生委員を**委嘱**することになります。「民生委員にふさわしい人」は，実際には自治会・町内会などの地縁組織や**民生委員児童委員協議会**のなかで適切な人を選出することが一般的です。

3 民生委員の実際の活動

次に，民生委員の実際の活動を見ていきましょう。民生委員には担当地区が

▷ 1 守秘義務
民生委員法では，民生委員は，その職務を遂行するにあたって，身上に関する秘密を守らなければならないと定めており，職務上知り得た秘密を他人に漏らしてはならない（民生委員法第15条）。しかし，たとえば，児童虐待防止法では，刑法およびその他の法律の守秘義務に関する規定は，児童虐待の通告義務を妨げるものではないと定めており（児童虐待防止法第25条），児童虐待を発見した場合は，本人の同意なく情報提供をすることが認められているなど，例外もある。

▷ 2 児童委員
児童委員の職務は，児童福祉法において，子どもや妊産婦の生活や環境の状況を適切に把握し，サービスの利用に関する適切な情報提供を行うことや関係する事業者と連携し，また行政関係機関の職務に協力することなどと定められている（児童福祉法第17条）。なお，民生委員・児童委員のうちから，主任児童委員が指名される。主任児童委員は，担当区域を持たず，区域担当の民生委員・児童委員と連携しながら子育ての支援や児童健全育成活動などの役割を担う。

表Ⅵ-1 民生委員・児童委員の配置基準

区 分	1人当たりの受け持ち世帯数（基準）
東京都区部・指定都市	220～440世帯
中核市・人口10万人以上の市	170～360世帯
人口10万未満の市	120～280世帯
町村	70～200世帯

表Ⅵ-2　民生委員の活動状況の年次推移

	平成24年度	25年度	26年度	27年度	28年度	対前年度	
						増減数	増減率（％）
相談・支援件数（件）	7 172 257	6 714 349	6 465 231	6 391 465	6 051 342	△340 123	△5.3
その他の活動件数[1]（件）	26 681 004	26 198 777	27 122 151	27 135 458	26 399 148	△736 310	△2.7
訪問回数[2]（回）	38 053 404	37 173 214	38 648 913	38 504 881	37 119 205	△1 385 676	△3.6

注：1）「その他の活動件数」は、調査・実態把握、行事・事業・会議への参加協力、地域福祉活動・自主活動及び民児協運営・研修等の延件数である。
　　2）「訪問回数」は、見守り、声かけなどを目的として心身障害者・児、ひとり暮らしや寝たきりの高齢者及び要保護児童等に対して訪問・連絡活動（電話によるものを含む。）を行った延回数である。
出所：厚生労働省（2017）「平成28年度社会福祉行政業務報告（福祉行政報告例）」。

あり、その配置基準は表Ⅵ-1に示した通りです。こうした小さなエリアでの福祉課題の早期発見は、専門職には困難です（人口2～3万人に1か所設置されることになっている地域包括支援センターの専門職と比較してみましょう）。民生委員は、担当する区域のなかのひとり暮らしの高齢者を定期的に訪問してその状態を把握したり、必要な相談にのったりしています。また、住民の困りごとについて、必要な専門職（たとえば、地域包括支援センター）につなぐことも民生委員の重要な役割といえるでしょう。このように民生委員は、住民に身近な場所で福祉課題をキャッチできる重要な存在です。近年、市町村が中核となって地域包括ケアシステムや包括的な支援体制を構築していくことが期待されるなかで、福祉課題の早期発見や要配慮者の見守りに民生委員が大きな役割を果たしているのです。さらに、高齢者のサロンや子育てサロンの活動、避難行動要支援者の台帳づくりといった小地域福祉活動のリーダーとしても大きな役割を果たしています。

表Ⅵ-2は民生委員活動の状況を示したものです。全国での民生委員の委嘱数が23万739人（2016年度末）ですから、おおむね一人当たり平均して年間約26件の相談を受け、調査や行事、会議、地域福祉活動などに約114回参加し、高齢者などの見守り、声かけのために約161回訪問を行っていることになります。

4　民生委員への支援

近年、地域の課題が複雑化・多様化するなかで、民生委員の負担が大きくなっていることが指摘されています。たとえば、全国民生委員児童委員連合会が行った全国の民生委員を対象とした調査でも、社会的孤立状態にある人（世帯）を支援した経験がある民生委員は5.4万人と、全国の民生委員の4人に1人は支援経験があることがわかっています。民生委員に対する支援にはさまざまな方策が考えられますが、最も重要なことは行政や専門職が民生委員の活動をしっかりと支えることです。民生委員が課題を抱え込まず、いつでも相談にのることができる行政や専門職の存在があってはじめて、民生委員が十分に力を発揮できるのです。

（永田　祐）

▷3　委嘱
委嘱とは、一定の仕事を他人に依頼することで、委託とほぼ同じ意味であるが、行政機関が民間人などを役職に任命する場合に用いられる。

▷4　民生委員児童委員協議会（民児協）
すべての民生委員・児童委員は、市町村の一定区域ごとに設置される民生委員児童委員協議会に属して活動する（町村の場合は、一区域）。民生委員児童委員協議会の設置は、法律で定められており（民生委員法第20条）、その単位ごとに定例会を開き、連絡調整や困難事例の検討、研修などを行っている。

▷5　全国民生委員児童委員連合会（2018）「民生委員制度創設100周年記念　全国モニター調査　第一分冊」。

Ⅶ 地域福祉の推進主体② 地域福祉を推進する団体／組織

 社会福祉協議会

 社会福祉協議会とは

　私たちの生活の基盤である市町村域には市町村社会福祉協議会があります。都道府県域にも同じく社会福祉協議会があり，中央には全国社会福祉協議会（全社協）があります。すべて社会福祉法人という種類の，行政庁によって認可された団体です。

　社会福祉法を読むと，第109条〜111条に社会福祉協議会について，その目的や事業が記されています。「地域福祉の推進を図ることを目的とする団体」とあるのですが，では具体的に何をしているのか，社会福祉施設を経営する社会福祉法人と，またはNPO法人と，その使命や存在意義，事業活動において何か違いがあるのか，知りたいと思いませんか？

　ぜひ社会福祉協議会に関心をもっていただき，その活動に参加して，現場で「社会福祉協議会は何のためにあるのか」を発見していってほしいと思います。

　①　社会福祉協議会の歴史

　社会福祉協議会（以下，社協）は，戦後間もない1951（昭和26）年に民間の社会福祉活動の強化を図るため，全国，都道府県段階で誕生し，その後，市区町村で組織化がすすみました。中央および都道府県社協は，1951年公布の社会福祉事業法に規定されましたが，市区町村社協が法制化されたのは，1983（昭和58）年でした。これは全国署名運動の高まりを背景に議員立法により実現したものです。

　その後，2000（平成12）年に社会福祉事業法が社会福祉法として改正され，第109条に市区町村社協，第110条に都道府県社協，そして第111条に社会福祉協議会連合会（全社協）という順で，その組織と事業の柱が規定されました。

　②　社会福祉協議会の基本的性格

　社協は，市民活動団体のように志を同じくする有志が集まり，自発的，自主的につくった民間組織ではなく，当時の行政庁の方針により誕生し，全国津々浦々で組織化がすすみました。

　確かに現場からの自発的な組織化という歴史はもっていません。しかしもっとも大切なことは，市区町村，都道府県，全国すべての社協は，戦後の誕生時から一貫して，住民の福祉課題を真ん中において，その解決のために公私を問わず福祉関係者の協働実践をつくっていく**民間非営利組織**として組織を経営し，

事業活動を展開してきたということです。

2　組織の構成

　社会福祉協議会（社協）はその名のとおり，その区域の社会福祉を推進するために関係者が集まってつくっている組織です。私たちにとってもっとも身近な市町村**社協の組織構成**（組織構成会員）をみると，地域の住民組織（自治会や学区，地区組織等）と，公私の社会福祉や保健・医療・教育などの関連分野の関係者，さらには地域社会の構成員であるさまざまな専門家や団体，機関がその構成メンバーとなっています。

　また，社会福祉法第109条の第6項には，「社会福祉を目的とする事業を経営する者又は社会福祉に関する活動を行う者から参加の申出があつたときは，正当な理由がないのにこれを拒んではならない」とあります。

　この組織構成は，先に述べましたが，「住民の福祉課題を真ん中において，その解決のために公私を問わず福祉関係者の協働実践をつくっていく」という社協の基本的性格を具体化するしくみとしてたいへん重要です。

3　組織の目的

　では社会福祉協議会（社協）は何のために存在している法人なのでしょう。社会福祉法には，「地域福祉の推進を図ることを目的とする団体」とあります。「地域福祉の推進」とは，具体的にはどういうことなのでしょうか。

　ここでは，「その地域に暮らす人がひとりももれなく，人として生まれてきた生きがいを豊かに感じられる社会を，その地域のさまざまな人びとが力を合わせてつくっていくこと」といい換えます。「社会をつくっていく」のですから事務所で考えているだけでは進みません。この地域にはどのような取組みが必要かを見出し，協働を呼びかけ，行動してこそ社協なのです。

　だれもが人として生まれてきた生きがいを豊かに感じられる社会をつくる。これは日本全国で共通する目的でしょう。しかし，大切なことは，この目的に対して何をするのか，だれとするのかは，都道府県，市区町村によって違っていて当たり前だということです。なぜなら社協は，「住民の福祉課題を真ん中において」活動していくのですから。

4　事業活動

　市区町村社協の事業活動は人びとの暮らしの場で展開されています。ここでは事業活動を大きく7つに整理して説明します。
　①　住民参加による地域福祉活動の推進
　　見守りネットワーク活動や，サロン，子ども食堂づくり，生活支援サポート活動等，住民の気づきを集め，自分たちのまちのためにやってみようとい

▷1　社協の組織構成
社会福祉法では，市町村社協は「その区域内における社会福祉を目的とする事業を経営する者及び社会福祉に関する活動を行う者が参加し」，かつ「区域内において社会福祉事業又は更生保護事業を経営する者の過半数が参加するものとする」と規定している。都道府県社協については，これに「市町村社協の過半数」が，指定都市社協については「地区社協の過半数」が加わる。

▷2 大津市社会福祉協議会の相談員をされていた熊澤孝久さん（2014年逝去）の言葉。「熊やんとの愛ことば」の1つ。

▷3 生活困窮者自立支援制度
生活困窮者の尊厳の保持と，就労の状況，心身の状況，地域社会からの孤立といった当事者の状況に応じた包括的・早期的な支援を行う。家計改善，就労準備，子どもの学習・生活支援等を地域の関係機関との密接な連携により展開するとともに，孤立する人をつくらない地域づくりの視点が不可欠である。

▷4 生活福祉資金貸付制度
低所得者や高齢者，障害者の生活を経済的に支えるとともに，その在宅福祉および社会参加の促進を図ることを目的とした貸付制度。都道府県社協を実施主体として，県内の市区町村社協が窓口となって実施しています。世帯の状況と必要に合わせた資金，たとえば，就職に必要な知識・技術等の習得や高校，大学等への就学，介護サービスを受けるための費用等の貸付けを行う。

▷5 福祉サービス利用援助事業（日常生活自立支援事業）
2000年の介護保険制度創設，社会福祉法の施行により福祉サービスが措置から利用へと移行するなかで，判断能力の不十分な方が福祉サービスを適切に利用できるよう助け，これに伴う日常的金銭管理等をあわせて行うしくみとして創設された。実施主体は都道府県社協または指定都市社協（ただし，事業の一部を市区町村社協等に委託できる）となる。

う動きが生まれ，それが活動となるよう働きかけていく社協活動ならではの事業です。

② ボランティア活動・市民活動の推進

ボランティアセンターは，個人や団体（企業も含め）が「私にできることで人の役に立てたら」という気持ちを，何かの助けを求めている人とつなぎます。地縁にしばられず活動ができるしくみは大切です。

③ 相談支援活動・権利擁護活動

身近な地域で民生委員児童委員らが相談員となって「聴くが効く」をしてくださるふれあい相談と社協職員による総合相談。この二つが連動しながら一人の困りごとをていねいに受け止め，制度による支援だけでなく，制度によらない支援を大切に，福祉課題を抱える人の地域生活を支援しています。**生活困窮者自立支援相談**，**生活福祉資金貸付相談**，日常生活自立支援サービス等の制度にもとづく相談支援は，住民の福祉課題をキャッチする重要な事業です。

④ 在宅福祉サービス

高齢者，障害児者の地域生活を支える介護保険サービスや障害福祉サービス等の在宅福祉サービスもたいへん重要です。制度サービスだけではなく制度外サービスを開発し，地域の協働実践として取り組む社協もあります。

⑤ 福祉教育

たとえば子どもたちを対象とした福祉教育という事業が単体であるわけではなく，社協のあらゆる活動を通して地域における福祉教育を推進するという方向性が重要です。広報活動もその目的は福祉教育です。

⑥ 災害時のボランティア活動・要援護者支援活動

地震や水害等の被災地での災害ボランティアセンターの活動は多くの方がご存じでしょう。災害が多発する今日，平時の活動も，万が一災害が発生した際の被災者支援，復興支援も，住民の福祉課題を真ん中において活動をしていく社協ならではの重要な活動になっています。

⑦ 地域福祉活動計画等の推進と地域福祉計画への参画

「計画なくして社協なし」といわれるように，住民をはじめ，地域の関係者が浄財と人材を出しあっている組織だからこそ，その貴重なお金と人の時間を生かすための戦略と戦術をもつ必要があるのです。計画にもとづきPDCAをしっかりと実施していくことは社協経営の基本です。

都道府県社協の事業活動も，住民の福祉課題と地域の実情に応じてつくっていくものですが，社会福祉法には，都道府県社協が，「**福祉サービス利用援助事業**」および「**運営適正化委員会**」を担うという規定があります。また，すべての都道府県社協および全社協は，「**福祉人材センター**」の運営法人として指定を受け，事業に取り組んでいます。

5 これからも社会福祉協議会が必要とされるために

　1957（昭和32）年，全国社会福祉協議会（全社協）に設置された地域組織推進委員会が策定した「市区町村社会福祉協議会当面の活動方針」を読んでみます。

　①市区町村社協はその地域の社会福祉関係者および住民が協力して，地域の実情に応じ，住民の福祉増進を図ることを目的とする組織である。②市区町村社協は，当面の活動目標を，その地域の「福祉に欠ける状態」を克服する諸活動の推進におく。③市区町村社協は，その地域の実情に応じて各種社会福祉活動を調整するとともに，社会資源の開発動員をなす。④市区町村社協は，地域住民自体が，社会福祉関係者とともに，その区域の「福祉に欠ける状態」の克服に進んで協力するよう配慮する。

　この方針では，それまでの行事中心の活動に対する反省から，「福祉に欠ける状態」の克服を目標とした総合的な地域福祉活動の積極的展開が提起されました。この時代の社協活動は，当時，厚生省が推進した保健福祉地区組織活動と連動して，その地域に暮らす住民が自分たちの地域の問題を発見し，保健福祉関係者との協働実践によりその問題を解決していくという社協の事業スタイルの土台を築くものとなりました。

　今日，地域という場所に暮らしていても貧困，ひきこもり，虐待など自分の居場所がなく，安心・安全を感じられない人びとが世代を越えて広がっています。こういった課題に対応していくための制度の創設や，横断的包括的に支援していくためのシステムづくりも進んでいます。そのなかで社協の使命はどこにあるのか。存在意義は？　と考えたとき，最も大切にしたいことは，社協は，それぞれの地域に暮らす人びとが一人ももれなく人として大切にされ，生きがいをもって暮らしていける人間的共感に根ざした共生社会をつくっていくために，さまざまな人びとと課題意識を共有し，分野や立場を越えた協働実践をつくっていける組織であるということです。この使命，存在意義に対してそれぞれの社協は何を理念とし，どのような実践をするのか。役職員の現場感覚，共感力と実践力が問われています。

6 令和の時代の社協活動

　皆さんは，地域共生社会とは多様性を認め合うということだけではないと気づいていますか。存在は認めていても困難を抱えているその誰かに対し「私たちとは違う人たちだから」という感覚が現実の社会の姿であると自覚したうえで，相対的に不利な立場にある人へのあたたかいまなざしのある地域社会，それぞれの可能性を尊重する地域社会をつくっていく，そこにあるのは"つながり"です。それぞれの地域ならではの共生社会像を描き，意思と工夫を積み重ねていく社協の活動に注目です。

（谷口郁美）

▶6　運営適正化委員会
都道府県の区域内において，福祉サービス利用援助事業の適正な運営を確保するとともに，福祉サービスに関する利用者等からの苦情を適切に解決するため，都道府県社会福祉協議会に置かれた。人格が高潔で，社会福祉に関する識見を有し，かつ，社会福祉，法律又は医療に関し学識経験を有する者で構成される社会福祉法に規定されている。

▶7　福祉人材センター
都道府県福祉人材センターには，都道府県ごとに一個に限り，都道府県知事が指定するもので，社会福祉事業等に関する連絡および援助を行うこと等により社会福祉事業等従事者の確保を図ることを目的として設立された社会福祉法人であって，その業務を適正かつ確実に行うことができると認められるものとして都道府県社協が指定されている。職業安定法の許可を受け社会福祉事業等従事者の無料職業紹介事業も行っている。中央福祉人材センターには，都道府県センターの業務に関する連絡および援助等を目的として全社協が指定されている。どちらも社会福祉法に規定されている。

VII 地域福祉の推進主体② 地域福祉を推進する団体／組織

 地域福祉推進基礎組織
（自治会・町内会）

▷1　地縁（型）組織
自治会・町内会等地縁のみにより組織されたものを地縁組織という。地縁型組織とは地縁を基盤としながらも，一定の人々に特定した組織のことをいう。

▷2　テーマ型組織
地縁にもとづくものではなく，テーマにもとづき結成される組織。ここでは，一定の福祉課題の解決を目標に取り組むボランティアグループ，NPO等を指す。

1　地域福祉推進基礎組織とは

　地域福祉推進基礎組織（以下，基礎組織）とは，住民自身の参加による地域福祉活動を推進する基礎的な組織を指しています。**地縁（型）組織**を中心に，さまざまな組織・個人で構成されています。

　地縁（型）組織が中心となっているため，NPOなどの**テーマ型組織**の参加が不十分な傾向にあります。基礎組織の構成例には，自治会・町内会，地縁型団体（老人クラブ，女性会，青年団，消防団等），民生委員・児童委員，当事者団体，社会福祉施設・事業所，福祉関係団体，ボランティア（グループ），NPO，関連分野団体（更生保護，教育，労働等），があげられます。

　従来，地区社協，校区福祉委員会，住民福祉協議会等種々の名称で組織化されてきたものですが，全国社会福祉協議会では，2007年頃から，これらの総称として「地域福祉推進基礎組織」を使用しています。この用語を使用したことにより，自治会・町内会の福祉部会，まちづくり協議会の福祉部会など，福祉のみを目的としない組織のなかの内部組織についても含むなど，種々の形態を包含するものとなっています。

2　市区町村社会福祉協議会との関係

　地域福祉推進基礎組織は，市区町村社会福祉協議会が小地域での住民の主体的な福祉活動を推進する組織として設置をすすめてきたものです。

　基礎組織のなかには，○○支部社会福祉協議会等の名称で，本部支部の従属関係になっているような印象を与えることもありますが，実際には，名称に関わらず，構成員という位置づけになります。ただし，社協組織（理事・評議員等）は基礎組織のみで構成されているわけではないので，基礎組織のみの協議の場を持つなど，基礎組織としての役割・機能を発揮するための工夫が行われています。また，住民会員も基礎組織を通して加入する形態とはなっていないところも多く，ピラミッド組織というとらえ方ではなく，小地域単位に福祉活動を推進する組織が市区町村社協の協力あるいは依頼により，形づくられているというとらえ方が的確ではないかと思われます。

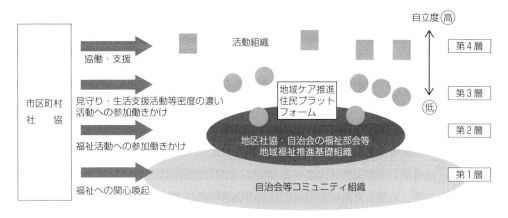

図Ⅶ-1 基礎組織とさまざまな地域活動

注：図中の丸は地縁団体と関わりが深い団体を表す。四角は，あまり関りのない団体を表す。
出所：「小地域福祉活動の推進に関する検討委員会報告書」(2007年10月，全社協地域福祉推進委員会小地域福祉活動に関する調査研究委員会)。

3 全国の設置状況

基礎組織のある社協は49.8％となっています。人口が少ないところは，設置率が低い傾向があり，市・区（東京23区，指定都市の区）では93.4％，一方，町村では22.2％となっています。なお，基礎組織のある社協においての設置率（該当圏域数の内基礎組織がある地域の割合）は83.1％となっています。

▶3 2018年社会福祉協議会活動実態調査（全国社会福祉協議会）。以下，数値は，すべてこの調査による。

4 地域福祉推進基礎組織と当該地域の小地域福祉活動の構造

基礎組織に関わる小地域の福祉活動は，基礎組織が組織として行うもののみならず，その構成員が行うもの，あるいは，基礎組織には参加していないが連携しながら行っているものなど，さまざまな形態があります。図Ⅶ-1は，地域における基礎組織の位置づけと基礎組織にかかわる活動を示したものです。

第1層は，基礎組織の基盤となる活動（基礎組織の構成員の選出，自治会・町内会単位の活動の推進，基礎組織の活動の広報・調整機能等）を行う自治会・町内会等の地縁組織です。市区町村社協としては，この地縁組織の協力を得て，住民全体に対して「福祉への関心喚起」を行いますが，実際の活動にはなかなか結びつかないため，第2層に位置づけられる基礎組織の設置をすすめ「福祉活動への参加の働きかけ」を行います。

この図では，小地域におけるさまざまな活動を小さな円や四角で表しています。この内，第2層にあたるものは，基礎組織自身が行う活動，基礎組織の構成員がすすめる活動，基礎組織とかかわりながら自ら行っているボランティアグループなどの活動です。

第3層の活動は，基礎組織のなかで生まれたが独立しているもの，また，逆に，基礎組織と関係なく生まれたが連携しているものなどを表しています。

表Ⅶ-1　地域福祉推進基礎組織の活動内容例

学習活動（たとえば，「認知症の理解」「介護予防」）	車いすの貸出し
福祉施設との交流活動	食事サービス（会食・配食）
チャリティバザー	ミニデイサービス
小中学校の福祉教育活動への協力	麻雀教室
敬老会	コーラス
世代間交流会	カラオケ教室
相談窓口	地域のボランティアグループ，NPO等との交流活動
ふれあい・いきいきサロン	まちづくり協議会への参加等他の地域団体への参加，交流
子育てサロン	

　この第2層，第3層の活動に対して，市区町村社協は基礎組織とともに，あるいは基礎組織とは別に「見守り・生活支援活動等密度の濃い活動への参加の働きかけ」を行うこととなります。

　第4層は，基礎組織や自治会・町内会とはあまり関わりがなく活動してきたボランティアグループやNPO法人などです（図中四角で表しています）。テーマ型組織としての性格が強く，時に，地縁組織や基礎組織と対立関係になることがありますが，近年は，連携が重要だとの意識が相互に生まれているように思われます。ここでの市区町村社協の機能は「働きかけ」というよりは「協働・支援」といった方がふさわしく，また，対立しがちな両者の関係を調整していくことが重要となります。

　図の真ん中にある「地域ケア推進住民プラットフォーム」とは，それぞれの活動が活性化してくると個別の相談・支援を担う住民自身の調整機能が必要となっていきますが，その機能を指します。いま，徐々にですが「なんでも相談」「地区ボランティアセンター」というような窓口を置く，総合相談・支援のプラットフォームが生まれてきています。

❺ 地域福祉推進基礎組織の機能と活動内容

　このような構造をふまえると，次のようなことが機能としてあげられます。
① 住民の福祉活動への関心を高めること
② 合わせて，社会的弱者に対する無関心・無理解，偏見，差別に働きかけること
③ 住民による小地域の福祉支援，生活支援の活動を生み，活性化すること
④ 総合相談・支援のプラットフォームをつくること
⑤ 上記のことをすすめるための地域内の協議の場をつくること

　実際の活動内容を見ると，表Ⅶ-1のようなものがあげられます。また，地域福祉活動計画策定の一環として策定される小地域福祉活動計画の策定主体となっているところも見られます。

Ⅶ-2　地域福祉推進基礎組織（自治会・町内会）

表Ⅶ-2　地域福祉推進基礎組織の類型

a．地区社協Ⅰ型	自治会をベースとした地域福祉の推進組織を設置する。自治会から選出された人が役員等を構成するが，会員は， ・自治会参加＝地区社協参加としている場合 ・社協会員となった住民を地区社協メンバーとしている場合 の2つのかたちがある。 上記をベースにして，自治会をベースとしない，あるいは，自治会から自立したボランティアグループや，さらに社会福祉法人，NPO法人，関係団体などが参加するかたちがある。
b．地区社協Ⅱ型	自治会に依拠せずに，地域で福祉活動に関心がある人，ボランティアグループなどを募って組織する。 自治会がなかったり，あっても弱い場合等にこのかたちをとることが多い。 a．と同様，さまざまな組織が参加するかたちもある。
c．コミュニティ協議会福祉部型	自治体がすすめるコミュニティ協議会（他にまちづくり協議会等の名称がある）の福祉部。 市町村社協は，自治体のコミュニティ支援策と連携しながら，この福祉部の活動を支援するかたちとなる。
d．自治会福祉部型	自治会の中に福祉部を設置。老人会・女性会・子ども会等の団体，福祉委員，民生委員・児童委員で福祉部を構成する。団体ではなく，一部有志，福祉委員，民生委員・児童委員という構成のところもある。地区連合自治会にも福祉部が設置され活動を展開する場合もある。

出所：「小地域福祉活動の推進に関する検討委員会報告書」（2007年10月，全社協地域福祉推進委員会小地域福祉活動に関する調査研究委員会）。

6　類　型

　自治会・町内会をはじめとする地域の組織の状況，住民の福祉活動の状況などにより，さまざまな形態が見られます。その類型化を試みたのが表Ⅶ-2です。

7　地域福祉推進基礎組織の範域

　基礎組織の圏域は「おおむね小学校区」とするところが半分近くであり，町内会・自治会がそれに次いでいます。

8　まちづくり協議会と地域福祉推進基礎組織との関係

　近年，まちづくり，地域づくりを総合的にすすめることを目指し，まちづくり協議会等の組織化がすすめられ，そのなかで，地域福祉推進基礎組織との相克が生じてきました。焦点は「地域づくりは，福祉のみならず広い視点で考えることが必要」と「社会的弱者，福祉の視点ですすめることが地域づくりにとって有効」との二つの主張の対立のように思われます。このような対立を乗り越えるために，現実的な対応として，新しくできたまちづくり協議会に，従来の基礎組織が部会として入る，という対応が見られます。

　一方で，2018年に施行された社会福祉法では，「地域共生社会」の実現を掲げ，「**地域生活課題**」という福祉に限らない広範な課題の解決を図るとしており，福祉の視点にもとづく地域づくりの必要性が高まっているという状況が見られます。

（渋谷篤男）

▷4　地域生活課題
社会福祉法第4条第2項において，「福祉サービスを必要とする地域住民及びその世帯が抱える福祉，介護，介護予防（要介護状態若しくは要支援状態となることの予防又は要介護状態若しくは要支援状態の軽減若しくは悪化の防止をいう。），保健医療，住まい，就労及び教育に関する課題，福祉サービスを必要とする地域住民の地域社会からの孤立，その他の福祉サービスを必要とする地域住民が日常生活を営み，あらゆる分野の活動に参加する機会が確保されるうえでの各般の課題」を地域生活課題としてあげている。

Ⅶ 地域福祉の推進主体② 地域福祉を推進する団体／組織

 社会福祉施設

 地域福祉における社会福祉施設の位置づけ

　今日，生活保護法や老人福祉法などの社会福祉各法により規定される社会福祉施設は表Ⅶ-3のように総数で7万2,887か所あり，総定員は387万5,461人にもなっており，増加し続けています。社会福祉施設は大きくは，入所施設と通所施設とに分けることができます。通所施設の場合は自宅で生活しながら本人が通うことになるので，地域での生活を支える社会資源として地域福祉と親和的ですが，入所施設の場合は自宅での生活ができなくなった場合に利用するという側面があるために，ネガティブにとらえられる傾向があります。

　しかし，障害のある人が入所施設から地域生活に移行する「地域生活移行」の取り組みや，特別養護老人ホームの入居者が地域でのサロン活動に参加する

表Ⅶ-3　施設の種類別にみた施設数・定員（基本票）

各年10月1日現在

	平成27年 (2015)	平成28年 (2016)	平成29年 (2017)	対　前　年	
				増減数	増減率 (%)
	施　設　数				
総　数	66 213	70 101	72 887	2 786	4.0
保護施設	292	293	291	△2	△0.7
老人福祉施設	5 327	5 291	5 293	2	0.0
障害者支援施設等	5 874	5 778	5 734	△44	△0.8
身体障害者社会参加支援施設	322	309	314	5	1.6
婦人保護施設	47	47	46	△1	△2.1
児童福祉施設等	37 139	38 808	40 137	1 329	3.4
（再掲）保育所等[2]	25 580	26 265	27 137	872	3.3
母子・父子福祉施設	58	56	56	0	0.0
その他の社会福祉施設等	17 154	19 519	21 016	1 497	7.7
（再掲）有料老人ホーム（サービス付き高齢者向け住宅以外）	10 651	12 570	13 525	955	7.6
	定　員　（人）[1]				
総　数	3 551 311	3 719 236	3 875 461	156 225	4.2
保護施設	19 558	19 616	19 495	△121	△0.6
老人福祉施設	158 025	157 895	158 558	663	0.4
障害者支援施設等[3]	195 298	192 762	191 636	△1 126	△0.6
身体障害者社会参加支援施設	360	360	360	0	0.0
婦人保護施設	1 270	1 270	1 220	△50	△3.9
児童福祉施設等[4]	2 599 480	2 692 975	2 796 574	103 599	3.8
（再掲）保育所等[2]	2 481 970	2 557 133	2 645 050	87 917	3.4
母子・父子福祉施設	…	…	…	…	…
その他の社会福祉施設等	577 320	654 358	707 618	53 260	8.1
（再掲）有料老人ホーム（サービス付き高齢者向け住宅以外）	424 828	482 792	518 507	35 715	7.4

出所：厚生労働省（2018）『社会福祉施設等調査の概況』より。

といった「逆デイ」の取り組みなどをふまえると、地域福祉のなかに入所施設も含め社会福祉施設を積極的に位置づけることが必要です。

❷ 社会福祉法人による「地域における公益的な取組」

社会福祉施設を経営主体別に分けると社会福祉法人が2万7,801か所で、38.1％となっており最も多くなっています。社会福祉法人に関しては、たとえば財政制度等審議会の「財政健全化に向けた基本的考え方」(2014年5月30日) において、社会福祉法人に対する原則非課税の税制優遇措置の問題が指摘され、特別養護老人ホームなどの「巨額の内部留保」が問題として指摘され、税制調査会において社会福祉法人の実施する介護事業による収益が非課税になっていることに対して、その見直しの必要性が指摘され (「法人税の改革について」2014年6月27日)、規制改革会議ではイコールフッティングが必要であることや社会貢献活動の義務化などが議論されました (「規制改革実施計画」2014年6月24日)。

そして厚生労働省の「社会福祉法人の在り方等に関する検討会」での議論や (「社会福祉法人の在り方について」2014年7月4日)、社会保障審議会「福祉部会」での議論 (「社会保障審議会福祉部会報告書——社会福祉法人制度改革について」2015年2月12日) を経て、2016年に社会福祉法が改正され、第24条第2項に社会福祉法人の「地域における公益的な取組」が規定され、それは①社会福祉事業又は公益事業を行うに当たって提供される「福祉サービス」であること、②「日常生活又は社会生活上の支援を必要とする者」に対する福祉サービスであること、③無料又は低額な料金で提供されること、と規定されています。

社会福祉法人は、それ自体が公益的な組織であるといえますが、今日の生活課題の多様化・複雑化や制度の狭間の課題などが顕在化してきている状況をふまえると、法律の規定の如何を問わず、社会福祉法人としての積極的な取り組みが求められているといえます。地域福祉では、福祉サービス利用者を「ひとりの地域住民」としてとらえるところに特徴があります。社会福祉法人における福祉サービスを地域福祉的に転換する観点を整理する次のようになります。

① まず、利用者やその家族がひとりの地域住民であることを再確認し、「地域でのあたり前の生活を支援する」という観点に立つこと
② 支援のステージを施設内ではなく、地域社会に求めること
③ 利用者やその家族のあたり前の社会生活体験を重視することや社会関係を形成すること、社会的な役割を果たすことができるように支援すること
④ 利用者やその家族が地域でいきいきと生活できるようなインフォーマルな関係を含めた「支援の輪」を形成すること
⑤ 利用者やその家族がいきいきと生活していくことができるような地域社会に変えること、あるいはそのような地域社会を創っていくこと

(松端克文)

▷1 このほか市区町村などの公営1万6,509か所 (22.6％)、営利法人1万8,635か所 (25.6％) などとなっている (厚生労働省 (2018『社会福祉施設等調査の概況』より)。

▷2 イコールフッティング (equal footing)
同等の条件のもとで、商品やサービスの販売の競争が行えるようにすることをいうが、社会福祉法人の場合、原則として法人税が非課税であるなど、税制上の優遇措置がとられているために、株式会社やNPO法人などと同様に課税し、競争条件を同等にすべきであるということが議論されてきた。

▷3 こうした「地域における公益的な取組」についての3つの条件は、2018年1月の厚生労働省社会・援護局福祉基盤課長通知で緩和されています。

▷4 松端克文 (2018)「論点5 社会福祉法人改革と地域福祉をめぐって」『地域の見方が変わると福祉実践が変わる』ミネルヴァ書房、139-143を参照のこと。

VII　地域福祉の推進主体②　地域福祉を推進する団体／組織

ボランティア・NPO

1　ボランティアとは

　ボランティアを英語で表記するとVolunteerとなります。その語源は，ラテン語の「volo」だといわれています。この言葉には，「自分から進んで～する」「喜んで～する」という意味があります。この「volo」から派生した「自由意志」を意味するvoluntasに，人を表すerを付した言葉が，volunteerです。

　したがって，ボランティア活動の第一の特徴は，「自発性」ということができます。また，自発的に社会のなかにある課題の解決に向かおうとする（「社会性」）ので，先駆的で開拓的な取り組みを生み出すこともあります（「先駆性・開拓性」）。また，自腹を切ってでも活動を行うという「無償性」もボランティア活動の大きな特徴です。

　日本におけるボランティア活動は，1990年代以前は「奉仕活動」というイメージが強く，福祉分野において無償で行われるサービスと理解されることが多いものでした。しかし90年代以降は，福祉，医療，教育，環境，国際交流，**多文化共生**，国際協力，さらにスポーツ，文化，芸術なども含めた多様な分野で取り組まれるようになりました。

　また，1995年に発災した**阪神・淡路大震災**後，全国から大勢のボランティアが被災地に集結し，復興に向けた支援の大きな力となりました。この年は，日本における「ボランティア元年」とも言われ，次項で紹介する特定非営利活動促進法（以下，NPO法）の成立へとつながりました。

2　NPOとは

　NPOとは，Non-Profit Organization（民間非営利組織）の略です。その特徴は，まず非営利であり，民間の活動組織だということです。また，非政府であることも大きな特徴の1つです。この考えに基づけば，公益法人，社会福祉法人，学校法人，労働組合，生活協同組合，自治会・町内会，地区社会福祉協議会，民生委員児童委員協議会，当事者団体など，地域で活動する幅広い組織がNPOとなります。これは，広義のNPOともいわれるものです。

　一方で狭義のNPOとは，1998年制定されたNPO法に基づいて，NPO法人として認証を受けた団体を指します。NPO法制定当初，NPOの活動分野は12とされていました。その後，分野数は17から20へと追加され，現在に至ってい

▷1　多文化共生
国籍や民族などの異なる人々が，文化的な違いを認め合い，対等な関係を築こうとしながら，共に生きていくこと。

▷2　阪神・淡路大震災
死者6,434人，全半壊家屋約25万棟という未曾有の被害をもたらした。ピーク時は約31万人が避難所での生活を強いられた。駆けつけたボランティアは，震災後1か月間は1日平均2万人，震災後1年間では137万7,000人が活動したといわれている。

Ⅶ-4 ボランティア・NPO

資料Ⅶ-1　NPO 法の20分野

1. 保健，医療又は福祉の増進を図る活動	12. 男女共同参画社会の形成の促進を図る活動
2. 社会教育の推進を図る活動	13. 子どもの健全育成を図る活動
3. まちづくりの推進を図る活動	14. 情報化社会の発展を図る活動
4. 観光の振興を図る活動	15. 科学技術の振興を図る活動
5. 農山漁村又は中山間地域の振興を図る活動	16. 経済活動の活性化を図る活動
6. 学術，文化，芸術又はスポーツの振興を図る活動	17. 職業能力の開発又は雇用機会の拡充を支援する活動
7. 環境の保全を図る活動	18. 消費者の保護を図る活動
8. 災害救援活動	19. 前各号に掲げる活動を行う団体の運営又は活動に関する連絡，助言又は援助の活動
9. 地域安全活動	20. 前各号に掲げる活動に準ずる活動として都道府県又は指定都市の条例で定める活動
10. 人権の擁護又は平和の推進を図る活動	
11. 国際協力の活動	

ます。資料Ⅶ-1は，NPO 法で規定された活動分野を示したものです。

3　課題解決の場としてのボランティア活動

　岡本榮一は，図Ⅶ-2を示しながら，なぜボランティア活動が成立するのかについて述べています。課題を抱えた人の持つ，課題を解決したいという欲求が，「共同の場」としてのボランティア活動の場に持ち込まれます。一方，それに対応して第三者であるボランティアは，自分の持てる時間，能力，知識，技術などを「共同の場」に提供します。この「共同の場」は，出会いの場であって，人間的信頼や連帯意識を基盤として形成されるものです。つまり，課題を抱えた人の持つ「解決したいという欲求」とボランティア等が持つ「支援をしたいという欲求」が「共同の場」に持ち込まれ，双方のやり取りや学習などを繰り返すなかで，社会的に課題を解決する場へとなっていくのです。個別の課題（図ではニード）解決が，他の人の人権や福祉的な課題の解決へと広がりを持つのです。これは，課題を抱えた人のなかにある「潜在的第三者性」とボランティアが持つ「潜在的当事者性」が，場のなかで交差することで起こるのです。課題を抱えた人とボランティアが，立場などの違いを乗り越えて，協働して課題を社会的に解決しようとするのです。

（南友二郎）

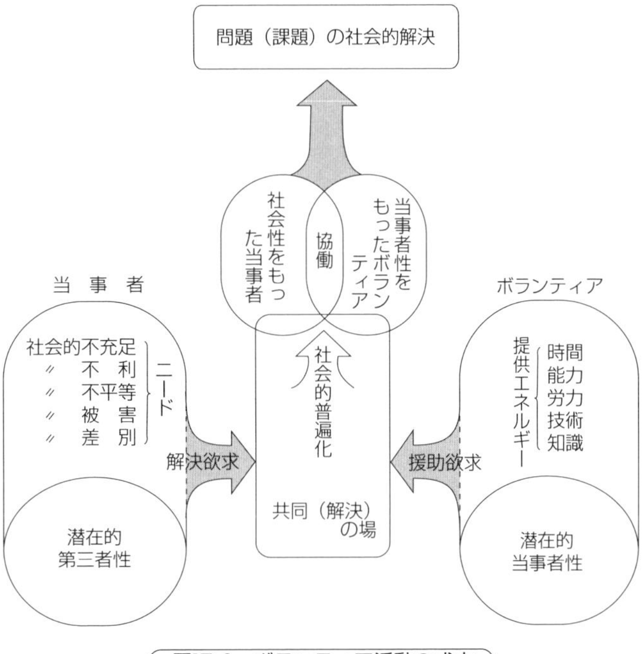

図Ⅶ-2　ボランティア活動の成立

出所：岡本榮一（1981）「ボランティア活動のとらえ方」大阪ボランティア協会編『ボランティア　参加する福祉』ミネルヴァ書房，42。

▶3　岡本榮一（1981）「ボランティア活動のとらえ方」大阪ボランティア協会編『ボランティア　参加する福祉』ミネルヴァ書房，42。

参考文献

大阪ボランティア協会編（1981）『ボランティア　参加する福祉』ミネルヴァ書房。
ボランティアについて学ぶのであればこの本，まさに古典ともいえる名著です。

VII 地域福祉の推進主体② 地域福祉を推進する団体／組織

当事者組織・セルフヘルプグループ

1 当事者組織・セルフヘルプグループとは

　当事者組織・セルフヘルプグループとは、自発的に結成された相互援助と特定の目的の達成を目指したグループのことをいいます。カッツ（Kats, A.H.）は、セルフヘルプグループの特徴として、メンバーが相互援助のために集まり、メンバーの持つ共通のハンディキャップとか生活を苦しくさせている問題に取り組むこと、望ましい人格ないし社会変化を引き起こそうとすることをあげています。また、岡智史は、こうした組織を「わかちあい」からはじまる「ひとりだち」と「ときはなち」を目的としたグループであるとしています。つまり、当事者だからこそわかる気持ち、情報や生き方を分かち合い、同じような困難を乗り越えてきた人との対話を通じて自分自身を変えていくこと（ひとりだち）を通じて、自分自身を批判したり、差別してしまうというとらわれから「ときはなち」、自分たちを押さえつけていた環境を変えるために社会に対して働きかけていくことができるようになることをめざしていくということです。「わかちあい、ひとりだち、ときはなち」は、問題の共有、認識や行動の変容、社会的な行動といいかえることができます。

▷1 Kats, A. H. and Bender, E. I. (eds.) (1976) *The Strength in Us: Self-help Groups in the modern World.* New Viewpoints.

▷2 岡智史（1999）『セルフヘルプグループ——わかちあい・ひとりだち・ときはなち』星和書店。

▷3 岡は、当事者組織とセルフヘルプグループは、その構成員が特定の体験を共有し、その体験に付随する諸困難に対処することを目的として自発的かつ主体的に展開されている持続的な市民活動の形態という点で共通しているとしている（岡知史（2006）「当事者組織・セルフヘルプグループ」日本地域福祉学会編『地域福祉事典』428-429）。ここでは、当事者組織とセルフヘルプグループを厳密に区別せず、ここで述べたような特徴を持った組織・グループを「当事者組織・セルフヘルプグループ」ということにする。

2 当事者組織・セルフヘルプグループと専門職の関係

　このように、当事者組織・セルフヘルプグループは、共通の問題（interest）に基づいた組織であり、同じ障害や病気、そして社会的な状況（たとえば、父子家庭であるとか不登校であるといった状況）に着目して組織化されています。専門職は、組織やグループが先ほどあげたような機能を果たせるように側面的に支援していかなければなりません。たとえば、若年性アルツハイマーの人を介護する家族は、様々な困難を抱えていますが、こうした悩みは、これまでの認知症の介護者家族の会ではなかなか共有されづらいと感じているかもしれません。このような若年性アルツハイマーの人を介護する家族の悩みを聞いた地域包括支援センターや社会福祉協議会のソーシャルワーカーは、若年性アルツハイマーの家族会を組織しようと考えるかもしれません。しかし、今まさに介護で悩んでいる人にとって、会を運営すること（会則を作ったりするだけでなく、呼びかけのチラシを作ったり、会場を確保したりしなければなりません）は大きな負担になります。そこで、こうした組織運営を支援しながら、活動を支えていくこ

とが必要になってくるかもしれません。しかし，次第に問題を分かち合うことを通じて，介護者はこうした課題を広く訴えていく必要性に気づき，既存の事業所に対して若年性アルツハイマーの人にどのようにかかわってほしいか研修を実施する活動を展開していくかもしれません。また，会のメンバーが自治体の計画策定のメンバーとなって発言することで，制度やしくみそのものに影響を与えることが可能になるかもしれません。このように，専門職が，当事者組織・セルフヘルプグループに関わる場合は，当事者による自主的な運営や問題の共有，認識や行動の変容，社会的な行動を側面から支えていくことが大切です。

3　地域福祉と当事者組織・セルフヘルプグループ

　一般的に，地域社会で話し合いのテーブルに上り，協議されるのは多くの住民に共通した課題になる傾向があります。そこで，こうした場において，少数者の要求を代弁したり，権利を擁護するためのコミュニティづくりが必要になります。岡村重夫は，地域社会のなかで不利な立場にあり，それゆえに孤立したり排除されたりする恐れのある人々を中心に，それと同じ立場に立つ代弁者や社会福祉の専門職から形成されるコミュニティを福祉コミュニティと呼びました。このように，福祉コミュニティは，現に問題に直面している当事者を中心に，そのような当事者を支援したり，代弁したりする住民やボランティア，そして当事者を支援する機関，団体や施設（専門職）によって構成されます。つまり，福祉コミュニティとは，専門職を中心とした組織ではなく，当事者を中心に組織化された，一般コミュニティのなかにある特定の目的を持ったコミュニティであり，こうした結びつきをつくりだしていく活動を福祉組織化といいます。セルフヘルプグループは，福祉コミュニティの中核になる組織であり，それゆえに地域福祉では当事者の組織化が重視されてきました。

▶4　岡村重夫（1974）『地域福祉論』光生館，86。
⇨Ⅱ-2参照。

　問題を抱えた当事者は，組織やグループという足場があることで，はじめて自らの思いや要求を訴えていくことが可能になります。いいかえれば，様々な当事者の参加が可能になるということです。たとえば，一人ひとりの介護者は思いを持っていても，なかなかそれを政策に訴えていくことができないし，様々な地域の活動に参加する時間も気力もなくて，地域から孤立してしまうかもしれません。しかし，介護者の会のような自分の思いを語れる組織があり，そうした活動を地域団体やボランティア，専門職が支援してくれれば，様々な場所で自分の思いを訴えたり，介護者の視点から地域活動に提言してくことも可能になります。介護者を代表して行政がつくる計画の委員になったり，地域で防災訓練を行う場合に，介護が必要な高齢者にどのような配慮をすればよいかといったことを提言することもできるでしょう。このように，当事者組織・セルフヘルプグループの組織化やその支援は，当事者を「おいてけぼりにしない」地域福祉の推進にとって重要な役割を果たしているといえます。　（永田　祐）

Ⅶ 地域福祉の推進主体② 地域福祉を推進する団体／組織

6 社会的企業

1 社会的企業（Social Enterprise）とは

まず，社会的企業とは何か考えてみましょう。社会的企業とは，「多様なステークホルダー[1]（関係者）の参加を意識した事業体[2]」のことであり，「本来の事業以外に，複数の社会的目標を持って活動する事業体[3]」のことです。特にそれぞれが活動する地域社会への貢献という意味で，社会的企業は注目される存在となっています。

社会的企業による活動は，大きく2つのタイプに分かれます。第一のタイプは，生活を送るうえで課題を抱えた人びとに生活支援等のサービスを提供するものです。第二のタイプは，課題を抱えた人びとに就労の機会を提供して，彼らの社会への参加を促進しようするもの（労働統合型社会的企業と呼ばれることもあります）です。

社会的企業という法人の形態は，社会的企業あるいは社会的協同組合といった形で，ヨーロッパでは法律によって規定をされている国もあります。しかし，法律によって規定されていない国のほうが大多数で，日本もそうした国の一つです。したがって，事業体が，いかに組織・団体として自律しているかどうか，どのような価値や使命（ミッション）に基づいて活動を行っているか，そしてどれだけ地域社会に貢献しているか，それらの度合いによって評価され，その結果として，社会的企業であるか否かの判断がなされます。日本では，協同組合，民間非営利組織（以下，NPO）や社会福祉法人等，さまざまな組織による実践の評価から，社会的企業とされるものが数多く存在しています。

たとえば，とあるNPOが，貧困な状況にあることで学業が学校での授業スピードに追いついていない子どもを支援するという使命のもと，活動地域に存在する子どもたちの多くに学習支援活動を行い，その活動を多様な資源を活用しながら継続して行うことによって，活動に参加していた子どもの多くが進学や就職を果たすといった結果を残していれば，その事業体は社会的企業だと判断することができるのです。

2 なぜ社会的企業なのか

ではなぜ社会的企業に日本で期待が寄せられているのでしょうか？ その背景には，大きく3つの理由があります。

▷1 **ステークホルダー**
活動により利害が生じる関係者のことで，課題を抱えた人や家族，従業員，住民，地域社会などが相当する。

▷2 神野直彦・牧里毎治（2012）『社会起業入門』ミネルヴァ書房。

▷3 斉藤弥生（2018）「新しい地域福祉の創造②社会的企業という可能性」上野谷加代子・斉藤弥生編著『地域福祉の現状と課題』放送大学教育振興会。

第一に、生活上の課題を抱え支援を必要とする人びとの増大に起因した、サービスを供給する主体のさらなる**多元化**の要請があります。民間営利企業は利潤追求が第一のミッションであるため、目の前にある課題が増大したとしても、利潤が出ない事業からは撤退する傾向にあります。しかし、そうした課題に対応するためには、利潤のみにとらわれない使命に根差した継続性が求められます。そうした背景から1998年特定非営利活動促進法（通称NPO法）が成立し、市民主導の支援活動に法的枠組みが導入されました。2018年8月末段階で認証を受けたNPO法人は、5万1,770法人となっています。

第二に、認証を受けたとはいえNPO法人には、財政基盤が弱いこと、**寄附税制優遇**が未成熟であること、ビジネスマインドやマネジメント力の欠如などが指摘されてきました。そうしたなか、社会的企業は、民間営利企業の手法も取り入れ、また寄付や助成金なども活用しながら、事業を継続的、発展的に展開する（事業性）ことと、課題を抱えた人の生活の改善（社会性）することとを両立しようとします。そうした事業性と社会性の両立を目指す社会的企業に、社会からの期待が高まっているのです。

第三に、課題を抱えた人本人の社会への参加が、ますます求められるからです。国が実現を目指す地域共生社会においては、支援やサービスの「受け手」であった人が「支え手」に回るような、参加の場や就労の場を地域に見出していくことが必要だとされています。冒頭で述べた通り、社会的企業には課題を抱えた本人をはじめとした多様な人びとが参加します。そのなかでも、本人自身が、たとえば就労の場を提供する社会的企業で、働く（経済的参加）だけでなく、役職に就いて他の人を助けたり（社会的参加）、さまざまな意思決定の場に参加したり（政治的参加）することで、生活の主人公としての力を取り戻していくといったことが、社会的企業には期待されているのです。

3　NPO法人こむの事業所における課題を抱えた人の参加

兵庫県宝塚市で、ビル清掃、レストラン運営、市場での野菜等の販売を行うNPO法人こむの事業所は、「みんなが働き、楽しく暮らす」を理念に、障害者をはじめとして課題を抱えた人たちに、就労の場を提供しています。

参加の一例をあげると、精神障害を抱える人が市場の責任者をしています。彼をスタッフとして支えている人びとは、1～2名の法人スタッフを除き、すべて重度の知的障害を抱える人たちです。ここでは、「当事者間支援」といえる支えあいがみられます。障害を抱えた人はサービスの「受け手」と考えられがちです。しかしここでは、社会的参加のステージがアップした責任者が、他の障害者の経済的参加を支えるだけでなく、彼らも逆に責任者を支えながら、皆で職場の決め事をなして（政治的参加）いっています。彼らが時に「支え手」にもなっているのです。

（南　友二郎）

▷4　多元化
一つのサービスや支援を、一つの所だけが行うのではなく、多様な所が行うようになること。

▷5　内閣府ホームページ（https://www.npo-homepage.go.jp/about/toukei-info/ninshou-seni）（2018年10月6日閲覧）。

▷6　寄附税制優遇
個人がNPO法人等に寄附をすると、所得税（国税）の計算において、寄附金控除（所得控除）又は税額控除のいずれかを選択して確定申告を行うことにより、所得税の控除を受けることができる。

（参考文献）
山本隆・武田丈（2018）『社会起業を学ぶ　社会を変革するしごと』関西学院大学出版会。
概要編・事例編・実践編から構成されている読みやすいブックレットです。

Ⅶ　地域福祉の推進主体　②地域福祉を推進する団体／組織

7 共同募金会

1 共同募金は法律で定められた民間の「たすけあい」の募金

「共同募金」は，赤い羽根の募金として広く知られ，地域福祉の推進を目的として民間の社会福祉事業や活動のために行われる募金です。1947（昭和22）年，市民主体の「たすけあい」運動として，戦争の打撃を受けた福祉施設を中心に資金支援することを目的に始まり，その後1951（昭和26）年に制定された「社会福祉事業法」（2000年に社会福祉法に改正）において法制化され，第1種社会福祉事業として位置づけられています。共同募金運動は，毎年1回，全国一斉に展開されることになっており，厚生労働大臣の告示によって募金期間が定められ，その期間は2016（平成28）年度より，10月1日から翌年の3月31日までとなっています。

2 共同募金を実施する組織「共同募金会」

共同募金は，47都道府県に設置されている社会福祉法人の「共同募金会」[※1]によって実施されます。共同募金会には，寄付金の助成先や助成額を定める「配分委員会」[※2]が設置されています。さらに，都道府県共同募金会は，地域住民により身近な募金実施機関として，市区町村に「共同募金委員会」を設置し，その多くは市区町村社会福祉協議会が事務局を担っています。また，47都道府県共同募金会の相互や他機関・団体との連絡調整を行う連合組織として，「中央共同募金会」が設置されています。

共同募金会は，共同募金の他に，共同募金運動期間以外の寄付金の受け入れや災害義援金の受付も行います。

3 「じぶんの町を良くするしくみ」である共同募金の特色

① 民間の地域福祉活動を支える募金であること

共同募金は，「民間の地域福祉活動を積極的に財源面で支えていく」ことを目的としています。社会福祉法人，NPO法人，ボランティア団体などが実施する，地域のニーズに応える福祉サービスや活動，たとえば，高齢者サロンやこども食堂の運営などの草の根のボランティア活動から社会福祉施設の改修まで，全国で年間約5万2000件のさまざまな民間の地域福祉活動を支援しています。

② 集められた地域の中でその地域の福祉のために使われる募金であること

▷1　共同募金会
社会福祉法第113条2に規定。共同募金を公正に地域内の施設・団体に助成するため，共同募金会の理事および評議員，また配分委員会は当該都道府県内における民意を公正に代表する者で構成され，かつ，共同募金の助成を受ける者が含まれてはならないこと，が社会福祉法第114条で定められている。

▷2　配分委員会
共同募金会の理事は，配分委員会の委員総数の3分の1以下の人数まで，配分委員となることができる。

共同募金は，都道府県の区域を単位として実施されることが社会福祉法第112条で定められています。A県で集められた募金は，A県内の地域福祉活動へ助成され，他県で使われることはありません（後述する災害等準備金は除く）。全国的な統計によれば，募金の約7割が集めた市区町村内の活動に助成され，残り3割が市区町村を超えた都道府県域の活動へ助成および災害時の備えとして積み立てされています。

　③　あらかじめ使いみちを決めて集める「計画募金」であること

　共同募金を行う際にはあらかじめ，共同募金会が，都道府県社会福祉協議会の意見を聴き，かつ配分委員会の承認を得て，目標額，助成先の範囲，助成の方法などの計画を定めて実施します。近年では，解決すべき特定の地域課題を共同募金のテーマとして掲げ募金運動を展開する「**テーマ型募金**」の取り組みも広がってきています。

　④　使いみちは全て公開され透明性が確保されている募金であること

　共同募金会は，募金の総額や助成を受ける団体・施設の名称，助成額などの公告を行うことが法律で義務づけられています。現在は，「赤い羽根データベース　はねっと」というシステムを通じて，インターネットで，全国の市区町村，都道府県において助成額や助成先が全て公表されています。

　⑤　地域住民が主体となって参画する募金であること

　共同募金運動は，募金ボランティア，自治会・町内会，民生委員，学校の児童・生徒，福祉施設職員，労働組合，商工会，ボランティア・NPO団体など，地域のさまざまな団体・組織の協力によって行われています。地域住民が地域の課題を理解し共感を持って運動に参加できるよう，また助成の審査に地域住民が参加するしくみを整えるなど地域住民が主体となった募金運動を展開することをめざしています。

❹　災害時のボランティア活動も支援する共同募金

　共同募金は，「社会福祉を目的とする事業を経営する者」以外に助成をしてはならず，またその年度に集めた募金は，必ず翌年度末までに助成しなければならないと定められています。

　ただし，災害が発生した際に備えて，共同募金会には，共同募金の年間寄付額の3％を3年間「**災害等準備金**」として積み立てることが認められています。発災時は，この積み立てを取り崩して，災害ボランティア活動の支援のための費用として充当しています。大規模な災害が発災し当該都道府県内の積立額では不足する場合は，都道府県域を超えてこの準備金を拠出できるようになっており，2011（平成23）年の東日本大震災，2016（平成28）年の熊本地震，2018（平成30）年7月の西日本豪雨災害ではこのしくみで全国拠出が行われ，災害ボランティアセンターの運営費等に充てられました。

　　　　　　　　　　　　　　　　　　　　　　　　　　　（秋貞由美子）

▷3　テーマ型募金
解決すべき特定の課題を各共同募金会がテーマとして掲げ，その課題を解決していく必要性を広く住民にアピールしながら，その活動に取り組む団体の活動資金を共同募金運動を通じて募集する取り組みである。主として1～3月の期間に各共同募金会で取り組まれている。

▷4　戸別募金による寄付が全体の7割を占めている共同募金は，近年，募金額の減少が課題となっている。そこで中央共同募金会は，2016年に「70年答申」をとりまとめ，地域住民や関係機関・団体との共同による地域課題や社会課題解決を図る「運動性」の再生を主眼とした募金改革を推進している。

▷5　社会福祉法第118条に規定。

VII 地域福祉の推進主体② 地域福祉を推進する団体／組織

 生活協同組合・農業協同組合

協同組合とは

協同組合は，同じ目的をもった個人や事業者等が集まり，だれもが組合員となって組織を設立し，民主的な管理運営を原則とした利潤を追求しない非営利の組織です。また，お互いを助け合う相互扶助の組織です。

国際協同組合同盟（ICA）は，協同組合原則のなかで，「協同組合は，人びとの自治的な組織であり，自発的に手を結んだ人びとが，共同で所有し民主的に管理する事業体をつうじて，共通の経済的，社会的，文化的なニーズと願いをかなえることを目的とする」と定義しています。

さまざまな協同組合が存在するなかで，一般的によく知られているのが，消費生活協同組合法に基づく生活協同組合（生協）と，農業協同組合法に基づく農業協同組合（JA・農協）です。生活協同組合には，**地域購買生協**[q1]と**医療福祉生協**[q2]があります。

協同組合の最大の特徴は，組合組織を構成する全員の組合員が，組合の運営に参加し，全員で組合の活動方針を決定し，全員でこれを実践して事業を利用していく点です。

2 協同組合と地域福祉

第4次松江市地域福祉計画・地域福祉活動計画のなかで，「基本目標：人づくり・地域づくりを推進する」の具体的な方策の一つが，「NPO・農協・生協等諸団体との共創・協働」です。

松江市では，早い時期から農業協同組合・生活協同組合等と松江市行政・市社協との連携が模索されてきました。それは，生協活動から生まれ，島根県内に広がりを見せる「おたがいさま（有償助け合いシステム）」の活動や，「地域づくり・まちづくり学習交流会の開催」「地域づくり研究会の発足」「高齢者千人アンケート報告学習会の開催」，2011年から継続開催となっている「**地域ケア連携推進フォーラム**[q3]**の開催**」，連携と協働による地域づくりや「おたがいさま」のさらなる普及を目指す「地域つながりセンター」の設立など，主体的に地域福祉の展開を検討し行動している動きが，おのずと行政や社協を巻き込む結果となっています。

協同組合は，地域に班や支部を組織し地域づくりに取り組む団体であるとと

▷1 地域購買生協
食料品を中心とした購買事業（共同購入・宅配・店舗）に取り組むとともに，介護事業，子育て支援，高齢者サロン，助け合い活動などを展開する生協もある。

▷2 医療福祉生協
病院・診療所の経営，介護事業，高齢者の居場所づくり，助け合い活動，健康づくり活動などに取り組んでいる。

▷3 地域ケア連携推進フォーラム
協同組合と社協など民間非営利の団体間で，多主体連携による地域づくりを目指した研修・学びの場として開催するフォーラム。
参加団体は，松江市社協，JAしまね本店，JAしまね・くにびき地区本部，松江保健生協，生協しまね，地域つながりセンター，オブザーバーとして島根県社協。

もに，相互扶助を基本姿勢に持つ組織ですので，地域福祉の推進を大きく担うといっても過言ではありません。

3　社会的課題への試みと可能性

2011年から8回の開催を重ねてきた「地域ケア連携推進フォーラム」は，協同組合・行政・社協の関係者間で，顔の見える関係づくりをすすめ，情報交換や研修を通して関係者の連携と協働で何ができるかを議論する場となりました。現在，幾つかの事業に取り組んでいますが，そのなかから二つの実践を紹介します。

「なないろ食堂」は，2年前に立ち上がった**こども食堂**です。市内のO地区にある医療福祉生協が経営する老人保健施設の一室を利用し，夏休み期間中は週1回，その他は月1回の頻度で昼間の時間帯にオープンし，子どもの居場所づくりやあらゆる世代の交流の場を目標とした食堂です。小学生・乳幼児・保護者が30名程度，ボランティアとスタッフが20名程度で，毎回50名以上の参加があります。地元大学の教育学部の生徒が担当する学習支援や，地域の方々にご協力いただく季節ごとの行事などを取り入れた食堂となっています。

運営委員会は，協同組合・社協・地元関係者で構成し，連携と協働の力は，ほとんどの食材の提供やボランティアの確保などさまざまな運営面で発揮されています。

フードバンクしまね「あったか元気便」準備会は，1年間の検討と議論を経て2018年4月に立ち上がりました。目的は，子どもの貧困問題への試みです。市内のK小学校と地元公民館，協同組合等との連携・協働により，夏休み期間中の7月と8月の2回，生活困窮家庭28世帯へ2回分約700キロの食糧を宅配便で届けています。

協同組合を中心とした各団体では，寄付金募集や**フードドライブ**による食品集めを行い，また，宅配業者の協力も大きな力となっています。

利用者からは，毎日の生活の様子や子どもの喜ぶ姿が声として事務局に届きました。この声を関係者で共有し，今後，組織の正式な立ち上げや他の小学校への拡大などを検討することになっています。

4　実践から見える課題

いずれの取り組みも，地域と大きく関わるものですが，協同組合等は地区外のものとして認識されがちです。地域の関係者にとって，どう手をつなげばいいのか，なかなか判断できないようです。地域の子ども達を，地域で困っている親達を支援するためには，地域内・地域外を問わず関係する者が一つになって支援する必要があります。その調整と連携・協働を深めることが，今後の大きな課題と言えます。

（須田敬一）

▷4　こども食堂
地域のなかで，経済的な理由や家庭の事情などにより食事を十分にとれない子どもの支援や，一人で食事をとる孤食の解消等を目的に，無料または低額で食事を提供する活動。現在，全国に約2,300か所。

▷5　フードバンクしまね「あったか元気便」準備会
構成団体は，地元の公民館，JAしまね・くにびき地区本部，生活協同組合しまね，グリーンコープ島根，松江保健生活協同組合，島根県労働者福祉協議会，地域つながりセンター。

▷6　フードドライブ
各家庭で余っている食品を集め，食品を必要とする人々にフードバンクなどを通じて寄付する活動。

Ⅷ 子どもと地域福祉

1 子育て支援と地域福祉

地域に暮らす子どもたちは，教育や福祉の現場を中心に，いろいろな大人と関わりながら生活しています。子どもが通う保育園，幼稚園，学校の教員や保育士，学童保育（放課後児童クラブ）の指導員，児童相談所や市町村の家庭児童相談室，児童福祉施設の職員などと日々関わる子どもたちもいます。現代の家族の形は多様ですが，どんな形であれ子育て家庭は地域社会とつながりながら子育てをしています。ここでは，あらゆる状況に置かれた子どもすべてを「地域に暮らす子ども」ととらえ，地域社会と子どもたちのつながりについて紹介します。

1 子どもの権利に基づいた子ども家庭福祉の理念

1947年に制定され，改正を重ねている児童福祉法は，2016年の改正で初めて理念規定が改定され，子どもが権利の主体であることが条文に明記されました。1989年に国際連合が採択した「**子どもの権利条約**（Convention on the Rights of the Child）」を，日本は1994年に批准しましたが，これまで「児童の権利」は児童福祉法の理念には据えられていませんでした。法改正を経て，児童が権利の中心に位置づけられた上で国民，国，地方公共団体が児童の福祉を保障することが法律に明記されたのです。この条約の中で子どもは，暴力や戦争，親からの分離などの不利益から守られる権利を有するとともに，自分の考えを発言する権利，つまり能動的な権利の主体であることが強調されているのです。

2 子ども・子育て支援新制度

2012年8月に**子ども・子育て関連三法**が交付され，翌年2013年度より子ども・子育て支援新制度が始まりました。新制度は，長年続いている待機児童問題を解消すること，地域社会における子育て支援の充実を図ることなどを目的に，市町村が一義的な役割を担い，子育て家庭に「子ども・子育て支援給付」と「地域子ども・子育て支援事業」の二種類の給付を行うこととされています（図Ⅷ-1）。「子ども・子育て支援給付」の中には保育所，幼稚園，認定こども園の運営にあたる施設型給付，地域型保育給付，児童手当が含まれます。「地域子ども・子育て支援事業」には，放課後児童クラブや延長保育事業，地域子育て支援拠点事業，乳児家庭全戸訪問事業等，さまざまな事業者が含まれています（図Ⅷ-1）。新制度では「給付」という形で保育や子育て支援のすべてのサー

▷1 児童福祉法第1条は2016年の改正で，「全て児童は，児童の権利に関する条約の精神にのっとり，適切に養育されること，その生活を保障されること，愛され，保護されること，その心身の健やかな成長及び発達並びにその自立が図られることその他の福祉を等しく保障される権利を有する。」という文言に改正された。この改正では他にも，社会的養護において家庭養護を優先させること，児童虐待防止における市町村の役割の明確化なども取り決められた。

▷2 子どもの権利条約（児童の権利に関する条約）
1989年に国連で採択された。前文と第54条の条文から成る。保護され，愛される受動的な権利があるだけでなく，子どもには自分に関わる意思決定に参加し意見を表明する権利があるとしたところが，これまでの子どもに関する法律と異なる部分である。

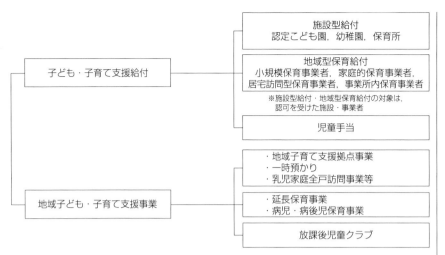

図Ⅷ-1 子ども・子育て支援法に基づく給付の体系

出所：山縣文治編（2017）『よくわかる子ども家庭福祉』ミネルヴァ書房，69。

▷3 子ども・子育て関連三法
「子ども・子育て支援法」，「就学前の子どもに関する教育，保育等の総合的な提供の推進に関する法律の一部を改正する法律」（認定こども園法），「子ども・子育て支援法及び就学前の子どもに関する教育，保育等の総合的な提供の推進に関する法律の一部を改正する法律の施行に伴う関係法律の整備等に関する法律」を指す。

ビスを体系立て，市町村の役割を明確化したことが大きな成果とされています。

3 地域社会における新たな子育て支援の形（日本版ネウボラ）

数年前から注目されている，フィンランドの包括的な子育て支援のしくみがあります。それは，ネウボラ（neuvola）といい，妊娠期から就学期まで，一貫してかかりつけの専門職からサポートを得ることができる地域の子育て相談の拠点のことを指します。「ネウボラ」とはフィンランド語で「相談の場」という意味で，妊娠した時点のすべての女性を相談支援の対象としており，妊婦は妊娠の届け出をネウボラに出します。全員を対象とすることで，困ってから相談に来る形ではなく，困る可能性のあるすべての母子につながることができるのです。ネウボラでは，保健師などの専門職が対話を重ねて一人ひとりに寄り添った支援を行うことが大切にされています。

このフィンランドのネウボラのしくみにならい，政府は母子保健から子育て支援までをワンストップで担う子育て世代包括支援センターを市区町村に設置し，おおむね2020年度末までに全国展開を目指すことを決めました。厚生労働省は2017年に「子育て世代包括支援センター業務ガイドライン」で，妊産婦・乳幼児の状況を継続的・包括的に把握し，関係機関との連絡調整を行って切れ目のない支援を提供するという，センターの役割を定義しました。子育て世代包括支援センターは，2017年4月時点で525市区町村，1,106か所に設置されています。ワンストップの支援の拠点であるセンターは，産前産後のサポートという母子保健だけではなく，安心して妊娠・出産・子育てができる「地域作り」の拠点であることがガイドラインには明記されています。 （佐藤桃子）

▷4 厚生労働省「子育て世代包括支援センター業務ガイドライン」2017年8月（https://www.mhlw.go.jp/file/06-Seisakujouhou-11900000-Koyoukintoujidoukateikyoku/kosodatesedaigaidorain.pdf）。

VIII 子どもと地域福祉

2 社会的養護と子どもたち

 社会的養護とは

　社会的養護とは，家庭で子どもを養育する際に家庭の補完や代替として行政が関与することをいい，これには保護者と子どもを分離する場合を含みます。**児童相談所**▷1は，関係機関や家庭等から通告，相談を受けて，必要がある子どもに対しては一時保護を行い，専門的な調査・判定を経て，保護者のもとで養育できない状況にある子どもを児童養護施設や里親家庭へ入所・委託する措置を行います。こうして施設や里親のもとで生活する子ども（要保護児童）は，現在約4万5,000人いるとされ，そのうち里親家庭で生活する子ども（**家庭養護**▷2）は6,546人▷3，残りの9割近くの子どもたちは施設養護（乳児院，児童養護施設，児童心理治療施設，児童自立支援施設，母子生活支援施設，自立援助ホーム）のもとに置かれています。

 市町村の役割

　児童相談所に寄せられる虐待相談対応件数は，特に2000年に「児童虐待の防止等に関する法律」が制定されて以降，年々増加し続けています。児童虐待防止対策を強化するため，2016年5月に成立した「児童福祉法等の一部を改正する法律」では，児童福祉法の基本理念の見直しとともに，児童相談所等の体制を整備することが規定されました。改正法では，国・都道府県・市町村の役割が明確に定められました。市町村には必要な支援拠点の整備に努めること，**要保護児童対策地域協議会**▷4（要対協）を強化することなどが求められています。また，児童福祉法の改正では児童相談所設置自治体が拡大されました。これまで都道府県と政令指定都市，希望する中核市にのみ設置されていたものが，希望する東京都の特別区，中核市が児童相談所を設置できるよう，政府は必要な支援を実施することとされました。

　市町村は在宅支援や子育て支援事業等，子育て家庭や児童に身近な支援を行う場所であり，虐待相談の身近な窓口でもあります。特に市町村では，福祉事務所や児童課に設置されている家庭児童相談室が重要な役割を担っています。都道府県の児童相談所やほかの関係機関と連携をとりながら相談援助を行い，地域のネットワークづくりの中心となるのです。

▷1　**児童相談所**
都道府県，政令指定都市に設置が義務づけられている，地域の児童相談の核となる行政機関。児童相談所には所長，児童福祉司，児童心理司，医師，児童指導員，保育士，看護師などの専門職員が配置され，養育相談や障害相談，非行相談などに対応する。

▷2　**家庭養護**
施設養護に対して，養育者の家庭で子どもを養育する形の社会的養護のことで，里親やファミリーホームのことを指す。ファミリーホームとは，養育者の住居において5～6名の子どもの養育を行うもので，2008年の児童福祉法改正により創設された。

▷3　厚生労働省「社会的養護の現状について（2017年12月）」（https://www.mhlw.go.jp/file/06-Seisakujouhou-11900000-Koyoukintoujidoukateikyoku/0000187952.pdf）。

▷4　**要保護児童対策地域協議会**
要保護児童の早期発見や保護を図るため，児童相談所，医療機関，警察，学校や保育所などの調整機関が連携するネットワーク。市町村への設置が法定化された2015年度では111か所（4.6%）であったものが，2016年度には1,727か所（99.2%）となっている。

3 小規模化・地域化が求められる児童養護施設

　上記のように，保護者と離れて生活する子どもたちの多くは，児童養護施設等で暮らしています。日本で家庭養護の割合が諸外国に比べて低いことは課題とされており，2016年の児童福祉法改正では養子縁組，里親，ファミリーホームなどへの委託をより一層進めることが重要である，という政府の方針が示されました。子どもが自分の家庭で健やかに養育されるため，保護者を支援することが第一ですが，それが上手くいかない場合は児童が「家庭における養育環境と同様の家庭環境で」継続的に養育される家庭養護が推奨されます。施設入所の場合でもできる限り小さな集団でのケア，つまり小規模グループケアや地域小規模児童養護施設（グループホーム）などが望ましいとされます。**施設の形態**5として，20人以上の子どもが一緒に生活する大舎制が主流であった児童養護施設が，6～8人の小規模な生活単位に変わりつつあるのです。

4 社会的養護の子どもたちを地域で支えるしくみづくり

　2016年度から滋賀県の独自施策として行われている，「児童養護施設等で暮らす子どもたちの社会への架け橋づくり事業」は，地元企業が滋賀県下の要保護児童の自立を仕事体験という手法でサポートするものです。これは滋賀の縁（えにし）創造実践センターが「ハローわくわく仕事体験」として始めた事業で6，児童養護施設や里親のもとで暮らす小中高生が，地元の企業で三日間のインターンシップ体験をしたり，企業のセミナーを受けたり，子どもたちが「働くこと」を身近に体験できる取り組みです。子どもたちが施設等を退所後に自立することを見据え，県，県社協，中小企業同友会を中心とした地域の企業，子どもたちが暮らす施設が協働してその自立生活を後押ししようとします。

　施設や里親のもとにいる子どもたちは，原則として18歳になると施設を退所して社会生活を送ります。しかし，退所後の支援は十分であるとはいえず，多くの子どもたちが退所と同時に孤立や困窮といった課題に直面します。この問題を，子どもたちが施設に在籍している時から地元企業とつながるという形で支援するのが，上記の仕事体験の事業です。子どもたちの困難な状況は，地域社会でなかなか可視化されません。福祉サービスの受け手である子どもたちが，制度の狭間に陥りやすいのです。地域の企業と地域の福祉施設の協働によって，見えづらくなっている社会的養護の子どもたちの自立が「地域の課題」として認識され，さまざまな人が子どもたちの課題に取り組むことで，社会的養護の子どもは地域社会とより接近していきます。このように，社会的養護という問題を児童福祉のごく狭い領域だけで扱うのではなく，地域社会で広く共有していくことが求められています。

（佐藤桃子）

▶5　施設の形態
児童養護施設では，20人以上の子どもたちが生活するものを大舎制，13～19人のものを中舎制，12人以下のものを小舎制と呼ぶ。多くの施設は大舎制であったが，近年小舎制やグループホームへの移行が進められている。

▶6　谷口郁美・永田祐（2018）『越境する地域福祉実践——滋賀の縁創造実践センターの挑戦』全国社会福祉協議会。

VIII 子どもと地域福祉

 # 子どもの居場所

 ## 1 子どもの居場所と地域福祉の関係性

「子どもの居場所」という言葉が新聞紙上で使われるようになったのは、1980年代終わりごろから1990年代にかけて、子どもの登校拒否が社会問題になった頃でした。学校に行かない子どもたちの居場所としてフリースクールが注目を集め、家庭と学校以外の子どもの居場所という意味合いで社会に認識されてきました。一方、**児童虐待問題**が子育て家庭の孤立などと関連づけて、地域社会と関係する問題として広く認識されるようになったのは2000年代以降のことです。子育てのストレスや産後うつ、子育て世帯の母子の孤立が問題として取り上げられるようになり、これらの問題に対応するため、地域における子育て支援が施策として重要視されるようになりました。

子ども・子育て支援新制度において定められた地域子ども・子育て支援事業のなかには、放課後児童クラブ（放課後児童健全育成事業）や、子どもの夜間の居場所をつくるトワイライトステイやショートステイ（子育て短期支援事業）が位置づけられました。放課後児童クラブは小学校就学児童を対象にしたサービスですが、近年、需要が急増しています。子ども・子育て支援新制度によって10歳以上の高学年も対象になることが明記され、放課後児童指導員という認定資格ができ、職員配置基準等も整備されました。

2 子どもの貧困問題と地域での居場所

2000年代後半は、「貧困の再発見の時期」とされています。2008年、日本の子どもたちの貧困率がOECD諸国のなかでも第2位であることを、豊富なデータとともに広く世間に示した『子どもの貧困』という新書が大きな話題を呼びました。2009年に厚生労働省が発表した日本の子どもの相対的貧困率（15.7％）は、多くの人に衝撃をもたらし、社会問題ともなりました。そして貧困問題は、経済的側面だけではなく子どもたちから機会や経験を奪い、関係性の貧困をもたらすことも広く知られてきました。

地域のなかに子どもの居場所をつくろうと、前述の子育て支援事業以外にもプレーパークや学習支援、子ども食堂など多くの実践が地域社会に広がりつつあります。昔から子どものための居場所を運営してきた京都市の山科醍醐こどものひろばや大阪市西成区のこどもの里などは、二世代、三世代にわたり地域

▷1 児童虐待問題
2000年に「児童虐待の防止等に関する法律」が制定されて以来、児童相談所の虐待相談対応件数は増加し続けている。これは、それまで児童虐待が無かったのではなく、法律が制定されて初めて児童虐待が社会問題として認識されるようになったことを表している。

▷2 阿部彩（2008）『子どもの貧困』岩波書店。

▷3 幸重忠孝・村井琢哉（2013）『子どもたちとつくる貧困とひとりぼっちのないまち』かもがわ出版。

の子どもたちにずっと寄り添ってきました。

これら学習支援や放課後児童クラブ等の実践を担っているのは、NPO法人などボランタリーな民間団体です。次項で紹介する子ども食堂も同様ですが、地域社会にある子どもの居場所の担い手としては多くのボランタリー団体が活躍しています。理念に基づくボランタリー団体は、熱意がありフットワークが軽く、地域のニーズをキャッチする能力に長けていますが、資金面で安定した収入が得られず運営が不安定になりがちだという問題点も持っています。

3 地域社会の再生としての子ども食堂の取り組み

先述の子どもの貧困が社会問題になって以降、「子ども食堂」と呼ばれる取り組みが全国各地で広がっています。子ども食堂は、無料や安価で子どもたちに食事を提供するボランティアベースの実践ですが、それぞれの食堂の実施主体はさまざまで、特徴も各食堂で異なっています。子どもの貧困というキーワードで全国に広がった実践ですが、決して貧困家庭の子どもだけを選定しているのではないという点は、多くの食堂に共通しています。「子ども食堂＝貧困」という誤解がよく見られますが、多くの食堂では対象を貧困家庭に限定していません。むしろ、子どもだけではなく地域の高齢者など、さまざまな人たちの居場所になる可能性もあるのです。

子ども食堂をネットワーキングして、県全体で子どもの居場所づくりをサポートしているのが滋賀県の取り組みです。滋賀の縁創造実践センターによる「遊べる・学べる淡海子ども食堂」は、2015年10月から子ども食堂の開設を支援し、2018年現在では滋賀県内の子ども食堂は100か所を超えました。開設から3年後までの資金助成、開設準備講座や実践者研修会などの情報提供、県内子ども食堂同士のネットワーク支援を行い、「地域に子どもを大切にするサポーターを作ること」「子どもを真ん中においた、子どもたちのための居場所が地域にできること」、つまり子どもに焦点をあてた地域づくりを目指しています。

子ども食堂の取り組みは、地域が子どもたちの課題に気づくことができる場所として、全国で発展しつつあります。それぞれの食堂が、行政、社協、学校など子どもと関係するさまざまな分野と協働しながら子どもを見守っています。

（佐藤桃子）

参考文献
谷口郁美・永田祐（2018）『越境する地域福祉実践――滋賀の縁創造実践センターの挑戦』全国社会福祉協議会。

VIII 子どもと地域福祉

4 貧困と子ども

1 子どもの貧困の現状

2015年国民生活基礎調査（厚生労働省）によると，2015年段階の日本の子どもの貧困率は13.9で，前回調査（2012年）より2.4ポイント下がったとはいえ，依然として6人に1人の子どもが貧困状態にあります（表VIII-1）。ここでいう貧困とは**相対的貧困**のことですが，**絶対的貧困**と違い，相対的貧困家庭で生活をする子どもたちは，見た目では貧困であることがわかりにくいことから生じるさまざまなしんどさと日々向き合っています。

一見，他の子どもたちとなんら変わらない生活を送っているようにみえますが，経済的な困窮は，日常生活を送るうえで子どもたちにさまざまな我慢を強いることになります。たとえば，用具や遠征などに費用がかかるような部活動には参加できないので部活動の選択肢が限られてくる，塾や習い事に通えず興味があってもそれに打ち込んで能力を伸ばすことができない，友達と遊びに誘われてもお金がかかるようなものには参加できない，欲しいものがあっても買ってもらえない，給食費や教材費を期日までに支払うことができずに肩身の狭い思いをするなど，学習・教育の機会やさまざまなライフチャンスに制約が生じます。さらに，それらによって自尊心や積極的に生きていくモチベーションが低下するなど，さまざまな悪循環をもたらします。こうした複合的な不利の累積が，貧困の世代間連鎖，つまり貧困の再生産にもつながります。

2 子どもの貧困対策

何の支援もなければ，子どもたちの今，そして将来の生活は，生まれた環境によって大きく左右されます。そこで，貧困状況にある子どもの教育機会の均等や生活環境の整備を図り，子どもの貧困対策を総合的に推進することを目的に，「子どもの貧困対策に関する法律」（平成25年法律第64号）が2013年6月に成立しました。また，この法律に基づいて，「子供の貧困対策に関する大綱」（以下，大綱）が2014年8月29日に閣議決定されました。

この大綱では，子どもの貧困対策を総合的に推進するために，生活保護世帯に属する子どもの高等学校や大学等進学率，スクールソーシャルワーカーの配置人数，ひとり親家庭の親の就業率，子どもの貧困率など，子どもの貧困に関する25の指標を設定しました。その指標の改善に向けて，学校をプラットフォ

▷1 相対的貧困
相対的貧困とは，各国の等価可処分所得の中央値の50％以下で暮らしている状態をいう。

▷2 絶対的貧困
絶対的貧困とは，たとえば，食べ物がない，家がないなど人間としての最低限の生存条件を欠くような貧困状態をいう。

ームとした子どもの貧困対策の推進や教育費負担の軽減などの教育の支援，保護者の自立支援や子どもの居場所づくりに関する支援などが含まれた生活の支援，保護者に対する就労の支援，母子福祉資金貸付金等の父子家庭の拡大や養育費確保に関する支援などの経済的支援などを当面の重点施策として掲げています。

大綱が定められた2014年前後と直近値を比較すると，生活保護世帯やひとり親家庭に属する子どもの高等学校等の進学率やひとり親家庭の親の正規職員としての就業率などが高まり，改善してきていることが伺えます。しかし，全世帯数の数値に並ぶには，さらなる改善に向けて努力が求められます。

③ 地域における子どもの貧困対策

貧困家庭では，親がダブルワークやトリプルワークで家にはほとんどいないというケースも少なくありません。そのため，きょうだいがいない子どもは夜間を一人で過ごしていたり，きょうだいがいたとしても子どもたちだけの生活で生活リズムが崩れたり，宿題を含む家庭学習になかなか取り組めなかったり，あるいは栄養バランスの整った食事を摂っていなかったり，さらには相談したいことがあっても相談できる親やその代替となる人がいなかったりと，家庭での生活にも多くの課題が顕在化しています。これらの課題は家庭だけで改善することは難しく，地域での支援を必要としています。

大綱に重点施策として掲げられた学習支援は，民間団体や地域住民の協力により放課後子ども教室などが増加しています。子ども食堂も大綱が定められた2014年ごろから急速に増加していますが，実際には貧困家庭の子どもたちの利用が少ないという課題を抱えているところも少なくありません。トワイライトステイなどの夜の居場所も増えつつありますが，対象が学齢期までのものが多く，中高生向けのものはほとんどありません。また，いずれも利用できる頻度は限られています。それでも，親以外の大人に見守られる環境があることは，孤立しがちな貧困家庭の子どもたちの生活の質の向上につながります。

（半羽利美佳）

▷3 厚生労働省の調べでは，放課後子ども教室の実施か所数は，平成28年度が1万6,027教室，平成29年度が1万7,615教室と増加している。

▷4 子ども食堂は必ずしも貧困家庭の子どもを対象としたものではない。

▷5 学習支援の場や子ども食堂，トワイライトステイなどは，週に1回，月に2回など，開設される日数が限られているところが多く，毎日利用できるというものではない。

（参考文献）
松本伊智朗他（2016）『子どもの貧困ハンドブック』かもがわ出版。
なぜ貧困があるのか，貧困が子どもにどのような影響を与えるのかをわかりやすく提示。子どもの貧困対策に関する法律や実践事例も紹介しており，子どもの貧困についてさまざまな観点から学ぶことができる一冊。

表Ⅷ-1 子どもの貧困状況

指標	大綱掲載時	直近値	全世帯の数値（直近値）
生活保護世帯に属する子どもの高等学校等進学率（全体）※1	90.8%	93.6%	98.8%
生活保護世帯に属する子どもの高等学校等中退率※2	5.3%	4.1%	1.3%
生活保護世帯に属する子どもの大学等進学率※3	19.2%	19.0%	54.8%
ひとり親家庭（母子世帯）の親の就業率（正規の職員・従業員）※4	39.4%	44.2%	―
ひとり親家庭（父子世帯）の親の就業率（正規の職員・従業員）※5	67.2%	68.2%	―

出所：※1～3 大綱掲載時：厚生労働省社会・援護局保健課調べ（平成25年4月1日現在）。直近値：文部科学省「学校基本調査」（平成29年度）。
※1 全世帯：文部科学省「e-Start 学校基本調査年次統計」。
※2 全世帯：文部科学省「児童生徒の問題行動・不登校等生活指導上の諸課題に関する調査」（平成29年度）。
※3 全世帯：文部科学省「学校基本調査」（平成29年度）。
※4～5 大綱掲載時：平成23年度全国母子世帯等調査（特別集計）。直近値：平成28年度全国ひとり親世帯等調査（特別集計）。

5 スクールソーシャルワーカーと子ども

1 スクールソーシャルワークの起源と沿革

スクールソーシャルワークは1906〜1907年にアメリカで始まったとされています。移民の子どもたちや貧困家庭の子どもたちの教育保障を目的に，訪問教師と呼ばれていた当時のスクールソーシャルワーカーは，学校と家庭と地域をつなぐ橋渡し役を担っていました。

日本におけるスクールソーシャルワークの起源には諸説ありますが，さきがけとなる活動の一つとして，1960年代に小柳伸顕が大阪市立あいりん小中学校で行った不就学児童の就学援助があげられます[1]。同小学校が開設された大阪・釜ヶ崎では，当時，戸籍がないために小中学校に就学できない子どもたちが大勢いました。そしてその背景には，生活困窮や教育に関心のない親の存在などがありました。小柳は，無籍の子どもの戸籍の作成や教育に関心のない親の説得などを通して，子どもたちが教育を受けられるように家庭的・地域的条件の整備を行い，子どもたちの教育を受ける権利を守る活動を行いました[2]。

近年では，2000年度に兵庫県赤穂市と茨城県結城市がスクールソーシャルワーカーを配置したのを皮切りに，2001年度に香川県，2005年度に大阪府，2006年度に兵庫県や滋賀県でスクールソーシャルワーカーの配置が進み，2008年度に文部科学省がスクールソーシャルワーカー活用事業を開始したことで，スクールソーシャルワーカーの配置が全国に広がりました。子どもの貧困対策に関する大綱には，平成31年度までにスクールソーシャルワーカーを1,008人[3]から１万人[4]に増員する目標も掲げられており，年々配置人数は増えています。いじめ防止等のための基本方針のなかにも，いじめ防止等の担い手としてスクールソーシャルワーカーの配置が明記されており，その働きが期待されています。

2 スクールソーシャルワーカーとは

スクールソーシャルワーカーとは，スクールソーシャルワーク，つまり学校を基盤にソーシャルワークを実践する福祉専門職で，教育を受ける権利を中心に子どもの権利を擁護する活動を行います。貧困や虐待，発達上の課題，いじめ，文化や性的指向の違いによる生活のしづらさなど，子どもたちはさまざまな困難に直面しながら日々の生活を送っています。スクールソーシャルワーカーは子どもたちの声に耳を傾け，子どもたちの声を代弁しながら，子どもたちに

▶1　大阪ソーシャルワーカー協会編（2013）「㊿　大阪市立あいりん中学校―スクール・ソーシャルワーカーのさきがけ：小柳伸顕―」『大阪の誇り　福祉の先駆者たち　挑戦の軌跡』晃洋書房，122-123。

▶2　その他のスクールソーシャルワークの先駆けとなる活動については以下を参照のこと。
山野則子他（2016）「Ⅲ　スクールソーシャルワークの歴史と動向　5　日本のスクールソーシャルワーク①　スクールソーシャルワーク前史」『よくわかるスクールソーシャルワーク第２版』ミネルヴァ書房，42-45。

▶3　この1,008人は，文部科学省のスクールソーシャルワーカー活用事業として配置されているスクールソーシャルワーカーの数である。この他にも，市区町村の独自予算で雇用されているスクールソーシャルワーカーも存在する。また，私立学校でスクールソーシャルワーカーを配置しているところもある。

▶4　全国の各中学校に１名配置すると１万人程度になる。

最善の利益をもたらす環境を整えるために、学校や家庭、地域に働きかけます。
　スクールソーシャルワーカーの配置形態には、**学校配置型**⑤、**拠点校型**⑥、**派遣型**⑦があり、配置形態や勤務時間数によって活動スタイルは異なります。学校配置型では子どもや保護者との面談や家庭訪問などを含む直接支援も行いますが、校区内の社会資源の掘り起こしやネットワークづくりも重要な役割の一つです。派遣型ではケース会議への参加や校内体制づくりなどの間接支援が中心になります。また、雇用主である教育委員会や私立学校の方針や地域の課題によって、関わるケースの種類やケースへの関わり方が異なります。貧困対策やいじめ予防への期待からスクールソーシャルワーカーの配置は急速に増えていますが、学校現場ではまだまだスクールソーシャルワーカーの活用にとまどいを抱いているところも多く、有効活用されるようになることが今後の課題でもあります。

❸ スクールソーシャルワーカーと社会資源の構築

　スクールソーシャルワーカーは、さまざまな関係機関と関わり、地域の社会資源を活用しながら支援を展開します。近年では、地域での学習支援の場や居場所、子ども食堂なども増え、子どもが活用できる地域資源が増えてきました。しかし、なかには既存の社会資源では十分に対応しきれないケースも多々あります。そのような場合、スクールソーシャルワーカーが新しい社会資源の構築に向けて働きかけることがあります。

　ある学校は、全校生徒のほぼ1割が日常的に遅刻をするという課題を抱えていました。教員たちは、遅刻をする生徒に毎朝電話をかけたり、朝自宅まで迎えに行ったりと、手厚い対応をしていましたが、改善の兆しはなかなか見えませんでした。遅刻の原因として考えられたことは、朝決まった時間に起床し、朝ごはんを食べて歯を磨き、着替えをして登校するという基本的な生活習慣が身についていないということでした。そこで、この学校のスクールソーシャルワーカーは、かねてより関係構築ができていた地元の自治会に働きかけて、朝の好ましい生活習慣を子どもたちが身に着けられるような子ども食堂を開設できないか相談を持ちかけました。この働きかけに、地域の有志や社会福祉協議会が応えてくれ、月に1回、希望する子どもなら誰でも利用できる、朝ごはんを提供する子ども食堂が始まりました。食後には、地元の歯科医が有志で歯磨き指導をし、近隣のドラッグストアは無料で歯ブラシを提供してくれています。子ども食堂の案内や利用者数の把握は、子どもに最もアクセスしやすい学校が全面協力しています。学校と地域が一体となって行われているこの子ども食堂の開催日には、遅刻は激減し、遅刻ゼロの日もあるといいます⑧（**日本ソーシャルワーク教育学校連盟**⑨）。

　このように、スクールソーシャルワーカーは学校や地域資源を巻き込みながら、子どもたちのニーズを満たすための活動を展開します。

（半羽利美佳）

▷5　**学校配置型**
教育委員会などにより選定された特定の学校に配属され、あらかじめ設定された勤務日に当該学校に常駐して支援を展開する。配属された学校の校区内の関係機関とのネットワーク構築も重要な役割である。

▷6　**拠点校型**
教育委員会などにより選定された特定の学校に配属されるが、校区内の他の学校にも定期巡回や派遣申請による訪問などを通じて支援を行う。

▷7　**派遣型**
特定の学校ではなく、教育委員会や教育事務所などに配置され、学校からの派遣申請を受けて、学校を訪問しケース会議への参加などの間接支援を中心に支援を展開する。

▷8　日本ソーシャルワーク教育学校連盟（http://socialworker.jp/worker/hisayama/）。

▷9　**日本ソーシャルワーク教育学校連盟**
教育および社会福祉の知識や技術を有するスクールソーシャルワーカーを養成するために、2009年より「スクール（学校）ソーシャルワーク教育課程認定事業」を開始。2018年4月現在、55か所の専門学校・大学・大学院がこの認定課程を設置している。社会福祉士養成課程の1200時間に加え、スクール（学校）ソーシャルワーク専門科目群140時間、教育関連科目群60時間、追加科目30時間の計230時間の課程認定科目を修了することで、認定スクール（学校）ソーシャルワーク教育課程修了者となる。

IX　災害と地域福祉

災害ソーシャルワークとは

災害とは

　災害には，台風によるものや地震によるものなどのような自然災害と，火災や爆発のように人的に引き起こされるものがあります。

　災害対策基本法第2条第1号では，災害とは「暴風，竜巻，豪雨，豪雪，洪水，崖崩れ，土石流，高潮，地震，津波，噴火，地滑りその他の異常な自然現象又は大規模な火事若しくは爆発その他その及ぼす被害の程度においてこれらに類する政令で定める原因により生ずる被害をいう」と規定されています。つまり，暴風，竜巻，豪雨，地震などにより，脆弱な部分がさらされて発生した被害のことです。

　ここでは，暴風や地震などを中心とする自然災害を災害として整理します。

② 災害時のソーシャルワーク

　ソーシャルワークは，人間のよりよい生活・自己実現の増進および達成そして社会正義の実現を目標としています。災害時であっても，平常時であっても，一人ひとりの地域社会でのよりよい生活の実現から，地域づくり，啓発，政策立案，社会開発にいたるまでのコミュニティや社会に働きかける役割に変わりはないといえます。上野谷加代子らは，災害支援から得た知見を基に，災害時のソーシャルワーカーの立場と役割として，次の7点のようにまとめています。

> 1　上野谷加代子監修／社団法人日本社会福祉士養成校協会編（2013）『災害ソーシャルワーク入門　被災地の実践知から学ぶ』中央法規出版，19-20。

- ソーシャルワーカーは被災地の重層する痛みを理解し，共感し，寄り添います
- 継続的支援を地域において包括的に体系化していきます
- 想像力と創造性の発揮を繰り返します
- 開発性・開拓性，交渉と調整機能を発揮します
- 被災者・被災地域住民が主人公と言う基本的な考え方を市民や関係者に理解されるよう，福祉教育やボランティア活動を再調整・支援します
- 被災者を直接支援している人々を支援します

災害弱者とは

　2013年6月の災害対策基本法の一部改正により，それまで災害時要援護者と表現していた人々について，高齢者，障害者，乳幼児等の防災施策において特

に配慮を要する人（要配慮者）のうち，災害発生時の避難等に特に支援を要する人については，「避難行動要支援者」として，名簿の作成を義務付けること等が規定されました。避難行動要支援者名簿の対象者には，身体障害者手帳1級又は2級の人，療育手帳A（重度）の人，精神障害者保健福祉手帳1級の人，在宅で要介護区分3以上の人，ひとり暮らしの高齢者または高齢者のみの世帯で要介護区分1・2の人，指定難病・特定疾患医療受給者証を持っている人等があげられています。

しかし，2018年6月の大阪北部地震の時には，情報や安全を求めて留学生が避難所に詰めかけました。今後は，より一層言葉やコミュニケーションの壁について，対応が求められる人々が増えることが予測されます。

4 災害時支援のポイント

災害時のニーズは，発災後すぐの救出・避難期，避難所生活期，仮設住宅生活期，復興住宅や自宅再建期などの段階によって変化します。そしてまた，災害の種類や規模，発生した地域性等によって被害のあらわれ方も異なります。

たとえば，もともと福祉サービスを利用していた住民は被災すると，より多くの生活困難を抱えるようになります。それまで自立していた住民も被災により生活困難を抱えるようになります。また災害後の時間的経過により生活困難は変容していき被災した地域のなかで発災前から行われていた支援だけでは対応しきれないことも想定されます。そのため被災地支援に入る場合には，こうしたことを踏えておく必要があります。

5 外部からの派遣支援で配慮すべきこと

被災地での拠点づくりについては，被災地の状況変化やニーズに的確に対応するため，被災地内もしくは被災地にできるだけ近い場所に拠点を構える方向で準備します。現地の状況は刻々と変化するため外部支援者にとって，被災に入る前に事前の情報収集・把握が必要不可欠です。また被災地で継続したより良い支援を展開していくためには，派遣者同士の引き継ぎが重要であることはもちろんですが，支援を引き上げる際には，地域の専門職に対して責任をもって支援の引継ぎを行うことが必要であるとされています。

（川井太加子）

▷2　高齢者とは65歳以上の方をいう。また，施設等の入所者を除く。これらに該当しない場合であっても希望者は登録を申し出ることができる。

▷3　一般社団法人日本社会福祉士養成校協会（2015）「災害ソーシャルワークの理論化と教材開発・教育方法の体系化に関する研究」（平成25年度社会福祉事業・研究助成事業），50-55（http://jaswe.jp/researchpaper/20151002saigaihoukoku.pdf）。

IX　災害と地域福祉

2　災害支援のプロセスと支援方法

1　災害とは何か

　災害救助法では，災害についてその種類をあげて説明しています。"災害とは何か"についての説明はいろいろありますが，そのいずれにおいても，災害が人々の暮らしに多くの課題を生み出すことはあきらかです。いうまでもなく災害は地域全体に大きな環境の変化をもたらします。また災害について，DMAT（Disaster Medical Assistance Team：災害派遣医療チーム）のテキストでは，「突然発生した異常な自然現象や人為的な原因により人間の社会的生活や生命と健康に受ける被害とする。災害で生じた対応必要量（needs）の増加が通常の対応能力（resource）を上回った状態である」と説明しています。

　私たちのふだんの暮らしには何らかの課題があり，それらを解決していくことで生活が成り立っています。たとえば，カゼをひいたり，ケガをすれば，そのことに対応する病院があります。家族で食事がしたい時は，外食ならレストランが，自宅で調理するならば，スーパーの食品売り場やコンビニエンスストアがあるのです。このように日常の課題は，それぞれに対応したリソースによって解決されています。災害は決して特別なものではありません。こうした日常の延長線上に起こりうる，「災害で生じた対応必要量（needs）の増加が通常の対応能力（resource）を上回った状態」について，私たちは考えねばならないのです。

2　災害支援とは

　災害によって生じるアンバランスについて考えてみましょう。たとえば東日本大震災のような大規模災害は，ケガ人や命に関わる状況に陥る人が増えることになります。しかしそうした人々を救う病院は崩壊し，医師，看護師のような専門職も被災してしまいます。病院は一例ですが，このようにニーズの増大，リソースの減少が同時に起こるのです。ここに生じるリソースの不足をいかに支えていくかが災害支援であるといえます。人的支援，物資，資金，情報など，リソースはさまざまです。

　近年多発している大規模自然災害では，崩壊あるいは浸水した道路や橋，公共施設や家屋などの姿が多く報道されています。空からの人命救助やボートで被災者を運ぶ姿，避難所のようすなど，私たちはその現状に対し，無力感をお

▶1　⇨ IX-1 参照。

▶2　日本集団災害医学会監修／日本集団災害医学会DMAT 改訂版編集委員会編（2015）『改訂第 2 版 DMAT 標準テキスト』へるす出版より。

ぼえることもあります。しかしながら，災害支援とはこうした人命に関わる72時間の活動や**インフラ**の復旧に関する活動だけではありません。

特にここでいう災害ソーシャルワークは，ふだんの延長線上に災害があると考え，平常時と災害時の連続性のなかで「生活」そのものを支援します。つまり「被災した地域とそこに生きる人々が災害によって起こった環境の変化との相互関係のなかで直面する課題に対し，その解決に向けて取組む支援のプロセスそのもの」を災害ソーシャルワークと考えます。

さらに「狭義の災害ソーシャルワークは，災害によって直接生じた課題に対し，一定の期間，専門職や非専門職が行う援助活動を意味し，広義では，災害時を意識した平常時のソーシャルワーク（防災・減災活動）や，災害によって顕在化した平常時からの課題への取り組みも含んだ長期的で連続性を持つ援助活動のことである」と考えられます。

3 災害支援のプロセスと支援方法

災害支援は被災した現状から，「ふだんのくらしのしあわせ」を取り戻すための活動でもあります。そのプロセスは災害の現場に出向くこと，つまり被災地で多様な課題を見出すことからはじまります。専門職であれ，ボランティアであれ，支援活動はニーズありきが原則です。課題の発見から，さらにより詳しくニーズを把握し，支援計画を立て，支援活動を実施し，状況を観ながら継続して活動します。これはソーシャルワークのプロセスそのものであるといえます。

災害支援においては平常時と違い，被災地域における特徴として，①環境の変化，資源の消失等がスピード感を持って現れること，②支援者や施設等，地元リソースも被災しているという状況を認識すること，③そのことで外部支援者に頼らざるを得ず，あらたに出会う支援者間の関係構築が課題となることなどを考慮することが必要となるでしょう。

支援方法は，ソーシャルワークの基本プロセスを理解したうえで，各災害現場・各フェイズに応用する力が求められます。たとえば支援対象は避難所だけでなく，在宅避難も多く存在します。ローラー作戦という言葉が用いられるように，すべての地域へのていねいなアウトリーチを，どのタイミングで誰が，どのように実施するかなども重要となります。支援計画は多様な状況に対し，個別あるいは地域の特性や関係性をつかむ必要があります。

アウトリーチ型のアセスメント，多様なプランニング，さらには細かなモニタリングが求められます。豪雨水害の支援活動では，生活支援という視点が抜け落ちると，家屋の復旧に力点がおかれ，活動報告に家がどの程度が片づいたかという記録に留まることがあります。「泥を見るのではなく，人を観る」という心構えは，災害支援を行う者への警鐘でもあります。

（山本克彦）

▷3 インフラ
インフラストラクチャーの略語。産業や生活の基盤となる社会資本のことをさす。

▷4 山本克彦（2016）「災害時のアウトリーチ（CosDa）に関する研究――学生と専門職による連携の可能性」『日本福祉大学社会福祉論集』135, 36。

Ⅸ　災害と地域福祉

ボランティアの参加と災害支援

災害時のボランティア

　災害が起こると，必ずといっていいほど話題となるのが「ボランティア」です。1995年の阪神・淡路大震災では，多くの人たちが被災地を目指し，それぞれが自分にできることを模索しながら，あるいは現地のニーズに応えながら活動していました。ボランティア元年といわれた時期です。ボランティアという言葉はふだんから使い慣れているともいえますが，災害時のボランティアは何が違うのでしょう。もちろん災害の種類や規模，被害の大きさによりますが，災害時であるがゆえの課題とその解決に向けた多様な内容が存在します。なぜならば，災害時のボランティアは支援する側があらかじめ描くものではなく，災害によって生じた状況（環境の変化）との関係のなかで，支援を必要とする側の状況に合わせて描かれるからです。また，被災地では時間の流れのなかで，少しずつ違った活動が求められることもあります。

　しかし，どのような災害であっても，またどんな場所でどんな時期に起こっても，すべての活動に共通している原則があります。それが「被災者中心」，「被災地主体」という考えです。大規模水害の被災地でボランティアに参加した学生が，「災害が起こったからボランティアが必要なのではなく，被災者がいるからボランティアは必要なのだ」と話したことがあります。ボランティアはどのような活動においても，その風景の先にある「被災者の生活」を想像することが重要なのです。

② 災害支援としてのボランティア

　ボランティアの活動について，支援する側から説明するのではなく，被災者側，つまり支援を必要とする側に焦点をあてて考えてみましょう。災害支援としてのボランティアは，災害によって生じた多様な「困りごと」を解決するためのものであり，その困りごとは被災者と被災地に存在します。そのことを整理するために，表Ⅸ-1について考えたいと思います。災害時のボランティアを学ぶということは，ここにある6つの被害から，災害によって生じた多様な「困りごと」を想像することでもあります。

　災害支援において重要なのは，これらの困りごとが，それぞれどのように関係しながら生じているかということです。また関係しながら生じているという

ことは，解決するためのアプローチも多様にありうるということでもあります。

たとえば「物理的な被害」は「家屋や家財，生活空間の破壊や汚染」と説明しています。地震によって倒壊した家屋の片づけや，水害によって浸水した家財道具の運び出しや泥かきなど，災害に対応して，イメージしやすいものといえます。しかしこれらの被害もまた，他の被害と関係しています。家屋だけでなく，農業を営む上での田畑やビニールハウス，果樹園などが破壊されることで，仕事を失い，生計が成り立たないということになれば，「経済的な被害」となります。水害後の泥が乾燥して，舞い上がる砂ぼこりを吸い込むと，雑菌によって体調をくずし「身体的な被害」となり，過労や災害のショックを考えれば，「心理（精神）的な被害」にもつながります。被害の

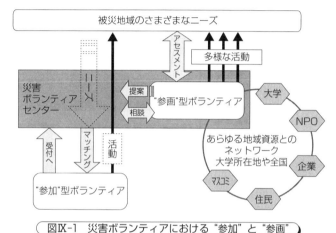

表Ⅸ-1 災害による被害（『被災』）

物理的な被害 【家屋や家財，生活空間の破壊や汚染】	心理（精神）的な被害 【恐怖・不安・寂寥感・認知症の亢進】
身体的な被害 【負傷・体調の悪化・生活習慣の乱れ】	人的なつながりの被害 （コミュニティの被害） 【離別・離散・疎遠・機会喪失】
環境の被害 【地域のシンボル・景観・交通】	経済的な被害 【生業の喪失・復旧費用の増大】

出所：山本克彦編著（2018）『災害ボランティア入門』ミネルヴァ書房，72。

図Ⅸ-1 災害ボランティアにおける "参加" と "参画"

出所：山本克彦編著（2018）『災害ボランティア入門』ミネルヴァ書房，32。

状況を個別あるいは地域全体との関係のなかでアセスメントし，ボランティアとして可能な力を発揮していくことが，災害支援においては大切なのです。

3 ボランティアへの参加

ソーシャルワークを学ぶみなさんが災害時にボランティアとして活動に参加することは，とても大きな力になります。もちろんボランティアは年齢制限や専門性，個々の立場に左右されるものではありませんが，まさにこうして地域福祉を学んでいることによって，ソーシャルワークとしてのボランティアが可能となるでしょう。もっともわかりやすい参加は，被災地で開設される災害ボランティアセンター（以下，災害VC）を通すことです。そこでの関わり方は図Ⅸ-1で示すように，災害VCから示された地域ニーズに対し，依頼された活動を実施する参加と，ソーシャルワークを学んでいることを活かした参画があります。他にも災害の規模や災害VCの有無に限らず，個人でも団体等を通してでも，ボランティアへの参加方法は多様に存在します。

（山本克彦）

IX　災害と地域福祉

4　災害時における医療ソーシャルワーク

1　医療ソーシャルワークとは

　厚生労働省の『医療ソーシャルワーカー業務指針』によると，医療ソーシャルワークとは，「保健医療機関において，社会福祉の立場から患者さんやその家族の抱える経済的・心理的・社会的問題解決，調整を援助し，社会復帰の促進を図る業務である」とあります。

　このように，業務指針のなかに災害という言葉はありませんが，ソーシャルワークの目的や方法は基本的には変わりません。災害の規模，災害の種類，災害の範囲などによって，また地域の状況によって柔軟に対応していく必要があります。

2　災害時の医療ソーシャルワーカーの活動

　今まで，阪神・淡路大震災▷1，新潟県中越地震▷2，東日本大震災▷3など大きな災害の時に医療ソーシャルワーカーは活動してきました。

　また，2011年度チーム医療推進協議会の「災害時におけるメディカルスタッフの役割ハンドブック」に掲載されている災害時に医療ソーシャルワーカーができることとして6つがあげられています。▷4

　①　病院の医療ソーシャルワーカーの業務のお手伝い。災害地域にある病院のソーシャルワーカーの被災状況を確認し，業務に支障がでていたら，ソーシャルワーカーを派遣

　②　災害時に利用できる医療制度，サービスの情報提供

　③　避難所・仮設住宅・在宅被災者への訪問相談およびニーズ把握，相談会の開催

　　　特に，病気・障害を持つ人から，生活困窮者に対する相談援助が専門

　④　被災者の心理的問題（孤独など）及び生活の相談（虐待予防，要介護者のリスク予防など），グリーフワーク的（悲しみのケア）支援。グループワークの開催など

　⑤　一時避難所から次の生活の場への移動支援

　⑥　究明の時期から長期的な復興に向けた数年にわたる生活相談の後方支援（地元の専門職の支援に繋ぐなどのマネージメント的関わりが得意）

▷1　公益社団法人日本医療社会福祉協会は，阪神・淡路大震災後2週間目から，医療ソーシャルワーカーを派遣し，保健師等と避難所での活動を行い，住民が仮設住宅に移ってからは仮設住宅での孤立死等を防止するための訪問活動が行われた。
　日本医療社会福祉学会（1998）「地域型仮設住宅における医療ソーシャルワーカーの記録報告書」。

▷2　新潟県中越地震後，被災地域の総合病院の医療ソーシャルワーカーは，地震発生の翌日から病院の医療救護班の一員として周辺の避難所を継続的に巡回し，長引く避難生活による慢性疾患の悪化やストレスによる不眠，エコノミークラス症候群などへの注意喚起のチラシを配布し避難所で生活する人からの受診手続きの相談にも応じた。
　日本地域福祉研究所（2007）「日本赤十字社助成事業大規模災害時及び復興期におけるソーシャルワーカーの役割と機能に関する研究事業報告書」28。

▷3　東日本大震災では，2011年3月15日には災害対策本部を立ち上げ現地に出向いて情報収集し，災害現地のソーシャルワーカーと連携を取りながら支援を構築した。福祉避難所では，医療職等と共に，災害関連

3 チームの一員としての医療ソーシャルワーカー

災害時には，発災直後から色々な職種や役割の担い手が集まってきます。そのなかで，阪神淡路大震災を契機に，発災直後からの救命・救援のための医療・看護チームとして災害派遣医療チームDMAT[5] (Disaster Medical Assistance Team) が制度化されました。

日常的に医療関係者と共に仕事をしている医療ソーシャルワーカーのなかには，発災時，業務調整員としてDMATチームに加わっている場合もあります。業務調整員の役割は，広域災害救急医療情報システム（EMIS）の入力，移動・機材の輸送手段の確保，医薬品支給，被災地での宿泊場所や隊員の飲料水・食糧の確保，連絡・調整，パソコンや通信機器の取り扱いなど多くの役割を担っています。DMATは，病院のなかでチームを作り病院単位で活動します。業務調整員には特に資格等の要件もないため，事務員や若い男性で動けそうな人が優先されて選ばれ，医療ソーシャルワーカーが選ばれることは少ないのが現状です。しかし，地域資源を知っている医療ソーシャルワーカーが業務調整員であれば，たとえば資機材不足についても，県の資材担当者と相談できたり，それまで何度もしていることならどう動いたらいいかを自分で判断しながら動くこともできます。

また，避難所に入ってみるとそのなかには眠れていない人や，認知症の症状がみられる高齢者など，気になることを発見することがたびたびあります。しかし発災直後は，医療ニーズが優先なので，環境的な対応がおろそかになることがあります。医療ソーシャルワーカーで業務調整員としてチームに入っている人のなかからは「DMATとしての仕事の幅を広げられるといいのかもしれない」といった声も聞かれます。

原田正樹は，藤田保健衛生大学のチームに同行して熊本地震の支援に行った避難所での体験から「1日30人ほどの相談を受けた。その中には母親からの相談や障害のある人，中学生や避難所の支援者もいた。筆者が医療チームと一緒に巡回に行ったからこそ避難所での信頼が得られたのである。個人であったら何もできなかったかもしれない」[6]と書いています。今後，医療ソーシャルワーカーだけでなくソーシャルワーカー全体で，どのように災害支援活動を組織化することが望ましいか，さらに検討を進めていく必要があります。

（川井太加子）

死の予防，避難者の健康度の回復・維持・増進を目的として活動が行われていた。専門職集団としては，タイミングを逃さずアウトリーチにより支援ニーズを発見し，発見したニーズに対しては，機動性と専門性を持った対応が必要であるとしています。
山田美代子（2012）「避難所における保健医療分野のソーシャルワーカーが果たした役割と機能」『ソーシャルワーク研究』vol.38 No.1，24～25。

▶4 福原麻希監修／チーム医療推進協議会（2011）『災害時におけるメディカルスタッフの役割』IMGT。

▶5 DMAT
医師，看護師，業務調整員（医師・看護師以外の医療職及び事務職員）で構成され，大規模災害や多傷病者が発生した事故などの現場に，急性期（おおむね48時間以内）に活動できる機動性を持った，専門的な訓練を受けた医療チームです。

▶6 原田正樹（2017）「災害ソーシャルワークとDMATの期待」『月刊福祉』100(4)，45。

Ⅹ 地域福祉計画とその実際

 地域福祉計画とは

社会福祉法の改正と地域福祉の主流化

　2000年に社会福祉事業法が改正され，社会福祉法が施行されました。この改正の大きなポイントの一つは，同法が地域福祉の推進を目的の一つに掲げたことにあります（社会福祉法第1条）。また，同法第4条では新たに「地域福祉の推進」として「地域住民，社会福祉を目的とする事業を経営する者及び社会福祉に関する活動を行う者は，相互に協力し，福祉サービスを必要とする地域住民が地域社会を構成する一員として日常生活を営み，社会，経済，文化その他あらゆる分野の活動に参加する機会が与えられるように，地域福祉の推進に努めなければならない」と規定しました。こうした改正が意味していることを簡潔にいえば，これからの社会福祉は，地域住民を含めたさまざまな福祉関係者の協働によって地域での自立生活を推進していくという方針が明確にされたということです。社会福祉法の改正が，地域福祉の主流化を進めたといわれるのはそのためです。さらに，同年に地方分権一括法が施行され，基礎自治体である市町村が福祉行政の中核となることが明確になったことも押さえておく必要があります。つまり，2000年以降，日本の社会福祉は，市町村を中心に，多様な主体が協力して地域福祉の推進を目指していくことになりました。市町村がこのような意味での地域福祉を推進していくために策定する計画が市町村地域福祉計画であり，それを支援するために都道府県が策定する計画が都道府県地域福祉支援計画です。

2 地域福祉計画の特徴　総合化と住民参加

　社会福祉法の施行に先立つ1998年の中央社会福祉審議会社会福祉基礎構造改革分科会「中間まとめ」は，「現在，老人，障害者，児童といった対象者ごとに策定されている計画を統合し，都道府県及び市町村のそれぞれを主体とし，当事者である住民が参加して策定される地域福祉計画を導入する必要がある」（傍点筆者）と提言しました。このように，地域福祉計画は①他分野の計画を総合化すること（総合化），②住民参加で策定されること（住民参加）を二つの特徴として法制化されたといえます。

　2002年1月に公表された「市町村地域福祉計画及び都道府県地域福祉支援計画策定指針のあり方について（一人ひとりの地域住民への訴え）」（以下「策定指

▷1　この条文は2017年5月に成立した地域包括ケアシステム強化法により，「地域住民，社会福祉を目的とする事業を経営する者及び社会福祉に関する活動を行うもの（以下「地域住民等」という。）は，相互に協力し，福祉サービスを必要とする地域住民が地域社会を構成する一員として日常生活を営み，社会，経済，文化その他あらゆる分野の活動に参加する機会が確保されるように，地域福祉の推進に努めなければならない」と「与えられる」から「確保される」べきものとして改正された。

▷2　武川正吾（2006）『地域福祉の主流化』法律文化社，1-3，参照。

針」と略記）でも，「地域福祉とは地域住民の主体的な参加を大前提としたものであり，地域福祉計画の最大の特徴は『地域住民の参加がなければ策定できない』ことにある。地域住民の主体的参加による地域福祉計画の策定・実行・評価の過程は，それ自体，地域福祉推進の実践そのものである」として，住民参加による策定の重要性を訴えるとともに，「地域福祉計画と他の福祉計画との関係」を「整合性及び連携を図り，これらの既存計画を内包する計画として，市町村及び都道府県のそれぞれを主体に，『地域住民主体のまちづくり』や幅広い地域住民の参加を基本とする視点を持った地域福祉計画を導入する必要」（傍点筆者）があると提言しました。

以上のような経緯をみれば，地域福祉計画は既存の「福祉3プランに加えて4番目の福祉計画として策定されるべきではなく，既存の社会福祉計画を包含した社会福祉の総合計画」であり，それを幅広い地域住民等の参加によって策定することが立法の趣旨といえます。

3 社会福祉法における市町村地域福祉計画の規定

社会福祉法は，第107条第1項において，「市町村は，地域福祉の推進に関する事項として次に掲げる事項を一体的に定める計画（以下「市町村地域福祉計画」という。）を策定するよう努めるものとする」とし，「次に掲げる事項」として，5つをあげています。

① 地域における高齢者の福祉，障害者の福祉，児童の福祉その他の福祉に関し，共通して取り組むべき事項
② 地域における福祉サービスの適切な利用の推進に関する事項
③ 地域における社会福祉を目的とする事業の健全な発達に関する事項
④ 地域福祉に関する活動への住民の参加の促進に関する事項
⑤ 地域生活課題の解決に資する支援が包括的に提供される体制の整備に関する事項

このように，市町村地域福祉計画は，高齢者，障害者，児童の各分野の「共通的な事項」を定める上位計画（基盤計画）として位置づけられています。また，⑤は，2017年の改正で位置づけられた**包括的な支援体制**を指しており，地域福祉計画で，この体制をどのように推進していくかを記載することになりました。分野を問わない包括的な支援体制は，分野ごとの計画では記載できないため，福祉の総合計画としての地域福祉計画に記載すべき内容とされているのです。

また，第107条第2項は，「市町村は，市町村地域福祉計画を策定し，又は変更しようとするときは，あらかじめ，地域住民等の意見を反映させるよう努めるとともに，その内容を公表するよう努めるものとする」と規定して，住民参加を位置づけるとともに，第3項では「市町村は，定期的に，その策定した市町村地域福祉計画について，調査，分析及び評価を行うよう努めるとともに，

▷3 武川正吾（2005）『地域福祉計画――ガバナンス時代の社会福祉計画』有斐閣，39。

▷4 このうち，1号と5号（①と⑤）の各号は，2017年の改正で追加され，⑤については2020年の改正でより明確に規定されることになった。

▷5 **包括的な支援体制**
包括的な支援体制とは，社会福祉法第106条の3第1項で位置づけられている①住民に身近な圏域において，地域住民等が主体的に地域生活課題を把握し解決を試みることができる環境整備（第1号），②住民に身近な圏域において，地域生活課題に関する相談を包括的に受けとめる体制の整備（第2号），③多機関の協働による市町村における包括的な相談支援体制の構築のことをいう。
⇨Ⅰ-3，Ⅳ-2 参照。

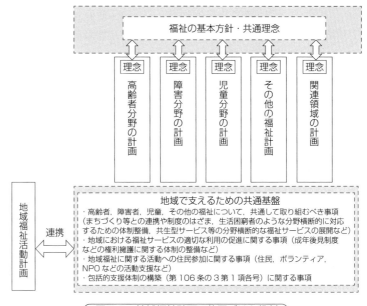

図Ⅹ-1 地域福祉計画の位置づけと役割

出所：榊原美樹（2017）「マクロの地域福祉援助」川島ゆり子・永田祐・榊原美樹・川本健太郎『地域福祉論』ミネルヴァ書房，117をもとに筆者作成。

必要があると認めるときは，当該市町村地域福祉計画を変更するものとする」と規定して，進行管理の必要性を規定しています。

❹ 社会福祉法における都道府県地域福祉支援計画の規定

都道府県地域福祉支援計画について，社会福祉法第108条第1項は，都道府県が，「市町村地域福祉計画の達成に資するために，各市町村を通ずる広域的な見地から，市町村の地域福祉の支援に関する事項として次に掲げる事項を一体的に定める計画（以下「都道府県地域福祉支援計画」という。）を策定するよう努めるものとする」とし，「次に掲げる事項」として，5つをあげています。

① 地域における高齢者の福祉，障害者の福祉，児童の福祉その他の福祉に関し，共通して取り組むべき事項

② 市町村の地域福祉の推進を支援するための基本的方針に関する事項

③ 社会福祉を目的とする事業に従事する者の確保又は資質の向上に関する事項

④ 福祉サービスの適切な利用の推進及び社会福祉を目的とする事業の健全な発達のための基盤整備に関する事項

⑤ 市町村による第106条の3第1項各号に掲げる事業の実施の支援に関する事項

このように，都道府県地域福祉計画では，広域的な見地から，分野を横断して取り組むべき事項を定めるとともに（①），市町村が地域福祉推進していくための支援策（②）や市町村が包括的な支援体制を構築していくための支援策

を検討します（⑤）。また，福祉人材の確保や質の向上は，市町村地域福祉計画にはない規定で，都道府県の単位で行うべきこととされています（③）。さらに，児童相談所や婦人相談所（配偶者暴力相談支援センター）といった都道府県が設置主体となった広域的な専門相談の体制整備や市町村の相談支援体制の支援（④）なども検討すべき事項といえます。

　また，第108条第2項は，市町村地域福祉計画と同様に，「都道府県は，都道府県地域福祉支援計画を策定し，又は変更しようとするときは，あらかじめ，公聴会の開催等住民その他の者の意見を反映させるよう努めるとともに，その内容を公表するよう努めるものとする」と規定し，住民参加を位置づけるとともに，第3項では「都道府県は，定期的に，その策定した都道府県地域福祉支援計画について，調査，分析及び評価を行うよう努めるとともに，必要があると認めるときは，当該都道府県地域福祉支援計画を変更するものとする」と規定して，進行管理の必要性が規定されています。

⑤ 市町村地域福祉計画の位置づけ

　ここでは地域福祉計画の位置づけについて，市町村地域福祉計画を例に説明します。図Ⅹ-1に示したように，地域福祉は，高齢者，障害者，児童といった対象別福祉でなく，それを横断する考え方であり，実践であるため，福祉の基本方針や共通理念としての側面（各計画に共通する理念や方針の総合化）と，地域で支えるための共通基盤を定める計画としての側面があります。つまり，地域福祉計画では，市町村の福祉の共通理念・将来像を明示し，同時に社会福祉法第107条で規定された点を盛り込むことが最低条件となります。

　しかし，地域福祉計画は単にこの内容を備えていればよいというわけではありません。立法化の背景を考えれば，計画策定は，市町村が社会福祉法第4条の地域福祉の推進を具体化する分権化時代にふさわしい取り組みとなることが期待されています。社会福祉法第4条では，地域福祉の推進主体として，「地域住民」，「社会福祉を目的とする事業を経営する者」，「社会福祉に関する活動を行う者」をあげており，地域福祉計画は，地域住民や社会福祉の関係者と行政が協働して策定することが必要です。また，社会的孤立の問題やさまざまな生活のしづらさを抱えた人の問題が深刻になるなかで，これからの地域福祉計画には，住民や社会福祉に関係する専門職の参加にとどまることなく，さまざまな形で地域づくりに関わる多様な人や組織の参加が不可欠になっていくはずです。たとえば，生活困窮者の中間的就労の場づくりを考える場合には，地域の企業や農業関係者との連携が必要なように，狭義の福祉の枠にとらわれない連携や協働が求められているのです。このように，地域福祉計画の策定を通じて，それぞれの地域の実情に応じた新たな取り組みや活動が生み出されていくことが期待されています。

（永田　祐）

X　地域福祉計画とその実際

地域福祉計画の策定手法とそのプロセス

地域福祉計画策定の難しさ

すでに X-1 で説明したとおり，地域福祉計画の策定には地域住民や社会福祉に関係する専門職の参加はもとより，さまざまな形で地域づくりに関わる多様な人や組織の参加が不可欠です。こうした多様な主体が参加し，策定過程を通じてそれぞれが地域の課題に気づき，必要な地域福祉活動や施策を構想していく過程は，地域福祉推進の実践そのものであり，完成した計画書だけではなくその過程が重要な意味を持つことになります。もちろん，現実には限られた時間のなかでこうした多様な関係者の参加を得て，合意を形成していくことは容易ではありません。福祉の総合化と多様な関係者の参加を限られた時間や体制のなかで実現していくために，策定手法やプロセスにはさまざまな工夫が必要になるのです。

2 地域福祉計画の構想――事務局の体制

すでに説明したとおり，地域福祉計画は分野別各計画の上位（基盤）計画であり，各計画と調和を図って策定することが求められます。そのため，策定にあたっては，まず行政全体で取り組む体制をつくり，地域福祉計画を構想することが重要になります。関係部局が一堂に会した検討会を開催したり，部局を横断したプロジェクトチームなどを立ち上げることも有効な方策でしょう。**地域福祉活動計画**と一体的に策定する場合には，社会福祉協議会と合同のプロジェクトチームをつくったり，合同で事務局を担うなど必要に応じて市町村行政内だけではない策定体制をつくることも必要です。

3 地域生活課題の明確化・共有化

地域生活課題をきめ細かく把握していくためには，そこに住んでいる住民やそこで活動する専門職の参加が必要になります。住民参加の手法としては，住民座談会などの話し合いを小さな単位で行っていくことが有効になります。しかし，役職者だけに声をかけても地域で本当に困っている人のニーズを把握できない場合もあります。こうした場に参加しづらい人のニーズは，たとえば**フォーカスグループインタビュー**などの手法を活用して把握するといった配慮も必要になります。さらに，アンケート調査はよく使われる手法ですが，すべて

▷1　社会保障制度審議会（2002）「市町村地域福祉計画及び都道府県地域福祉支援計画策定指針のあり方について（一人ひとりの地域住民への訴え）」6。

▷2　⇒X-1参照。

▷3　**地域福祉活動計画**
「社会福祉協議会が呼びかけて，住民，地域において社会福祉に関する活動を行う者，社会福祉を目的とする事業（福祉サービス）を経営する者が相互に協力して策定する地域福祉の推進を目的とした民間の活動・行動計画」（全国社会福祉協議会「地域福祉活動計画策定指針」（2003）であり，法律で策定が義務づけられている計画ではなく，民間団体である社会福祉協議会が中心となって策定される計画である。

▷4　**フォーカスグループインタビュー**
「フォーカスグループ」と呼ばれるグループでの協議を行ってデータを収集する方法である。複数のインタビュー対象者に対してグループの相互作用を活用しながら焦点化したテーマを掘り下げていくという特徴がある。

外部のコンサルティング会社などに任せてしまう場合が少なくありません。本来は，調査結果を住民に示すだけでなく，調査の設計や実施に住民自身が関わることで，その後の行動につなげていくという視点が重要です。

❹ 計画目標や内容の構想化

　地域生活課題が明確になり，関係者で共有できたら，それを解決するための目標や方策を考えていくことになります。一般には，地域福祉計画策定委員会のような計画策定のための策定組織を設置して，構想を具体化していくことになります。委員会は，地域住民，学識経験者，さまざまな専門機関や民生委員・児童委員に加え，必要な関係者が参加することが一般的ですが，通常，各種団体の代表者（自治会・町内会，当事者団体，民生委員・児童委員協議会など）から構成されることが多く，幅広い意見を吸い上げることが難しい場合もあります。その場合，必要に応じて策定委員会の下にワーキングチームなどを設けて少人数で議論したり，テーマごとに分科会を開催して意見を深めるといった実質的な協議や参加のための工夫が必要になります。

　また，近年小学校区など小地域ごとに地域福祉計画を策定し，市全体の地域福祉計画と一体的に策定するという工夫も見られるようになっています。小地域での計画策定も，小地域における地域生活課題を明らかにし，それに対応する目標を定め，必要な活動を計画としてまとめていくものです。こうした小地域ごとの計画が求められる背景としては，住民同士の助け合いや支え合い活動はこうした小地域で行われていることに加え，合併により市町村の規模が大きくなるなかで，小地域ごとの地域特性をふまえた計画策定が求められているようになっているといった要因があげられます。

❺ 計画の実施と進行管理

　地域福祉計画は，計画を実施するのが市町村行政だけでなく，住民や社会福祉協議会，社会福祉法人をはじめとした多様な主体であるという特徴があります。そのため，こうした多様な推進主体が連携・協働しながら実施していくことが必要です。行政内でも，高齢，障害，児童や他の関連計画と整合性を持って推進していく必要があり，全庁的な体制で推進していくことが必要になります。

　また，2018年4月の社会福祉法改正では，市町村は定期的に，その策定した地域福祉計画の調査，分析および評価を行うよう努めなければならないと規定されました（社会福祉法第107条第3項）。地域福祉計画の内容は，具体的なサービス量など数値だけでは表せないことも多く，地域福祉計画の評価や進行管理をどのように行っていくかは，今後の課題といえます。

（永田　祐）

▷5　社会保障制度審議会（2002）「市町村地域福祉計画及び都道府県地域福祉支援計画策定指針のあり方について（一人ひとりの地域住民への訴え）」では「地域福祉推進の基本的な考え方にかんがみれば，地域福祉計画はステレオタイプで形式的なものに留まるものではなく，加えて，外部のコンサルタント会社に策定を請け負わせるようなことがあってはならないことは当然である」と指摘している。

X 地域福祉計画とその実際

 地域福祉計画の策定主体と役割

 地域福祉計画策定の主体と地域住民等

　地域福祉計画の策定主体は，市町村と都道府県であり（社会福祉法第107条，108条），法に定められているとおり両者は地域福祉計画の策定に努めなければなりません。しかし，地域福祉計画は行政だけで策定するわけでも，できるわけでもありません。社会福祉法第107条第2項は「市町村は，市町村地域福祉計画を策定し，又は変更しようとするときは，あらかじめ，地域住民等の意見を反映させるよう努めるとともに，その内容を公表するよう努めるものとする」としており，地域福祉計画の大きな特徴は，**地域住民等**の参加がなければ策定ができないという点にあります。また，地域住民等の役割は，計画策定に参加し，単に意見を述べるだけの存在ではありません。計画策定を通じて，各々が課題解決の主体であると認識し，地域福祉の推進主体として成長していくプロセスを支援していくことも重要になります。さらに，地域住民の参加には，当然，福祉サービスを利用している当事者の参加も含まれていると認識すべきです。当事者参加を進めるためには，参加のための支援が必要になる場合もあります。たとえば，知的障害のある人が参加して意見を述べたりするためには，文字を読みやすくしたり，わかりやすく説明するといった配慮が必要です。

2 市町村社会福祉協議会の役割

　市町村社会福祉協議会は，地域福祉を推進するさまざまな団体から構成される「協議会」であり，社会福祉法においては地域福祉を推進する中核的な団体として位置づけられています（社会福祉法第109条）。そのため，地域福祉計画を策定する場合には，市町村社会福祉協議会も積極的に参加し，協力することが求められます。特に，社会福祉協議会が，民間の社会福祉関係者の行動計画である地域福祉活動計画を策定する場合，地域福祉計画と一体的に策定したり，その内容を一部共有するなどして，地域福祉計画の実現を支援するための施策を盛り込み，相互に連携を図ることが必要になります。一体的に策定する場合には，市町村と社会福祉協議会が合同事務局を設置して計画策定に取り組む場合もあります。

▷1　地域住民等
社会福祉法では，社会福祉法第4条でいう地域住民，社会福祉を目的とする事業を経営する者，社会福祉に関する活動を行う者を指しており，その地域に暮らす住民だけでなく，社会福祉に関わる事業者や民生委員，ボランティアなどを含む概念である。

▷2　⇨ X-2 参照。

▷3　⇨ Ⅶ-1 参照。

③ 社会福祉法人の役割

2016（平成28）年の社会福祉法改正において，社会福祉法人の公益性・非営利性をふまえ「地域における公益的な取組」の実施に関する責務規定が創設されました。つまり，社会福祉法人には，特定の社会福祉事業だけを行うのではなく，様々な地域生活課題や福祉課題に対応していくことが期待されています。社会福祉法人が，地域に対して法人の持つ機能を可能な限り開き，行政や社会福祉協議会，地域住民と協力して地域福祉を推進していくことが求められているのです。地域福祉計画の策定にあたっては，社会福祉法人も積極的に参画し，そのノウハウを活かすことが期待されているのはそのためです。

④ その他の支援関係機関

2018年4月に改正された社会福祉法では，複合化・複雑化した課題を抱える個人や世帯に対する適切な支援を行うため，福祉の各分野の相談支援を担う事業者が，自らが解決することが困難な地域生活課題を把握した場合に適切な支援関係機関につなぐことが規定されました（社会福祉法第106条の2）。また，福祉各分野の相談支援の包括化も求められています。このため，地域福祉計画の策定にあたっても，こうした福祉各分野の相談支援を担う事業者が参加し，連携強化のための方策や包括的な支援体制の構築について検討することが必要です。

⑤ 関連領域との連携

社会福祉法に定義された地域生活課題（社会福祉法第4条第2項）とは，介護や介護予防，保健医療にとどまらず，住まいや就労，教育に関する課題，地域社会からの孤立，あらゆる分野の活動に参加する機会が確保されるうえでのさまざまな課題のことをいいます。こうした課題を解決していくにあたっては，福祉以外の関係者を巻き込んで策定していく努力が必要になります。たとえば，農林水産業や観光，商工業，地場産業とのつながりのなかで中間的就労の場をつくり出す取り組みや商店街や企業等と連携した見守り活動など，従来の福祉という枠にとどまらない多様な主体の役割を引き出していくことが必要になります。

以上のように，地域福祉計画の策定主体である都道府県もしくは市町村には，地域福祉の推進に関わる多様な「登場人物」を束ね，ともに地域福祉を進めるビジョンである地域福祉計画を策定していく能力が求められるのです。

（永田　祐）

▷4　社会福祉法第24条第2項は，「社会福祉法人は，社会福祉事業及び第26条第一項に規定する公益事業を行うに当たつては，日常生活又は社会生活上の支援を必要とする者に対して，無料又は低額な料金で，福祉サービスを積極的に提供するよう努めなければならない」として，社会福祉法人の本旨（本来の目的）を明確にしている。
⇨Ⅶ-3 参照。

▷5　具体的には，地域包括支援センター，障害者相談支援事業所等をいう。

▷6　⇨Ⅳ-2 参照。

X 地域福祉計画とその実際

 地域福祉計画の内容

▷1 ①地域における高齢者の福祉，障害者の福祉，児童の福祉その他の福祉に関し，共通して取り組むべき事項，②地域における福祉サービスの適切な利用の推進に関する事項，③地域における社会福祉を目的とした事業の健全な発達に関する事項，④地域福祉に関する活動への住民の参加に関する事項，⑤包括的な支援体制の整備に関する事項の5つ。
⇨X-1 参照。

▷2 まちおこし，商工，農林水産，土木，防犯・防災，社会教育，環境，交通，都市計画等が考えられる。

▷3 刑余者
刑余者とは，刑罰を受けたことがある人のことである。2016（平成28）年に施行された再犯の防止等の推進に関する法律は，基本理念として「犯罪をした者等の多くが，定職・住居を確保できない等のため，社会復帰が困難なことをふまえ，犯罪をした者等が，社会において孤立することなく，国民の理解と協力を得て再び社会を構成する一員となることを支援する」とし，都道府県及び市町村が地方再犯防止推進計画を策定する努力義務が規定されている。

社会福祉法で定められた地域福祉計画の内容

市町村地域福祉計画に盛り込むべき事項として，社会福祉法では，すでに説明した5つの事項をあげています。市町村は，主体的にこれらの事項についてその趣旨を考慮に入れて，具体的な内容を示すとともに，その他の必要な事項を加えて計画に盛り込む必要があります。

2 「地域における高齢者の福祉，障害者の福祉，児童の福祉その他の福祉に関し，共通して取り組むべき事項」

2018年4月の社会福祉法改正により，地域福祉計画に盛りこむことが規定された事項です。地域福祉計画は，各分野を横断したいわば「横糸」の計画にあたるため，それぞれの分野に共通して取り組む事項は，地域福祉計画のなかで市町村がそれぞれの地域の実情に応じて位置づけていくことが必要になります。共通して取り組むべき事項は多岐に渡りますが，ここではいくつかその具体的な例を示しておきたいと思います。たとえば，①さまざまな課題を抱える人の就労や活躍の場の確保等を目的とした，福祉以外のさまざまな分野との連携のあり方，②制度の狭間の課題への対応のあり方，③社会的孤立状態にある人の課題を含めた複合化した課題を持つ人や世帯に対する相談支援体制のあり方，④自殺対策の効果的展開や支援のあり方，⑤市民後見人の養成や**刑余者**への支援のあり方といった事項があげられます。これらは一つの分野に収まらない横断的な課題であり，地域福祉計画のなかで検討・協議することがふさわしい内容といえます。

「地域における福祉サービスの適切な利用の促進に関する事項」

社会福祉法制定時から規定されていた事項です。具体的には，福祉サービスを必要とする地域住民に対する相談支援体制の整備，サービス評価や内容の開示によって利用者が適切にサービスを選択できる体制の整備，成年後見制度や日常生活自立支援事業といった権利擁護の体制の整備，そして**避難行動要支援者**の把握や見守りにかかる内容を盛り込む必要があります。権利を擁護し，福祉サービスを安心して利用できる体制の整備は，分野を横断した地域福祉計画の課題を考えられるためです。

④ 「地域における社会福祉を目的とする事業の健全な発達に関する事項」

この事項も社会福祉法制定時から規定されていた事項です。具体的には，複雑多様化した地域生活課題を解決するために，民間の新規事業の開発やコーディネート機能への支援，そして，分野を横断した社会福祉法人による「地域における公益的な取組」の推進にかかる内容などを盛り込む必要があります。

⑤ 「地域福祉に関する活動への住民の参加の促進に関する事項」

地域福祉に関する活動への住民の参加の促進に関する事項は，地域住民，ボランティア団体，NPO等による活動への支援，たとえば，必要な情報や知識，技術を習得するための支援や活動拠点の支援などが含まれます。また，福祉問題の共有化等を通じた住民の地域福祉活動への主体的な参加を促進するための意識の向上や研修等の開催，そして住民活動を支援するための人材の養成等も含まれます。この事項についても，社会福祉法制定時から規定されていました。

⑥ 「包括的な支援体制の整備に関する事項」

包括的な支援体制の構築は，2018年4月の社会福祉法改正により市町村の責務として位置づけられた社会福祉法第106条の3において規定されている内容のことを指します。具体的には，「住民の身近な圏域」において，住民が主体的に地域生活課題を把握し，解決を試みることができる環境の整備（第106条の3第1項第1号），「住民の身近な圏域」において，地域生活課題に関する相談を包括的に受け止める体制の整備（第106条の3第1項第2号），「多機関の協働による市町村における包括的な相談支援体制の構築」（第106条の3第1項第3号）について，地域福祉計画で位置づける必要があります。簡潔にいえば，小地域で住民が主体的に課題解決に取り組むための環境と住民が発見した課題をしっかりと受け止める体制，そして市町村の範囲で相談支援機関が連携して複合的な課題や制度のはざまの問題を受け止めることができる体制をそれぞれの市町村でどう整備していくのかを位置づけることになります。

以上のように，地域福祉計画に盛り込むべき内容は多岐に渡りますが，それぞれの地域の実情に応じて策定していくことが重要になります。たとえば，包括的な支援体制を構築する場合でも，どのような圏域が住民の活動の圏域となっているのか，どのような専門職が身近な圏域のなかで課題を受け止めていくことが適切か，そして相談支援機関の包括化には，どの機関が中核となるべきかは，一律に「こうでなければならない」という決まりはありません。さまざまな関係者が協議し，地域福祉計画を作り上げていくことが必要になります。

（永田　祐）

▷4　国は，「地域共生社会の実現に向けた地域福祉の推進について」（平成29年12月12日局長通知）において，より詳細に策定のガイドラインを示している。

▷5　成年後見制度利用促進法に基づき策定された成年後見制度利用促進基本計画の市町村計画の内容を地域福祉計画に位置付けることなどが想定される。

▷6　避難行動要支援者
2013（平成25）年に災害対策基本法が改正され，災害発生時の避難等に特に支援が必要な人の名簿（避難行動要支援者名簿）を作成することが市町村に義務づけられた。本人が同意すれば，平常時から名簿情報を支援関係者に提供することができる。

▷7　包括的な支援体制の詳細は⇨Ⅳ-2を参照。

▷8　たとえば，生活困窮者自立支援制度の自立相談支援事業の実施機関や地域包括支援センターなどが考えられる。

X 地域福祉計画とその実際

5 地域福祉計画の実際① 都道府県

1 都道府県地域福祉支援計画の位置づけ

都道府県地域福祉支援計画（以下，地域福祉支援計画）は，社会福祉法において「市町村地域福祉計画の達成に資する」ことを目的とする計画とされています。地域福祉支援計画の「支援」には，大きく次の3つの内容が含まれると考えられます。まず直接的支援として，①市町村に対する情報提供（技術的助言）による市町村地域福祉計画の策定及び実施の支援と，②市町村地域福祉計画を構成する（もしくは今後含まれることが期待される）施策内容に対する**都道府県単独事業**等による支援です。また間接的な支援としては，③個別の市町村地域福祉計画では扱うことが難しい広域的な課題等への都道府県としての対応です。このような内容を含む地域福祉支援計画を策定・実施することを通して「市町村地域福祉計画の達成に資する」ことが期待されているといえます。

2 地域福祉支援計画の策定動向と3都県の地域福祉支援計画

厚生労働省の調査によれば，地域福祉支援計画は2003年の法制化後，比較的早い段階で策定した自治体が多く，2009年度末までに策定済みが47都道府県中37（78.7％）を占めています。また直近のデータでは，2018年度末までに策定済みは45（95.7％）であり，残りの2か所についても今後策定予定となっています。以下では，策定の時期別に3つの自治体を取り上げ，その特徴を確認します（表X-1）。

千葉県は，法制化後2009年度末までの期間に第一期の計画を開始した自治体のひとつです。千葉県が策定した2004年3月以前に地域福祉支援計画の策定が終了していた自治体は3か所のみであり，最も早い時期に策定した県といえます。これまでにすでに2回の改定を行っています。千葉県の地域福祉支援計画のひとつの特徴は，「**中核地域生活支援センター**」を構想し，2004年度から県独自の事業として設置を進めてきたことです。第三次の計画においても，「市町村へのセンター機能の普及や現センターの広域化・専門化」を内容に含む「総合的な相談体制づくり」が一つの柱となっています。一方，県内市町村の計画の策定率は2017年度末時点で61.1％と比較的低い状況にあり，第三次計画では地域福祉計画の策定支援も内容に含む「市町村が行う地域福祉施策への支援」が一つの柱となっています。

▷1 都道府県地域福祉計画（目的）
社会福祉法第108条「都道府県は，市町村地域福祉計画の達成に資するために，各市町村を通ずる広域的な見地から，市町村の地域福祉の支援に関する事項として次に掲げる事項を一体的に定める計画（以下「都道府県地域福祉支援計画」という。）を策定するよう努めるものとする」。

▷2 都道府県単独事業
国の補助を受けずに都道府県が独自に行う事業のこと。国の事業での補助金額に上乗せをしたり，国の事業では範囲外になっている対象に助成したりする事業（上乗せ・横出し事業）を含む場合もある。

▷3 全国介護者支援協議会（2013）「社会福祉法に基づく地域福祉計画の策定・実施・評価における課題に関する調査研究事業報告書」。

▷4 中核地域生活支援センター
子ども，障害のある人，高齢者など対象者の別にとらわれず，24時間・365日体制で福祉に関する総合相談や福祉サービスのコーディネート等を行うセンター。千葉県内の健康福祉センターの所管区域ごと（13か所）に設置されている。

X-5 地域福祉計画の実際① 都道府県

表X-1 3都県の地域福祉支援計画の概要

自治体名（人口）	千葉県（626万）	高知県（71万）	東京都（1374万）
第一期計画	2004年度～	2011年度～	2018年度～
現計画の計画期間	第三次：2015～2020年度（6年間）	第2期：2016～2019年度（4年間）	2018～2020年度（3年間）
計画の理念	「互いに支え合い、安心して暮らせる地域社会」の構築を目指して	県民誰もが住み慣れた地域で安心して暮らせる「高知型福祉」の実現	東京における「地域共生社会」の実現
取り組みの柱の例（1-1の項目）	Ⅰ-1. 市町村が行う地域福祉施策への支援	Ⅰ（1）小規模多機能支援拠点（あったかふれあいセンターなど）の機能強化	テーマ①（1）包括的な相談・支援体制の構築
特徴的な取り組みの柱	Ⅳ-1. 総合的な相談体制づくり	Ⅱ（5）中山間地の集落機能の維持と支え合い活動	テーマ②（1）住宅確保要配慮者への支援
計画策定率 2009年度末	33.3%（18/54）	17.6%（6/34）	80.6%（50/62）
計画策定率 2017年度末	61.1%（33/54）	100.0%（34/34）	83.9%（52/62）

注：人口は2017年10月1日の推計人口（千人以下四捨五入）。計画策定率は市町村地域福祉計画の策定率のこと。カッコ内は（策定済み市町村数／市町村数）。それぞれ2010年4月1日現在、2018年4月1日現在のデータ。
出所：筆者作成。

　高知県は、2010～2017年度の期間に第一期の計画を開始した自治体のひとつです。策定の時期が比較的遅く、また2009年度末時点の市町村の策定率は17.6％と低い水準でしたが、地域福祉支援計画に基づき、市町村地域福祉計画の策定の支援と地域福祉の拠点としての「**あったかふれあいセンター**」の整備とを組み合わせて推進した結果、2017年度末の時点では、市町村の策定率が100％になっています。またあったかふれあいセンターの設置数も、2015年度末時点で29市町村、42か所、190サテライトに達しています。センターは、住民の集いの場であると同時に、年齢や障害を問わない小規模で多機能なサービス拠点でもあります。これは**中山間地域**では、広範囲に要支援者が点在しているため経営効率が悪く、民間事業者の参入が進まないという地域特性をふまえ構想されたものです。理念のなかに、「県民誰もが住みなれた地域で」という言葉があるように、厳しい環境のなかでも、住みなれた地域で暮らし続けられるようにするという視点が計画を貫いているということができます。

　最後に東京都は2018年度以降に第一期の計画を開始した自治体のひとつです。都は計画策定の趣旨として、「住民が地域で生活していくなかで抱える課題は複雑化・複合化」しており、「分野や世代を超えたきめ細やかな相談体制を構築することが求められて」いることをあげています。計画の柱立ての一つ目も「包括的な相談・支援体制の構築」となっており、近年の社会福祉法の改正を受けた計画内容となっています。また、「住宅確保要配慮者への支援」など人口が密集する東京都ならではの項目が柱の一つとなっています。

　この3都県の事例から、地域福祉支援計画はそれぞれの地域の地理的条件や課題、これまでの計画の策定・進捗状況などをふまえつつ、多様な形で展開されてきているということができます。

（榊原美樹）

▷5　あったかふれあいセンター
年齢や障害の有無にかかわらず、誰もが気軽に集い、必要なサービスを受けることができる地域福祉の拠点。地域福祉コーディネーター等のスタッフを配置し、中心拠点以外にも出向いてサテライトを展開する。なお、「あったかふれあいセンター」の普及の経緯については、平野隆之・小木曽早苗・朴兪美・奥田佑子（2017）「高知県との地域福祉共同研究プロジェクトの展開と成果――アクションリサーチのプロセスの分析から」『日本福祉大学社会福祉論集』137、85-99、に詳しい。

▷6　中山間地域
農業関係の法律では、平野の外縁部（中間地）から山間地にかけての地域を指す。傾斜地が多く、農業には不利とされる。一般的な用法としては、都市部や平野部以外の過疎地域・離島などの条件不利地域全般を指すこともある。

(参考文献)
平野隆之・榊原美樹（2009）『地域福祉プログラム――地方自治体による開発と推進』ミネルヴァ書房。

Ⅹ 地域福祉計画とその実際

地域福祉計画の実際② 政令指定都市

  地域福祉を推進する政令指定都市の特徴と課題

▷1 政令指定都市
地方自治法第252条の19第1項の規定により，政令で指定される人口50万人以上の市のことであり，大都市行政の合理的，効率的な運営と市民福祉の増進を図るために，都道府県の事務委譲を含めた一般の市とは異なる特例が定められている。

政令指定都市は，現在全国で20市ありますが，人口をみても約373万人の横浜市から，約69万人の静岡市のように約5.5倍の差が生じ，また近年は限界集落を抱えている市もあり，一括りにはできない側面があります。

一般的に人口規模が大きくなるほど，地域福祉の推進は難しいといわれています。特に都市部は地域住民のつながりの希薄化が進み，住民へのきめ細かい意見の集約や反映，活動の組織化などが難しい実態があります。また支援を担う専門職においても，政令指定都市の福祉行政は都道府県と同等の権限を持ち，専門相談機関が増えることにより連携も難しくなりがちです。そのなかで社会的孤立状態や制度の狭間に陥り地域生活課題を抱えている人への対応や，地域包括ケアシステムの構築を図るには，専門職によるチームアプローチのしくみの構築と，専門職と協働できる地域住民の育成や組織化を，きめ細やかに支援できる体制整備が欠かせません。それを地域福祉計画のなかで計画し，実践できるかが政令指定都市の課題といえます。

2 堺市の概要と地域計画の策定プロセスおよび内容

堺市は大阪府の中央部南寄りに位置し，人口は約83万人です。2005年に美原町との合併を経て，2006年には全国で15番目の政令指定都市になりました。

堺市の地域福祉の特徴は，1969年から自治会などが中心となり小学校区ごとに「校区福祉委員会」が結成され，住民による福祉活動が展開されてきたことです。また地域福祉の推進機関である社会福祉協議会（以下，「社協」）は，1993年から概ね5年ごとに，「堺市社協地域福祉総合推進計画」を策定・推進してきました。

▷2 全国的に基礎自治体と市区町村社協が地域福祉計画を合同策定しているところは約40％と増加傾向にあるが，政令指定都市においては堺市を入れて5市（25％）にとどまっている。

市は2005年に社会福祉法に基づき2005年に「堺市地域福祉計画（愛称：堺あったかぬくもりプラン）」を策定しました。市と社協は，それぞれの計画を連動させて推進してきましたが，2009年に取り組みを効果的に推進するために，この2つの計画を一体化し「公」と「民」が協働する「新・堺あったかぬくもりプラン」を策定しました。引き続き2014年には「堺あったかぬくもりプラン3（第3次堺市地域福祉計画・第5次堺市社協地域福祉総合推進計画）」を合同策定しています。

X-6 地域福祉計画の実際② 政令指定都市

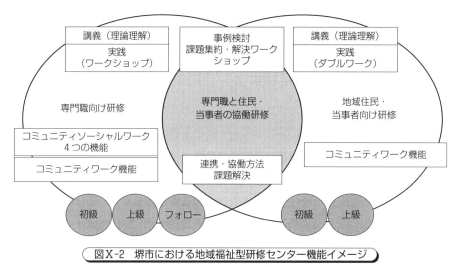

図X-2 堺市における地域福祉型研修センター機能イメージ

参考：全国社会福祉協議会（2016）「2015年度市区町村社会福祉協議会活動実態調査結果」。
出所：「堺市における地域福祉型研修センター機能検討会資料」2018年3月。

　本計画策定に向けてのアンケート調査等を通じ，堺市の状況を分析したところ，社会的孤立や制度の狭間に陥っているなど支援を必要とする人が増加していること，福祉制度の推進が地域と密着化してすすめる形へ変化していること，地域のつながりの希薄化，自治会加入率の低下など，地域でのつながりが変化していることがわかりました。

　この分析をもとに，市と社協が合同事務局を担っている「計画懇話会」，市が主催する「庁内委員会」，「社会福祉審議会地域福祉専門分科会」，社協が主催する「計画策定委員会」で議論を重ね計画策定を行いました。

　本計画の推進目標を「『ふだんの・くらしの・しあわせ』をめざし，わたしたちの"自治"と"協働"の力で，『地域生活を支えるしくみ』の充実」に設定しました。次に推進目標の実現に向けた取り組みの視点を①困りごとを予防し，早期の支援につなぐ，②的確な支援ができるしくみと体制をつくる，③暮らしやすい地域の環境や協働をすすめるしくみを整える，と定めました。

　また具体的な重点事業として，「生活困窮者の自立に向けた一体的な支援の推進（生活困窮者自立相談支援機関の設置）」，「地域福祉志向の担い手づくりの体系的な推進（地域福祉型研修センター機能の検討）」，「地域福祉ねっとワーカー（CSW）や多様な専門職による"つながりづくり"」等を計画化しました。

　計画の中間年である2016年に向け見直しを行い，国の政策動向等から基本路線は継続し，「ネットワークづくり・居場所づくり」「地域福祉志向の人材育成」を追加・強化項目としました。重点事業も「日常生活圏域コーディネーターの配置」と「地域福祉型研修センター機能の推進」を追加しています（図X-2）。

（所　正文）

参考文献
　全国社会福祉協議会（2016）「2015年度市区町村社会福祉協議会活動実態調査結果」。

X 地域福祉計画とその実際

7 地域福祉計画の実際③ 市町村

ここでは，市町村の地域福祉計画の実際について，策定プロセスの工夫という視点から宮崎県都城市の事例を紹介し，包括的な相談支援体制の構築という視点から石川県河北郡津幡町の事例を紹介します。

ボトムアップに地域福祉計画を策定――宮崎県都城市

▷1 都城市は，宮崎県の南西部に位置する人口約17万人の市。2000年度と2001年度に全国社会福祉協議会の「地域福祉計画に関する調査研究事業」のモデル指定を受け，地域福祉計画の策定に取り組んだ先進的自治体の一つ。

都城市では，中学校区ごとに11の地区公民館が設置され，その区域を中心に，市内の各自治公民館（他市でいう自治会・町内会），民生委員・児童委員，高齢者クラブなどさまざまな地域団体が協力して地域の問題に取り組んできたという歴史がありました。そこで，計画の基本となる市全体の地域福祉計画に加え，11の中学校区を「地域福祉圏域」とし，それぞれに「地区策定委員会」を組織して，地区ごとに地区福祉活動計画を策定するという二層の計画策定に取り組みました。各地区の策定委員会は，11の中学校区の地区社協が中心となって組織され，住民懇談会やアンケート調査で提起された生活課題を材料に，ワークショップを活用した協議を行いながら，合計5回程度の策定員会を開催し，各地区の活動計画を策定していきました。また，行政や社会福祉協議会は，各地区の主体性を尊重し，地区策定委員会の策定委員は，地域がそれぞれ独自の判断で選出する方式を採用しました。その結果，策定委員会のスタートは一律とはならず，地域によって進捗に差が生じることにもなった一方，地区の策定委員の主体性が高まっただけではなく，地区によって特色ある委員構成となり，新しい人材が発掘されるという成果もありました。それぞれの地域では，小学生や中学生も含めた多様な住民の参加によって，地域の将来をそれぞれが考え，計画が策定されたのです。

また，計画策定のプロセスは，市と社会福祉協議会が合同で担う事務局が支援していきました。策定主体である市と地域福祉を推進する民間団体である社会福祉協議会が綿密な協議を重ね，合同事務局を設置し，協働で地域福祉計画を策定したことも都城市の大きな特徴でした。

このように都城市の地域福祉計画では，市と社会福祉協議会がそれぞれの強みを生かしながら協働して策定したこと，住民になじみのある中学校区で住民の主体的な参加を得ながらボトムアップで計画を策定したことが大きな特徴であるといえます。

2 包括的な相談支援体制の構築に向けて　津幡町の事例

　石川県河北郡津幡町では，2014（平成26）年に第1期の地域福祉計画を策定し，重点施策の一つとして「子どもから高齢者までライフステージに応じた相談・支援ができる体制を整備する」総合相談窓口の創設を掲げました。当初は，社会福祉課のなかに総合相談の窓口を設置しましたが，他課にある相談窓口と並列に窓口を設置したためうまく機能せず，継続的に庁内横断的な勉強会を続けながら，総合相談の体制を検討していきました。こうした検討の成果として，課をまたいだ相談であっても同じ視点でアセスメントができるように「包括的・継続的ケアマネジメントアセスメント用紙」を開発して，課は異なっても手法を統一する努力をしてきました。こうした取り組みを続けるなかで，相談の「場と機能」を統一していくことが必要だと考えられるようになってきました。そして，2017（平成29）年からは，専門職を各課に配置するのではなく，福祉課に地域包括支援センターを移管し，障害者相談支援，児童家庭の相談を統合して，場と機能を統一した包括的な相談支援の体制を構築しました。

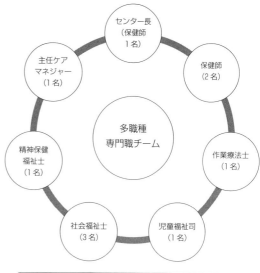

図X-3　津幡町の地域包括支援センターの体制

出所：津幡町提供資料から，筆者作成。

▷2　津幡町は，石川県のほぼ中央に位置する人口約3万7,000人の町。町直営の地域包括支援センターを中心に先進的な地域包括ケアシステムづくりに取り組んできた自治体としても知られている。

　また，津幡町の特徴的な点は，地区担当制を採用している点にあります。現在の地域包括支援センターには，合計10名の専門職が配属されており（図X-3），センター長と市全体を担当する精神保健福祉士・児童福祉司を除く7名の医療職（保健師，作業療法士）と福祉職（社会福祉士）がペアになって13の地域を担当する地区担当制を採って運営されています。つまり，専門職は，分野を担当するのではなく，その地域で対応しなければならない高齢，児童，障害の相談に分野を問わず一体的に対応していくことになります。このように，津幡町では，地域福祉計画の策定を契機として，地域包括支援センターを中核とした高齢，障害，児童，そして生活困窮やDVなどの分野を横断した包括的な相談支援の体制をつくり上げてきました。

　2017年に策定した第2期津幡町地域福祉計画では，①住民が主体的に地域の課題解決を試みる体制としての「地区委員会」，②住民と専門職の協働による「地域ケア会議」，そして，③相談を包括的に受け止め，解決する全世代全対象型の「総合相談窓口」という包括的な支援体制の確立を目指しています。

　これからの地域福祉計画の策定は，都城市の事例にあるように，住民の主体的な課題解決能力を高めること，津幡町の事例にあるように包括的な相談支援の体制を構築していくことが大きな柱になります。市町村は，それぞれの地域の実情に合わせてこうした取り組みを進めていく必要があります。（永田　祐）

XI 地域福祉と評価手法

1 地域福祉と評価

1 地域福祉と評価

　XIでは，地域福祉領域における評価について扱います。はじめに，評価とは何でしょうか。辞書においては，「①品物の価値を定めること，②事物や人物の善悪・美醜などの価値を判断して決めること，③ある事物や人物について，その意義・価値を認めること」とあります。ここから物事のなんらかの価値を判断する行為が評価といえます。そのためこの章では，評価を「ある物事の意義や価値を明らかにするために，さまざまな方法によって集められた情報をもとに，評価者がなんらかの基準に照らして判断を行う活動」として考えていきます。

2 地域福祉における評価の拡大

　地域福祉に関する評価の対象については，表XI-1のように多岐にわたります。
　これまで地域福祉における評価に関しては，④にあたる「**福祉サービス第三者評価**」が多く取り上げられてきました。「福祉サービス第三者評価」の重要性は変わりませんが，今後は地域福祉における評価の領域や対象が拡大するとともに，それらの新たな評価の重要性が増してくると考えられます。その具体的な動きの一つが，法律上に都道府県地域福祉支援計画，市町村地域福祉計画の評価が位置づけられたことです。2018年に施行された社会福祉法において，自治体は策定した計画について定期的に「調査，分析及び評価」をすることが求められるようになりました。
　もう一つの動きが個別の地域福祉実践における独自の財源確保の必要性の高まりです。NPO等の活動において，従来のような行政からの補助金・委託金だけでなく，民間の助成金や市民からの寄付金など，多様な財源を確保して事

▷1　「評価」デジタル大辞泉。

▷2　福祉サービス第三者評価
質の高い福祉サービスを事業者が提供するために，指定介護老人福祉施設（特別養護老人ホーム）や保育所などにおいて実施される事業について，第三者（評価機関）が専門的・客観的な立場から評価を行うしくみ。

▷3　宮城孝・長谷川真司・久津摩和弘『地域福祉とファンドレイジング——財源確保の方法と先進事例』中央法規出版。

表XI-1　地域福祉の評価対象

評価対象	評価の名称例
①　ある一定の区域内の地域福祉の状況	地域アセスメント・地域評価
②　地域福祉の政策・施策やそれらを取りまとめた計画	政策評価・計画評価
③　国や自治体・民間団体等が開発・実施するプログラム	プログラム評価
④　地域福祉に関する具体的なサービスや活動	サービス評価
⑤　④における個人に対する援助	臨床評価

出所：筆者作成。

業を実施する動きや必要性が高まっています。それらの財源を確保していくためには，実施しようとしている活動や事業の予想される効果を示すことや，実施後に実際に行われた内容や得られた効果などを，わかりやすく関係者や市民に説明していくことが求められます。これらの実施にあたっては，評価に関する知識が不可欠です。

❸ 構成と内容

このような状況をうけ，XIでは，特に「計画の評価」と「プログラムの評価」に注目し，節を構成しています。

まず，「2 活動（プログラム）評価」では，評価のなかでも中核的な位置を占めるプログラム評価について扱っています。資源の投入から活動の最終的な成果までを論理的に記述するロジック・モデルについては，評価という観点からだけでなく，有効なプログラムを開発するためにも必ず押さえる必要のある枠組みといえます。「3 地域福祉計画の評価」では，計画評価の現状を確認したうえで，参加型評価等も取り入れた多面的な評価を実施していく必要があることを指摘しています。「4 地域福祉の評価手法」では，多岐にわたる地域福祉の評価手法に関して，評価の主体・データ収集の方法などの観点から整理し，最後に地域福祉における評価手法の課題を提示しています。

❹ 地域福祉の評価の難しさ

地域福祉は評価が難しい領域の一つといえます。その理由はいくつかありますが，第一に，地域福祉が多様な意味を持つ言葉であり，その定義を一つに定めることが難しいということがあります。そのため，「地域福祉が良い・進んでいる（悪い・進んでいない）」という状況を計測するための指標化は十分に進んでいません。第二に，仮に指標を定めることができたとしても，そのなかには必然的に地域全体の変化を把握するものが含まれることの難しさです。個人の変化に比べて地域の変化を計測することは複雑であり，時間や労力がかかります。第三に，地域福祉は多様な主体の参加によって推進されるため，評価においても多様な主体の価値判断を組み込んでいくことが必要とされることです。このような参加型の評価は，評価の妥当性を確保するためにも，また評価を実践に活かしていくためにも非常に重要となります。地域福祉の評価に関しては，今後よりいっそうの研究が求められているといえるでしょう。

（榊原美樹）

参考文献

ワイス，C.H.／佐々木亮監修（2014）『入門 評価学――政策・プログラム研究の方法』日本評論社。
アメリカにおける評価学の基本書とされている本の翻訳です。プログラム評価を中心に，評価の定義から，具体的な設計，報告書の作成まで幅広くカバーしています。

XI 地域福祉と評価手法

  活動（プログラム）評価

1 プログラム評価の概要

　地域福祉の活動を評価する枠組みとして，「プログラム評価」があります。代表的な論者であるロッシらによれば，プログラム評価は，社会的な問題状況を改善するために実施される社会的介入プログラムの有効性を，社会調査の手法を用いて体系的に調査し，評価するものです。[1]

　プログラム評価は，多面的・総合的なものであり，図XI-1の5つの階層からなります。それぞれの階層の主な問いは次のようなものです。①そのプログラムにはニーズがあるのか，②プログラムのデザイン（設計）は妥当か，③プログラムによる介入は適切に行われているのか，④プログラムはどのような効果を生み出しているのか，⑤プログラムは費用に見合った効果を出しているのか。

　これらの階層のうちプログラムの効果や効率性といった上位の階層の評価の実施にあたっては，それよりも下位の階層の評価において，そのプログラムが有効に働いていることが確認されていることが必要です。またプログラム評価の前提条件として，プログラムによって改善を目指す社会問題や社会状況，プログラムの対象とする標的集団及びプログラムの全般的使命（プログラムゴール）が明確になっていることも求められています。

2 「プログラム理論」（ロジック・モデル）の構造

　次にプログラム評価の中核をなす「プログラム理論」（ロジック・モデル）の枠組みについてみていきます。ロジック・モデルとは，原因と結果の連鎖関係

> [1] Rossi, P. H. et al. (2004) *Evaluation: A systematic approach*, 7th Ed., Sage.（＝2005，大島巌ほか監訳『プログラム評価の理論と方法──システマティックな対人サービス・政策評価の実践ガイド』日本評論社）。

| プログラムの費用と効率のアセスメント |
| (Assessment of program cost and efficiency) |
| プログラムのアウトカム／インパクトのアセスメント |
| (Assessment of program outcome/impact) |
| プログラムのプロセスと実施のアセスメント |
| (Assessment of program process and implementation) |
| プログラムのデザインと理論のアセスメント |
| (Assessment of program design and theory) |
| プログラムのためのニーズのアセスメント |
| (Assessment of need for the program) |

図XI-1　プログラム評価階層

出所：Rossi, P. H. et al. (2004) *Evaluation: A systematic approach*, 7th Ed., Sage.（＝2005，大島巌ほか監訳『プログラム評価の理論と方法：システマティックな対人サービス・政策評価の実践ガイド』日本評論社.）

を明示したものであり，一般的に，「投入（Input），活動（Activity），結果（Output），成果（Outcome）」の要素から構成されます(注2)（図XI-2）。「投入（Input）」は資金や人，時間などプログラム実施のために投入される資源のことであり，「活動（Activity）」は投入をもとに実際に行われる活動，「結果（Output）」は活動の結果生み出されるもの，「成果（Outcome）」は最終的な成果ということになります。

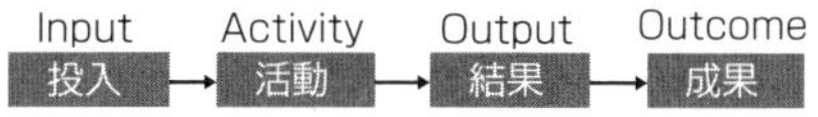

たとえば，「地域住民によるひとり暮らし高齢者への**見守り・声かけ活動**(注3)」という具体的なプログラムのロジック・モデルを確認してみると，ある地域において見守りを行うボランティアの募集や育成という「投入（Input）」が行われることにより，見守り・声かけという「活動（Activity）」が行われ，その地域において複数の対象者（ひとり暮らし高齢者）が見守られるという活動の「結果（Output）」が生じることにより，見守られた人の孤立の解消や問題の早期発見等の「成果（Outcome）」が生まれることが期待されているといえます。

③ 地域福祉におけるプログラム評価

福祉領域におけるプログラム評価の活用については，実証的な評価研究は必ずしも進んでいないといわれています(注4)。上記の地域住民によるひとり暮らし高齢者への見守り・声掛け活動についても，プログラム評価を用いて評価をしていくべき内容は多くあります。たとえば，見守り活動が実際にどういった人々に利用されているのか，それはニーズを持つ人をカバーできているのか（＝プロセス・実施の評価），見守り活動によって，個々の対象者において孤立の解消等の効果が出ているのか（＝アウトカム・インパクトの評価），また効果が出ているとしても，それは投入した費用等に見合った効果といえるのか（＝費用対効果の評価）等です。

一方で，地域福祉におけるプログラム評価には難しさもあります。それは，一つのプログラムに関して，活動の支援者（専門職）と活動の実施者（住民）など関わる主体が多いため，それぞれが何を目標としているかが一致しないこともあること，プログラム評価では先に目標（ゴール）を定め，それが達成されたかに注目することが通常ですが，地域福祉活動は時に予想もしない効果が生み出されることもあることなどです。そのため，地域福祉の特性をふまえたプログラム評価の活用や理論の構築について，さらに検討を進める必要があるといえます。

（榊原美樹）

Input Activity Output Outcome
投入 → 活動 → 結果 → 成果

図XI-2　プログラム評価のロジック・モデル

出所：安田節之（2008）『プログラム評価研究の方法』新曜社をもとに一部修正。

▷2　ロジック・モデルには，実施後に間接的に表れる「影響（Impact）」を含む場合もある。

▷3　**見守り・声かけ活動**
身近な地域において，何らかの支援を要する人々に対して，定期的にボランティアが訪問するなどして，日々の生活の様子を見守る活動。

▷4　斉藤雅茂（2018）『高齢者の社会的孤立と地域福祉：計量的アプローチによる測定・評価・予防策』明石書店。

（参考文献）
Rossi, P. H. et al. (2004) *Evaluation: A systematic approach*, 7th Ed., Sage.（＝2005，大島巌ほか監訳『プログラム評価の理論と方法：システマティックな対人サービス・政策評価の実践ガイド』日本評論社）。
プログラム評価に関する最も代表的で標準的なテキストです。プログラム評価の基本的な考え方から，実際の応用事例まで幅広く学ぶことができます。

XI　地域福祉と評価手法

地域福祉計画の評価

　地域福祉計画の評価の現状

　2000年に改正された社会福祉法では，地域福祉の推進にむけての地方自治体の主体的取り組みとして地域福祉計画の策定が規定されました。策定自治体は年々増加しており，厚生労働省の調査によれば2019年4月1日現在で78.3%（全1,741のうち1,364）の市町村で策定済みとなっています。しかし全国の2割強の市町村においてはこれまで一度も地域福祉計画の策定がされていないのが現状です。また策定済みの市町村においても，策定後の**進行管理**[*1]・評価等の取り組みが不十分であることが指摘されています。前述の厚生労働省の調査では，策定済み自治体のうち「計画を定期的に点検している」のは787市町村（57.7%），「評価実施体制を構築している」のは508市町村（37.2%）にとどまっていました。2018年の社会福祉法の改正では，策定した市町村地域福祉計画について「調査，分析及び評価を行うように努める」（第107条第3項）ことが新たに盛り込まれましたが，その背景には，市町村における地域福祉計画の評価業務への取り組みの不十分さがあると考えられます。

　地域福祉計画の評価手法

　一方で，このような現状の背景には，地域福祉計画の策定と評価の難しさが一因としてあると考えられます。地域福祉計画は計画内容が各自治体にゆだねられており自由度が高いこと，計画の実施主体が行政にとどまらず社会福祉協議会や住民等多岐にわたることなどの特徴があります。また計画は一般的に，「計画の理念」―「基本目標（政策）」―「取り組みの柱（施策）」―「具体的な取り組み（事業）」のように複数の階層から構成されます。そのため，評価にあたっては複数の階層のうちのどこに重点をおくのか，多様な計画内容についてどのような手法で評価を行うのか等を各自治体が独自に考え，設計する必要があります。

　図XI-3は，計画の階層と主な評価手法の関係を示したものです。各評価手法について具体的に見ていきます。

　①　社会指標：地域社会の現状や変化を測ることを目的として，計画の実施前後や実施途中において，複数の指標を計測するものです。たとえば住民の地域社会に対する愛着度や居住意向，地区内のボランティア数などが地域福祉の

▷1　進行管理
計画項目が適切に推進されるよう，施策・事業等の取り組み状況を継続的に把握し，未着手やその他の課題が把握された場合には改善に取り組む一連の行動のこと。事前評価・事中評価（途中評価・中間評価）・事後評価のうちの事中評価にあたる。

社会指標の例として考えられます。ただし，社会指標の値は，たとえば地域経済の悪化などの社会環境の変化など外部要因によっても影響をうけるため，地域福祉計画を実施したことの影響なのかがはっきりとしないという難しさがあります。

② プログラム評価：社会的な問題状況の改善のために実施されるプログラムの有効性を，ニーズへの適応度からプログラムの効果まで総合的・体系的に査定・検討する手法です。地域福祉計画を構成する施策等のうち，特に重点プログラムや新規事業の開発・実施の際に活用することによって，より有効なプログラムの開発が進められることや，効果が薄いプログラムの見直しが進むことが期待されますが，実際の活用は十分に進んでいません。

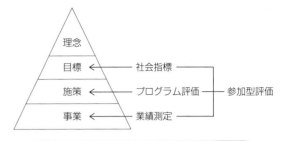

図XI-3 地域福祉計画の階層評価手法の関係

注：各階層と評価手法の組み合わせは例であり，厳密に1対1で対応するものではない。
出所：筆者作成。

③ 業績測定：計画を構成する一つひとつの項目（事業等）について，その進捗状況を定期的・継続的に点検するものです。業績測定では，事前に実施にあたっての目標を設定しておき，その目標に対してどの程度進捗しているかに注目をします。行政活動として実施したこと，たとえばボランティアに対する研修会の実施回数やその参加者数などの「活動（アウトプット）」に関する指標が中心ですが，計測可能な指標があれば，「効果（アウトカム）」に関する指標を設定することもあります。各項目の進捗状況を得点化し，平均を出すことなどの手法により，政策や計画全体の評価とすることも多く行われています。

④ 参加型評価：以上の①～③の評価は，従来行政の計画担当者らが中心になって実施されてきましたが，最近では，計画の策定や計画に基づく活動の実施に関わる住民などが参加して行われる「参加型評価」の重要性が指摘されるようになっています。多様な利害関係者が参加することによって，評価がより実態に基づいた意味のあるものになるだけでなく，参加者がその過程を通じて成長することも期待されています。

3 地域福祉計画の評価の今後の課題

図XI-3で示したように，地域福祉計画の評価手法は多岐にわたります。すべての手法を用いたとしても，地域福祉計画を完全に評価することはできませんが，できるだけ多くの視点から評価することにより，より正確に地域福祉計画を評価することができるようになります。一方で，評価が複合的になればなるほど，実施のための人員・費用が増加し，各自治体における評価の実行可能性は低くなります。そのため，評価の有効性と実行可能性をどう両立するかが実践上の大きな壁となるといえます。

（榊原美樹）

▷2 ⇒XI-2参照。

▷3 源由里子（2016）『参加型評価——改善と変革のための評価の実践』晃洋書房。

参考文献
山谷清志（2009）「公共部門における「評価」——政策評価とNPM型業績測定」『日本評価研究』9(3)，3-16。
プログラム評価と業績測定を厳密に区別し，公共部門における評価の手法が業績測定に偏りがちな現状について，批判的に検討がされています。

XI 地域福祉と評価手法

  地域福祉の評価手法

 評価のデザイン

　一般的に評価においては，何を評価したいのか，つまり評価対象と評価目的に応じてどのような評価を組み立てるのかを，個別にデザインをしていく必要があります。評価のデザインには，①だれがデータの収集や分析・判断を行うのか（評価者），②誰を対象として（データ収集の対象），③どのようなデータをどうやって収集するのか（データ収集の方法），④集められたデータをどのような基準によって良い・悪いと判断するのか（分析・判断の基準）といった要素が必要になります。以上の**評価手法の全体像**[91]を示したものが，図XI-4です。

 評価手法の選択肢

　はじめにだれが評価を行うか（**評価主体**[92]）については，従来，評価の知識・技術を持つ評価専門家が中心になり，それに評価対象の政策・事業等の実施者が加わる形が一般的でした。しかし最近では，評価対象のプログラムに関わりのある人々を巻き込み，共に評価を行う形（参加型評価）の意義が注目されるようになっています。次に評価に用いる情報は，データと呼ばれます。データ収集の対象は，政策・事業の実施者，利用者・関係者，利用者・関係者以外の

▷1　**評価手法の全体像**
評価手法は，これらの要素の組み合わせの形をいう場合と，個別の手法，たとえば評価主体の形式（例：参加型評価）やデータ収集の方法（例：アンケート調査）を指す場合がある。ここでは前者を評価手法と呼び，後者は評価方法や方法と呼ぶ。

▷2　**評価主体**
評価の設計・実施を担う主体のこと。評価対象の政策・事業等の実施者による評価を「自己評価」，評価の専門家による評価を「第三者評価」と呼ぶ。また，政策・事業等の実施者による評価を「内部評価」，評価の専門家による評価や政策・事業等の利益者・関係者が参加する評価を「外部評価」と呼ぶこともある。

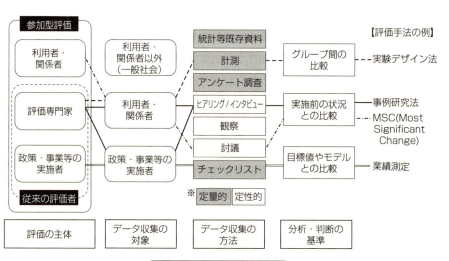

図XI-4　評価手法の全体像

出所：筆者作成。

住民や地域全体の3者に分けて考えることができます。またデータ収集の方法としては，社会統計等の既存資料の活用，計測（例：時間・距離・重量等），アンケート調査，チェックリストの項目の点数化などの**定量的な手法**とヒアリングやインタビュー，観察，討議などの**定性的な手法**があります。最後に収集されたデータを分析・判断するためには，何らかの基準（比較対象）が必要となりますが，その基準としては，対象とは異なるグループ，対象の実施前の状況，事前に立てていた目標・モデルなどがあります。

③ 評価手法の例

上記の要素の組み合わせによる代表的な評価手法をいくつか紹介します。「実験デザイン法」は，特定のプログラムのアウトカム（効果）の測定を行う場合に使用される手法で主に評価専門家によって実施されます。介入を行う対象群と介入を行わない比較群をつくり，介入の有無による効果の値の違いを計測するものです。次に「事例研究法」は，政策・事業等の実施者や利用者・関係者に対して評価専門家がインタビュー等を行い，実施前との変化に注目しながら，そこで起こっていることを事例的に記述するものです。プログラムのプロセス評価などにおいて用いられます。「MSC（Most Significant Change）」は，参加型評価の手法の一つであり，事業等の利用者・関係者などから現場で起こった「重大な変化」を物語として聴き取り，複数段階の討議を経て，「最も重大な変化の物語」を選ぶ手法です。最初から「ゴール（目標）」を定めることが難しい参加型の事業等のアウトカム（効果）を測る手法として用いられます。「業績測定」は，主に政策・事業の実施者により実施されるもので，自らの業務の実施状況を，事前に立てていた目標に対する「達成・未達成」，「実施・未実施」などの基準により判断するものです。主に政策・事業等のアウトプット（結果）を測定する際に用いられます。このように評価手法は，何を明らかにしたいのかに応じて適切に選択される必要があります。

④ 地域福祉の評価手法の課題

地域福祉の取り組みのなかには，始める段階においては厳密な目標や計画を立てず，試行錯誤のなかで効果的なアプローチを採用する**プロセス型**の取り組みが少なくありません。このような取り組みに関しては，その過程のなかで何が起こっているのかを記述的に把握する定性的な手法（質的評価）や，多くの関係者の意見を反映することができる「参加型評価」が重要となります。一方で，質的評価や参加型評価については，その客観性や結果の妥当性などが問題にされることもあります。よりよい評価手法の確立を目指して検討していく必要があるといえるでしょう。

（榊原美樹）

▷3　**定量的な手法**
実数やパーセントなどの数字によってあらわすことのできる量的データを収集するもの。評価対象の物事の全般的な傾向を把握するのに適している。

▷4　**定性的な手法**
言葉や文章などの文字によってあらわされる質的データを収集するもの。評価対象者の思いや意識，具体的な出来事（エピソード）など，個別的な内容を深く把握するのに適している。

▷5　田中博（2014）「参加型モニタリング・評価手法MSC（Most Significant Change）―バングラデシュNGOでの実践から4つの特色を考察する―」『日本評価研究』14(2), 61-77。

▷6　**プロセス型**
実施の過程（プロセス）を重視する実践のあり方。事前に立てた目標と実施が直線的な因果関係でつながる「ブループリント型」と対比される。

（参考文献）
源由里子（2016）『参加型評価――改善と変革のための評価の実践』晃洋書房。
新たな評価の方法として注目される参加型評価に関して，理論とその実践の特徴についての解説に加え，実際に参加型評価を適用した6つの事例が掲載されており，理論と実践の両面を学ぶことができます。

さくいん

ページ数太字は用語解説のあるもの

あ行

アウトリーチ 61, 75
青葉園 13
アセスメント視点 76
アダムス（Adams, J.） 35
あったかふれあいセンター 153
アドボカシー 18, 34
阿部志郎 21
新たな時代に対応した福祉の提供ビジョン 49
新たな住宅セーフティネット制度 67
井岡勉 21
育成協 46
イコールフッティング 113
意思決定支援 69
意思決定支援体制 35
委嘱 103
一次予防 17
一般地域組織化活動 24
イネイブラー 87
医療ソーシャルワーク 140
医療福祉生協 122
岩間伸之 72
インフラ 137
右田紀久惠 6, 21-23, 25
運営適正化委員会 107
運動論的アプローチ 21
エーデル改革 42
エスピン＝アンデルセン（Esping-Andersen, G.） 42
エンパワメント 13, 24, 32
オーガナイザー 87
大橋謙策 21, 23, 25, 36, 72, 96
岡村重夫 12, 20, 21, 24, 47
岡本榮一 21, 22, 24, 28, 90, 115
小河滋次郎 45

か行

カッツ（Kats, A. H.） 116
活動評価 81
家庭児童相談室 126
家庭養護 126
感化救済事業 44
基礎組織 111
北野誠一 36

機能的概念 21
機能分析派 7
寄附税制優遇 119
救護施設 66
救護法実践促進運動 86
求職者支援制度 60
共生型サービス 64, 65
業績測定 163
協働 19, 30, 82
協同組合 122
共同募金 8, 120, 121
共同募金会 120
業務調整員 141
苦情解決 35
クライエント 18
刑余者 150
ケースワーク 38
圏域 94
『現代の地域福祉』（1973年） 21
権利擁護 34, 53
権利擁護支援 68
合意形成型オーガナイジング 41
更生施設 66
公設自主運営方式 10
構造的概念 21
公民館 10
公民権運動 41
国際障害者権利条約 68
互助 87
子育て世代包括支援センター 125
子ども・子育て関連三法 125
子ども・子育て支援給付 124
子（こ）ども食堂 123, 128, 129
子どもの居場所 128
子どもの権利条約 68, 124
子どもの貧困 128, 130, 131
子どもの貧困対策 130
　――に関する大綱 130
　――に関する法律 130
子どもの貧困率 130
「このゆびとーまれ」 64
個別支援 70, 71
コミューン 42

コミュニティアクション 87
コミュニティ・オーガナイザー 41
コミュニティオーガナイジング 18, 70, 80
コミュニティオーガニゼーション 38, 40, 41, 80
コミュニティケア 14, 16, 62, 94
コミュニティ・スクール（学校運営協議会制度） 89
コミュニティソーシャルワーカー（CSW） 26, 49, 72, 94, 96, 97
コミュニティソーシャルワーク 5, 23, 24, 39, 40, 71, 96
コミュニティ・ディベロップメント 80, 81
コミュニティ・ビルディング 41
コミュニティ・リレーションズ 80
コミュニティワーカー 94, 95
　――の5つの役割 94
コミュニティワーク 5, 70, 81
コミューネ 42, 43
「これからの地域福祉のあり方に関する研究報告書」 49
コレクティブ・アプローチ 7

さ行

サービスの狭間をつなぐ支援 15
サービス利用者 18
災害支援 136
　――のプロセス 137
災害時のボランティア 138
災害ソーシャルワーク 134, 135, 137
災害等準備金 121
災害ボランティアセンター 139
済世顧問 44
在宅型福祉 3
『在宅福祉サービスの戦略』（1979年） 47
真田是 21
サリービー（Saleeby, D.） 33
参加型評価 163, 165
三次予防 17

さくいん

シーボーム報告 39
ジェネラリスト・ソーシャルワーク 72
「市区町村社会福祉協議会当面の活動方針」 107
市区町村社会福祉協議会の事業活動 105
資源論的アプローチ 21
施設入所中心型福祉 3
施設養護 126
慈善組織協会（COS） 19, 38
自治型地域福祉（論） 6, 23
シチズンアドボカシー 35
市町村社会福祉協議会 148
市町村地域福祉計画 142, 145, 150
「市町村地域福祉計画及び都道府県地域福祉支援計画策定指針のあり方について（一人ひとりの地域住民の訴え）」 142
実験デザイン法 165
実践的統合派 7
児童委員 102
児童虐待問題 128
児童相談所 126
『児童の世紀』（エレン・ケイ，1900） 43
児童養護施設の施設の形態 127
社会計画モデル 80
社会サービス法 42
社会事業 46
社会事業協会 44
社会指標 162
社会的企業 118
　――による活動 118
社会的排除 8, 27, 50
社会的包摂 26
社会的養護 126, 127
社会福祉基礎構造改革 8, 34
社会福祉協議会 8, 18, 94, 104-107
　――の組織構成 105
　――の目的 105
社会福祉協議会基本要項（1962年） 18, 20
社会福祉士 92
　――の連携 84
社会福祉施設 112
社会福祉法 8

　――と地域福祉 20
社会福祉法人 113, 149
住宅確保給付金 61
住宅確保要配慮者に対する賃貸住宅の供給の促進に関する法律 66
住宅支援給付 60
住民主体 18
　――の原則 18, 71
住民と専門職の協働 15
就労支援員 61
宿所提供施設 66
主体論的アプローチ 21
主任相談支援員 61
守秘義務 102
障がい者制度改革推進会議 62
障害者の基幹型相談支援センター 13
障害者の当事者運動 37
障害者福祉計画 62
小地域社会福祉協議会活動 3
職業受講給付金 60
自立生活 3
事例研究法 165
進行管理 162
スクールソーシャルワーカー 132, 133
　――の配置形態 133
スクールソーシャルワーク 132
　――（学校配置型） 133
　――（拠点校型） 133
　――（派遣型） 133
ステークホルダー 118
ストレングス視点 33
生活協同組合 122
生活困窮者自立支援事業 61
生活困窮者自立支援制度 9, 60
生活困窮者自立支援相談 106
生活困窮者自立支援法 60
生活福祉資金貸付相談 106
生活歴 76
政策制度論的アプローチ 21
精神保健福祉士 92
成年後見制度 68
成年後見制度の利用促進に関する法律 68
成年後見制度利用促進基本計画 69
政令指定都市 154

セーフティネット 78
世界恐慌 40
世界人権宣言 68
世帯更生運動 47
絶対的貧困 130
セツルメント（運動） 19, 38, 86
セツルメント活動 45
セルフアドボカシー 35
セルフヘルプグループ 116
全国社会福祉協議会（全社協） 46, 104
「全世代・多機能」型の居場所づくり 19
全米ソーシャルワーク協会 35
専門援助技術 94
総合支援資金 60
相互保育 15
相対的貧困 130
相談支援員 61
ソーシャルアクション 34, 73, 86, 87
ソーシャルアクションモデル 81
ソーシャル・キャピタル 41
ソーシャルサポートネットワーク 5, 70, 73, 78
ソーシャルワーカーのアドボガシー機能 35
ソーシャルワーク専門職のグローバル定義 92
組織化（Community Organizing）→コミュニティオーガナイジング
組織化活動 86
ソロモン（Solomon, B.） 32

た行

対抗的オーガナイジング 41
第三者機関による福祉サービス評価 35
第二のセーフティネット 60
代弁 34
多義的 82
宅老所 64
多元化 119
多職種連携 84
　――教育 85
　――コンピテンシー 85
　――実践 84
脱家族化 42
ダブルケア 8, 30, 82

168

さくいん

多文化共生　114
「誰もが支え合う地域の構築に向けた福祉サービスの実現　新たな時代に対応した福祉の提供ビジョン」(提供ビジョン)　50
単独事業　64
地域　4
地域移行　62
地域学校協働活動　89
地域共生社会　18
地域ケア　3
地域ケア連携推進フォーラム　122
地域購買生協　122
地域子育て支援拠点事業　101
地域子ども・子育て支援事業　124, 128
地域住民等　18, 148
地域住民等が主体的に地域課題を把握し，解決を試みる体制を構築するためのソーシャルワークの機能　93
地域自立支援協議会　69
地域自立生活支援　36
地域生活課題　52, 74, 111, 147, 149
地域生活支援　70
地域相談支援　63
地域組織化活動　16, 24
地域定着支援の対象者　63
地域特性　58
地域における公益的な活動　83
「地域における高齢者の福祉，障害者の福祉，児童の福祉その他の福祉に関し，共通して取り組むべき事項」　150
「地域における社会福祉を目的とする事業の健全な発達に関する事項」　151
地域における住民主体の課題解決力強化・相談支援体制の在り方に関する検討会（地域力強化検討会）　9
「地域における福祉サービスの適切な利用の促進に関する事項」　150
地域福祉　4, 25
——の意味論　22

——の概念　20
——の源流　20
——の主体　90
——の主流化　8, 48, 142
——の定義　2
——の担い手　91
——の評価対象　158
——の目的　5
地域福祉活動　47
地域福祉活動計画　106, 146, 148
地域福祉計画　8, 9, 25, 53, 55, 106, 147
——の策定主体　148
——の評価手法　162
地域福祉計画策定委員会　147
『地域福祉研究』（柴田書店，1970年）　20, 47
地域福祉コーディネーター　96
地域福祉支援計画　8
——の支援　152
地域福祉推進基礎組織　80, 108-111
——の機能　110
——の類型　111
地域福祉推進計画　12
地域福祉組織化活動　24
地域福祉におけるプログラム評価　161
「地域福祉に関する活動への住民の参加の促進に関する事項」　151
地域福祉理論の類型化　21
『地域福祉論』（光生館，1974年）　20
「地域への配慮」　3
地域包括ケア　4, 84
地域包括ケアシステム　49
地域包括ケアシステム強化法　9, 52
地域包括支援センター　17, 84, 157
地域密着型通所介護　14
地域を基盤としたソーシャルワーク　71
地縁（型）組織　108
地区社会福祉協議会　10
地区組織活動　46
地区担当者　15
地区担当制　157

地区地域福祉活動計画　11
中央慈善協会　44
中央社会福祉協議会　46
中核地域生活支援センター　152
中間的就労　26, 61
中山間地域　153
定性的な手法　165
定量的な手法　165
テーマ型組織　108
手をつなぐ育成会　83
トインビーホール　38
当事者間支援　119
当事者組織　116
特定非営利活動促進法　49
都市部　56
特区の全国展開　65
都道府県単独事業　152
都道府県地域福祉支援計画　142, 144, 152
富山型デイサービス　64

な行

永田幹夫　21-23
ニーズ　74
ニーズキャッチ　73, 75
二次予防　17
日常生活自立支援事業　35
日本ソーシャルワーク学校連盟　133
日本地域福祉学会　47
ネウボラ（neuvola）　125
ネッティング（Netting, F. E.）　76
ネットワーキング　73
ネットワーク　84
農業協同組合　122
農村部　56
ノーマライゼーション　26
のぞみの園　63

は行

バークレー報告　39, 96
パートナーシップ　30
パールマン（Perlman, H. H.）　77
配分委員会　120
8050問題（世帯）　8, 30, 50, 82
パットナム（Putnam, R.）　41
原田正樹　30
バルネラブル（脆弱）な人々　26
阪神・淡路大震災　114
伴走型支援　61

[さくいん]

非正規雇用　78
避難行動要支援者　135, 151
評価　158
評価主体　164
評価手法の全体像　164
ブース（Booth, C.）　38
フードドライブ　123
フードバンクしまね「あったか元気便」準備会　123
フォーカスグループインタビュー　147
複合化・複雑化した課題を受け止める多機関の協働による包括的な相談支援体制を構築するためのソーシャルワークの機能　93
福祉オンブズマン活動　35
福祉教育　89
福祉コミュニティ　12, 18, 80, 117
福祉サービス第三者評価　158
福祉サービス利用援助事業（日常生活自立支援事業）　106
福祉人材センター　107
福祉推進員　10
福祉組織化　117
福祉組織化活動　12
プランニング　77
ふれあい鹿塩の家　14
ふれあいのまちづくり事業　48
プログラム評価　160, 163
プログラム理論（ロジック・モデル）　160
プロセス型　165
ベヴァリッジ（Beveridge, W.）　39

ベヴァリッジ報告　39
ベック（Beck, E. L.）　41
保育士　92
包括的支援を行う人材に求められるソーシャルワークの5つの機能　93
包括的な支援体制　9, 54, 143
　　──の構築　52
「包括的な支援体制の整備に関する事項」　151
方面委員　19, 45, 46
ホームレス自立支援法　61
母子生活支援施設　66
保証人代行　67
ボランタリーセクター　39
ボランタリズム　28, 29
　　──の5つの類型　29
ボランティア　28, 114
ボランティア活動　98, 100
ボランティアコーディネーター　98, 99

[ま行]

マイノリティ　27
牧里毎治　21, 22
マクロソーシャルワーク　76
マクロレベルでの地域特性　58
マジョリティ　27
「まちの保健室」　16
三浦文夫　21, 74
ミクロ・メゾ・マクロレベル　58
ミクロレベルでの地域特性　58
見守り・声かけ活動　161
民間非営利組織　→　NPO
民生委員　19, 46, 102
民生委員児童委員協議会　103

無料低額宿泊所　66
メゾレベルでの地域特性　58

[や行]

家賃債務保証　67
山形会議　47
大和川病院事件　62
山辺朗子　72
要保護児童対策地域協議会　69, 126
予防的社会政策　43
予防福祉　16

[ら行]

ランスティング　42
リーガルアドボカシー　35
リフレーミング　33
隣保事業　45
レイン（Lane, R. P.）　41
レギオン　42
連携　82
老人福祉計画　48
ロス（Ross, M.）　80
ロスマン（Rothman, J.）　80
ロッシ（Rossi, P. H.）　160

[わ行]

ワーキングプア　60
「『我が事・丸ごと』地域共生社会実現本部」　52, 88
ワンストップサービス　75

[欧文]

COS　→　慈善組織協会
DMAT　136, 141
GHQ 6項目提案　46
NPO　114, 118

執筆者紹介 (氏名/よみがな/現職/主著/地域福祉を学ぶ読者へのメッセージ) ＊執筆担当は本文末に明記

上野谷加代子（うえのや　かよこ）

同志社大学名誉教授
『福祉ガバナンスとソーシャルワーク』（共編著・ミネルヴァ書房）。『グリーンソーシャルワークとは何か』（監訳・ミネルヴァ書房）。『地域福祉の現状と課題』（共著・放送大学教育振興会）。
「たすけ上手・たすけられ上手」の人生を最期までおくりたいものです。

松端克文（まつのはな　かつふみ）

武庫川女子大学心理・社会福祉学部教授
『障害者の個別支援計画の考え方・書き方』（単著・日総研出版）。『地域の見方を変えると福祉実践が変わる』（単著・ミネルヴァ書房）。『地域福祉計画』（共著・有斐閣）。
"この私"が"この私"であるためには，何等かのコミュニティ（"私たち"と実感することのできる関係）の中で承認され，役割を担っていることが大切です。ぜひ，地域福祉の学習を通じて，コミュニティ（私たち）づくりの考え方や方法について学んでください。

永田　祐（ながた　ゆう）

同志社大学社会学部教授
『ローカルガバナンスと参加』（単著・中央法規出版）。『住民とつくる地域包括ケア』（単著・ミネルヴァ書房）。『越境する地域福祉実践』（共著・全国社会福祉協議会）。
「地域で支える地域をつくる」のが地域福祉。多様な実践からのその実感をつかんでほしいと思います。

秋貞由美子（あきさだ　ゆみこ）

中央共同募金会基金事業部長
『地域福祉の今を学ぶ』（共著・ミネルヴァ書房）。『保健・医療・福祉専門職のためのスーパービジョン』（共著・ミネルヴァ書房）。
誰もがその人らしく暮らすことのできる地域づくりには，地域住民の目線にたって住民とともに学び歩んでいく姿勢が最も大切だと思います。

新崎国広（あらさき　くにひろ）

一般社団法人ボランティアセンター支援機構おおさか代表理事
『教育支援人材とチームアプローチ』（単著・書肆クラルテ）他。
一人ぽっちにさせないこと。たった一人を大切にすることから連帯ははじまります。そこに社会福祉の本質があります。

石井洗二（いしい　せんじ）

四国学院大学社会福祉学部教授
『社会福祉の歴史』（共編著・法律文化社）。『社会福祉概論』（共著・ミネルヴァ書房）。
地域福祉は時代とともに変化してきました。歴史を知れば地域福祉がもっとよくわかるはずです。

猪俣健一（いのまた　けんいち）

阪南市社会福祉協議会事務局次長
「住民の主体的参加による社会資源開発過程とコミュニティワーカーの役割の考察」『地域福祉実践研究』7（単著）。
地域福祉にたずさわれる幸せは，住民と共に歩めることです。その幸せの奥深さをぜひ本書で学んでください！

鵜浦直子（うのうら　なおこ）

大阪公立大学大学院生活科学研究科講師
『よくわかる権利擁護と成年後見制度』（共著・ミネルヴァ書房）。『貧困と生活困窮者支援』（共著・法律文化社）。
地域で暮らす人たち，活動する人たちみなが同じ目線で地域福祉を推進する視点を大事にしてください。

奥田佑子（おくだ　ゆうこ）

日本福祉大学地域ケア研究推進センター研究員
『小規模多機能ケア実践の理論と方法』（共著・CLC）。『介護保険給付データ分析』（共著・中央法規出版）。
わかりにくいと思われがちな地域福祉ですが，だからこそ奥深く面白い。実践と政策の相互作用から変化しつづける地域福祉を楽しんでください。

執筆者紹介 (氏名／よみがな／現職／主著／地域福祉を学ぶ読者へのメッセージ)　　＊執筆担当は本文末に明記

加山　弾 (かやま　だん)

東洋大学福祉社会デザイン学部教授
『つながり，支え合う福祉社会の仕組みづくり』（共著・中央法規出版）。『地域におけるソーシャル・エクスクルージョン』（単著・有斐閣）。
幼少期から老後まで，私たちは人生のかなりの時間を地域で暮らします。どんなに地域離れが進んでも地元が好きな人は多いし，地元で安心して暮らしたいと思っています。その思いが地域福祉の出発点です。

川井太加子 (かわい　たかこ)

桃山学院大学社会学部教授
『介護の基本Ⅰ』『介護の基本Ⅱ』（共著・中央法規出版）。『よくわかる地域包括ケア』（共著・ミネルヴァ書房）。
私は，高齢者分野を担当しています。高齢になっても望む生活を続けられるためには，地域包括ケアシステムの構築が，とても大切だと感じています。

川島ゆり子 (かわしま　ゆりこ)

日本福祉大学社会福祉学部教授
『地域福祉論』（共著・ミネルヴァ書房）。『地域を基盤としたソーシャルワークの展開』（単著・ミネルヴァ書房）。『地域再生と地域福祉』（共著・相川書房）。
制度の有無に関わらず徹底的に当事者に寄り添い，住民とともにチャレンジできる地域福祉を楽しんでください。

小森　敦 (こもり　あつし)

一般社団法人日本ソーシャルワーク教育学校連盟事務局長代理
この本を読みながら自分が暮らしている地域を是非研究してみてください。いろいろと見えてくるものがあると思います。

栄セツコ (さかえ　せつこ)

桃山学院大学社会学部教授
『ソーシャルワーク論』（共著・ミネルヴァ書房）。『病の語りによるソーシャルワーク』（単著・金剛出版）。
知識はものごとを柔軟にみる力となります。時には鳥の目のように…時には虫の目のように…。実践ではまさにその力が求められます。

榊原美樹 (さかきばら　みき)

明治学院大学社会学部准教授
『地域福祉論』（共著・ミネルヴァ書房）。『地域福祉プログラム』（共編著・ミネルヴァ書房）。
地域福祉の全体像を俯瞰的・客観的に見る地域福祉の計画化や評価の意義についてぜひ注目してみてください。

佐藤寿一 (さとう　ひさかず)

元・社会福祉法人宝塚市社会福祉協議会常務理事
『改訂版 市民がつくる地域福祉のすすめ方』（共編著・全国コミュニティライフサポートセンター）。『よくわかる地域包括ケア』（共著・ミネルヴァ書房）。
地域福祉を学ぶことを通じて，住民力のすごさや住民と協働することの面白さを知ってもらえればと思います。

佐藤桃子 (さとう　ももこ)

島根大学人間科学部講師
『福祉ガバナンスとソーシャルワーク』（共著・ミネルヴァ書房）。『スウェーデン・モデル－グローバリゼーション・揺らぎ・挑戦』（共著・彩流社）。
「地域福祉」といったとき，それは社会福祉のすべてのテーマを内包しているのだと思います。人が地域で生きていくということを，社会福祉の視点から私も学び続けています。

執筆者紹介 （氏名／よみがな／現職／主著／地域福祉を学ぶ読者へのメッセージ）

＊執筆担当は本文末に明記

潮谷光人（しおたに　こうじん）

東大阪大学こども学部教授
『子育て支援セミナー』（共著・建帛社）。
様々な支援現場との関わりから，ダブルケア，トリプルケアになど複合的課題に対応できる福祉の力が求められていると日々感じています。そこでは，積極的な支援の実施，諦めず常に寄り添う関わり，問題を社会や地域に訴える行動力などに感銘を受けることも多いです。

渋谷篤男（しぶや　あつお）

日本福祉大学福祉経営学部（通信教育）教授
現在，人間関係・社会関係が薄くなっていることが原因で深刻な問題を持つに至っている人が多く，あらためて地域社会の力が求められています。「あらゆるサービスを『地域福祉志向』に」が私の仕事のいちばん大切なテーマです。

須田敬一（すだ　けいいち）

元・松江市社会福祉協議会常務理事・事務局長
『松江市の地域福祉計画』（共著・ミネルヴァ書房）。
家庭や地域や社会が変わりつつある中で，「一人ぼっち」の人々を支えたいですね!!

谷口郁美（たにぐち　いくみ）

社会福祉法人滋賀県社会福祉協議会（滋賀の縁創造実践センター）副会長
『越境する地域福祉実践』（共著・全国社会福祉協議会）。
人間が人間をほんとうに理解し合える「ひたすらなるつながり」の社会をつくる。地域福祉実践者の一人として，この理念を発信し続けていきたいと思います。

徳谷章子（とくたに　あきこ）

特定非営利活動法人ハートフレンド代表理事・事務局長
『あ・り・が・と・う』〜ハートフレンド10年のキセキ〜』。
子どもが輝く居場所づくりを通じて，乳幼児親子から高齢者までがつながる町づくりを目指して活動をしています。

所　正文（ところ　まさふみ）

社会福祉法人堺市社会福祉協議会事務局次長兼地域福祉課長
『新 福祉教育実践ハンドブック』（共著・全国社会福祉協議会）。
現代は①実践，②理論（理念），③政策の3つの地域福祉を自治体単位で進める時代です。本書でこの地域福祉のダイナミズムを感じてください。

野村裕美（のむら　ゆみ）

同志社大学社会学部教授
『地域福祉コーディネーターのためのビネットで学ぶ地域福祉実践』（共著・全国社会福祉協議会）。
ビネットや場面事例を用いた討議を重ね，答えがすぐには見当たらないけれども考え続ける支援者を育てていきたいです。

半羽利美佳（はんば　りみか）

武庫川女子大学心理・社会福祉学部教授
『よくわかるスクールソーシャルワーク 第2版』（共編著・ミネルヴァ書房）。『スクールソーシャルワーク論』（共編著・学苑社）。
コミュニケーションが得意でも苦手でも，まずは人に関心を持つこと。それが住み心地のよいコミュニティをつくる第一歩ではないかと思っています。

藤井博志（ふじい　ひろし）

関西学院大学人間福祉学部教授
『よくわかる地域包括ケア』（共編著・ミネルヴァ書房）。『改訂版市民がつくる地域福祉のすすめ方』（監修・コミュニティライフサポートセンター）。
地域福祉の理解は地域生活のリアリティが必要です。地域と自分の生活を観察することから始めよう。

執筆者紹介（氏名／よみがな／現職／主著／地域福祉を学ぶ読者へのメッセージ）　　＊執筆担当は本文末に明記

南友二郎（みなみ　ゆうじろう）

桃山学院大学社会学部准教授
『福祉ガバナンスとソーシャルワーク』（共著・ミネルヴァ書房）。『グリーンソーシャルワークとは何か』（共訳・ミネルヴァ書房）。
やりたいことをなすために，すべきことを明確にし，その中で何ができるのか，考え続けてみましょう。

室田信一（むろた　しんいち）

東京都立大学人文社会学部准教授
『問いからはじめる社会福祉学』（共著・有斐閣）。「地域共生社会とコミュニティ・オーガナイジング」『にじ』No. 660（単著）。
地域福祉とは「よくわからない」ものだと思います。この書をきっかけにさらなる探求をしてみてください。

山本克彦（やまもと　かつひこ）

日本福祉大学福祉経営学部教授
『災害ボランティア入門』（編著・ミネルヴァ書房）。『災害ソーシャルワーク入門』（共著・中央法規出版）。
災害多発時代，災害時にこそ地域の力が大切です。そしてそれは平常時の地域のつながりから生まれるのです。

山本美香（やまもと　みか）

東洋大学福祉社会デザイン学部教授
『臨床に必要な居住福祉』（編著・弘文堂）。『地域福祉の理論と方法』（編著・弘文堂）。
地域福祉を実践する上では，「住まい」のことも非常に重要となります。今後の課題について，共に研究しましょう。

脇坂博史（わきさか　ひろふみ）

元・一般社団法人ボランティアセンター支援機構おおさか事務局長
『福祉教育のすすめ』（共著・ミネルヴァ書房）。『なぎさの福祉コミュニティを拓く―福祉施設の新たな挑戦―』（共著・大学教育出版）。
福祉やボランティア活動は，気負わず，焦らず，細く長く，生活の一部（Part of Life）として，出逢いを楽しんでください。

渡辺裕一（わたなべ　ゆういち）

武蔵野大学人間科学部教授
『地域の身近な拠点づくりと地域共生社会』（NORMA 社協情報）No. 316。『地域住民のエンパワメント』（単著・北方新社）。
誰もがともに暮らし続けられる社会の実現を目指して，地域住民のエンパワメントに向けたソーシャルワークのあり方を一緒に考えましょう。

やわらかアカデミズム・〈わかる〉シリーズ
新版　よくわかる地域福祉

2019年4月30日	初版第1刷発行	〈検印省略〉
2021年1月20日	初版第3刷発行(一部改訂)	
2023年12月30日	初版第6刷発行	定価はカバーに表示しています

編著者	上野谷加代子
	松　端　克　文
	永　田　　　祐
発行者	杉　田　啓　三
印刷者	田　中　雅　博

発行所　株式会社　ミネルヴァ書房
607-8494　京都市山科区日ノ岡堤谷町1
電話代表　(075) 581-5191
振替口座　01020-0-8076

ⓒ上野谷・松端・永田ほか, 2019　創栄図書印刷・新生製本

ISBN978-4-623-08592-7
Printed in Japan

やわらかアカデミズム・〈わかる〉シリーズ

教育・保育

よくわかる学びの技法[第3版]
田中共子編　本体 2200円

よくわかる卒論の書き方[第2版]
白井利明・高橋一郎著　本体 2500円

よくわかる教育評価[第3版]
田中耕治編　本体 2800円

よくわかる授業論
田中耕治編　本体 2600円

よくわかる教育課程[第2版]
田中耕治編　本体 2600円

よくわかる教育原理
汐見稔幸・伊東 毅・髙田文子
東　宏行・増田修治編著　本体 2800円

新版　よくわかる教育学原論
安彦忠彦・藤井千春・田中博之編著　本体 2800円

よくわかる生徒指導・キャリア教育
小泉令三編著　本体 2400円

よくわかる教育相談
春日井敏之・伊藤美奈子編　本体 2400円

よくわかる障害児教育[第4版]
石部元雄・上田征三・高橋 実・柳本雄次編　本体 2400円

よくわかる特別支援教育[第2版]
湯浅恭正編著　本体 2500円

よくわかるインクルーシブ教育
湯浅恭正・新井英靖・吉田茂孝編著　本体 2500円

よくわかる肢体不自由教育[第2版]
安藤隆男・藤田継道編著　本体 2500円

よくわかる障害児保育[第2版]
尾崎康子・小林 真・水内豊和・阿部美穂子編著　本体 2500円

よくわかる保育原理[第4版]
子どもと保育総合研究所
森上史朗・大豆生田啓友編　本体 2200円

よくわかる家庭支援論[第2版]
橋本真紀・山縣文治編　本体 2400円

よくわかる子ども家庭支援論
橋本真紀・鶴 宏史編著　本体 2400円

よくわかる社会的養護[第2版]
山縣文治・林 浩康編　本体 2500円

よくわかる社会的養護内容[第3版]
小木曽宏・宮本秀樹・鈴木崇之編　本体 2400円

よくわかる小児栄養
大谷貴美子編　本体 2400円

新版　よくわかる子どもの保健
丸尾良浩・竹内義博編著　本体 2200円

よくわかる発達障害[第2版]
小野次朗・上野一彦・藤田継道編　本体 2200円

よくわかる子どもの精神保健
本城秀次編　本体 2400円

よくわかる環境教育
水山光春編著　本体 2800円

福祉

よくわかる社会保障[第5版]
坂口正之・岡田忠克編　本体 2600円

よくわかる社会福祉[第11版]
山縣文治・岡田忠克編　本体 2500円

よくわかる社会福祉の「経営」
小松理佐子編著　本体 2400円

よくわかる社会福祉と法
西村健一郎・品田充儀編著　本体 2600円

よくわかる社会福祉の歴史
清水教惠・朴 光駿編著　本体 2600円

新版　よくわかる子ども家庭福祉[第2版]
吉田幸恵・山縣文治編著　本体 2400円

新版　よくわかる地域福祉
上野谷加代子・松端克文・永田祐編著　本体 2400円

よくわかる家族福祉[第2版]
畠中宗一編　本体 2200円

よくわかるスクールソーシャルワーク[第2版]
山野則子・野田正人・半羽利美佳編著　本体 2800円

よくわかる高齢者福祉
直井道子・中野いく子編　本体 2500円

よくわかる障害者福祉[第7版]
小澤 温編　本体 2500円

よくわかる地域包括ケア
隅田好美・藤井博志・黒田研二編著　本体 2400円

よくわかる女性と福祉
森田明美編著　本体 2600円

よくわかるリハビリテーション
江藤文夫編　本体 2500円

よくわかる障害学
小川喜道・杉野昭博編著　本体 2400円

心理

よくわかる心理学実験実習
村上香奈・山崎浩一編著　本体 2400円

よくわかる心理学
無藤 隆・森 敏昭・池上知子・福丸由佳編　本体 3000円

よくわかる心理統計
山田剛史・村井潤一郎著　本体 2800円

よくわかる保育心理学
鯨岡 峻・鯨岡和子著　本体 2400円

よくわかる臨床心理学　改訂新版
下山晴彦編　本体 3000円

よくわかる臨床発達心理学[第4版]
麻生 武・浜田寿美男編　本体 2800円

よくわかるコミュニティ心理学[第3版]
植村勝彦・高畠克子・箕口雅博
原 裕視・久田 満編　本体 2500円

よくわかる発達心理学[第2版]
無藤 隆・岡本祐子・大坪治彦編　本体 2500円

よくわかる乳幼児心理学
内田伸子編　本体 2400円

よくわかる青年心理学[第2版]
白井利明編　本体 2500円

よくわかる高齢者心理学
佐藤眞一・権藤恭之編著　本体 2500円

よくわかる教育心理学[第2版]
中澤 潤編　本体 2600円

よくわかる学校教育心理学
森 敏昭・青木多寿子・淵上克義編　本体 2600円

よくわかる学校心理学
水野治久・石隈利紀・田村節子
田村修一・飯田順子編著　本体 2400円

よくわかる社会心理学
山田一成・北村英哉・結城雅樹編著　本体 2500円

よくわかる家族心理学
柏木惠子編著　本体 2600円

よくわかる言語発達　改訂新版
岩立志津夫・小椋たみ子編　本体 2400円

よくわかる認知科学
乾 敏郎・吉川左紀子・川口 潤編　本体 2400円

よくわかる認知発達とその支援[第2版]
子安増生編　本体 2400円

よくわかる情動発達
遠藤利彦・石井佑可子・佐久間路子編著　本体 2500円

よくわかるスポーツ心理学
中込四郎・伊藤豊彦・山本裕二編著　本体 2400円

よくわかる健康心理学
森 和代・石川利江・茂木俊彦編　本体 2400円

― ミネルヴァ書房 ―
https://www.minervashobo.co.jp/